I0606218

LEÓN XIV

Ciudadano del mundo, misionero del siglo XXI

LEÓN XIV

Ciudadano del mundo, misionero del siglo XXI

ELISE ANN ALLEN

Primera edición: enero de 2026

8950 SW 74th Court, Suite 2010
Miami, FL 33156
Publicado por ORIGEN®, marca registrada de
Penguin Random House Grupo Editorial USA, LLC

Impreso en Colombia / *Printed in Colombia*

ISBN: 979-8-89098-580-4

ÍNDICE

INTRODUCCIÓN

Hace casi medio siglo, con la elección de Juan Pablo II, la Iglesia interrumpió una tradición de 455 años en la que todos los papas eran italianos. Desde entonces, cada nuevo cónclave ha despertado las mismas interrogantes en millones de personas, creyentes o no: ¿quién es el nuevo pontífice?, ¿de dónde viene? Benedicto XVI nació en Alemania, y Francisco, en Argentina. El 8 de mayo de 2025, la respuesta trajo un primer signo de tiempos nuevos: Robert Francis Prevost, hoy León XIV, es el primer pontífice de la historia con ciudadanía tanto de Estados Unidos como del Perú, una doble pertenencia que ha marcado su vida y que se refleja en su forma de hablar, de escuchar y de tender la mano a quienes vienen de realidades distintas.

Desde hace doce años cubro las noticias del Vaticano desde Roma, los últimos ocho para el portal *Crux*. Me une al papa no solo mi nacionalidad estadounidense, sino también el privilegio de lo que podría denominar una cierta cercanía, alimentada en encuentros previos durante mi labor periodística y nuestro conocimiento compartido acerca del Perú y de la Santa Sede. Sin embargo, cuando estuve frente a él en la villa pontificia de veraneo en Castel Gandolfo, a una hora de la capital italiana, a punto de iniciar la primera entrevista oficial de su pontificado, todo parecía nuevo, y me pregunté por un segundo si algo habría cambiado.

***

Conocí a Robert Prevost en diciembre de 2018 durante un viaje que realicé a Lima para escribir un reportaje relacionado a los abusos de la Iglesia y en especial del caso Sodalicio. En ese momento, Prevost era obispo de Chiclayo y presidente de la Comisión Nacional de Salvaguarda de la Conferencia Episcopal Peruana (CEP), institución de la cual, además, era su segundo vicepresidente. A pesar de su encumbrada posición, recuerdo que me impresionó su sencillez, su franqueza, su tranquilidad y la sensación de transparencia que me transmitía, siendo yo apenas una extranjera con la que no había mantenido ningún tipo de acercamiento previo. En esa primera conversación habló con calma de los controvertidos asuntos que yo había solicitado tratar. No proyectaba ninguna reserva, sino que, por el contrario, me escuchaba con atención e intervenía con confianza, apertura y una honestidad que me pareció, por lo menos, inesperada. Su manera gentil de interactuar me tranquilizó. De pronto, me asombró descubrir que estábamos teniendo una conversación, no solo una entrevista *off the record*, con preguntas anotadas o respuestas calculadas de un prelado cauteloso que intentara deshacerse lo antes posible de la periodista de investigación. Nuestra charla fue natural y, aunque estoy segura de que no dijo todo lo que podría haber dicho, escuchó, se involucró y fue directo y sincero en sus respuestas. Al culminar ese primer encuentro me extendió la mano con su tarjeta personal para que pudiera contactarlo para cualquier seguimiento que pudiera necesitar, algo que no todos, y especialmente no los obispos, harían por un periodista.

Cinco años después, en 2023, Prevost llegó a Roma designado por el papa Francisco como prefecto del Dicasterio para los Obispos, uno de los cargos más importantes en el Vaticano. Fue aquella la segunda vez que pude reunirme con él en persona, cuando, junto con mi esposo, que también es periodista, solicitamos una visita de cortesía para dar la bienvenida a nuestro compatriota. A pesar de los años transcurridos, del cambio de ciudad y del importante cargo que asumía, sentí que Robert Prevost era exactamente la misma persona con la que me había reunido antes en Lima. Aunque nuestro contacto fue limitado durante sus primeros meses en Roma, ya que Prevost mantenía un perfil notoriamente bajo, un día decidimos invitarlo a cenar. En nuestra casa, comprobé que tanto en el entorno formal como en el personal conservaba su amabilidad y cercanía. Fue un invitado estupendo que comió con gusto todo lo que le ofrecimos, que acompañó nuestra conversación con una frecuente sonrisa, y que incluso se animó a contar un par de chistes mientras hablábamos de deportes, del Perú y de su experiencia reciente en el Vaticano. El cardenal y prefecto del poderoso dicasterio, que más tarde se convertiría en papa, nos demostró aquella noche que era un hombre sencillo y completamente abocado en atender a las personas a su alrededor más que a sí mismo.

***

En Castel Gandolfo, la hermosa residencia apostada en las colinas Albanas donde, durante siglos, los papas han pasado sus veranos, espero al papa León XIV para la entrevista inaugural que marcará su primer contacto formal con la prensa y, a través de esta, con los católicos y el mundo en general. Pienso que es probable que el intercambio no sea el mismo que antes, pero cuando aparece y me saluda con su sonrisa cálida y la mano extendida, preguntando de inmediato por mi esposo, confirmo que es exactamente el mismo hombre: natural, abierto, impactante. No importa qué lugar, puesto o título haya ocupado o esté ocupando, Prevost se ha mantenido fiel a sí mismo.

«¿Quién es Robert Francis Prevost?, ¿quién es el papa León XIV?», le pregunto mientras se quita las gafas alrededor de la pequeña mesa redonda que compartimos. Su respuesta llega pausada y firme:

> Alguien que tiene una profunda apreciación por la humanidad [...] una fe profunda en que, de alguna manera, el misterio de Jesucristo, Dios encarnado, nos llega a todos nosotros. Creo que tengo la capacidad de sentarme con otras personas y reconocer la bondad en ellas. En la conversación, el diálogo, el respeto, soy capaz de ver ese bien, sea la otra persona alguien de fe o no, y compartir parte de la alegría y la esperanza de lo que significa estar vivo, el regalo de la vida. Entonces, para mí, y especialmente como agustino, [tengo la capacidad de] ver que, como hijos e hijas de Dios, estamos llamados a un bien mayor y que todo lo que hacemos aquí está orientado hacia la plenitud de la vida y el amor en las manos de Dios. Mucho de eso es un misterio, y no pretendo entenderlo ni mucho menos poder explicarlo.

Y luego, en un tono más personal, el papa añade:

> Hay una gran parte de mí que disfruta vivir, conocer a otras personas, servir a los demás, y que encuentra mucho sentido en haber dado mi vida para servir en la orden agustiniana como sacerdote y, más tarde, como obispo. De algún modo, es lo mismo: ser llamado para una vocación específica, para caminar con otras personas y enseñarles a tener esa misma actitud de que «dar tu vida por los demás tiene mucho más sentido que ser egoísta». Cuando conoces a Jesucristo, y cuando reconoces que Dios nos ha llamado, creado y amado, compartir eso con otras personas es simplemente un regalo magnífico[1].

***

El actual pontífice encarna, en muchos sentidos, el perfil de un papa para el siglo XXI. Su formación multicultural y su amplia trayectoria como misionero, jefe de su orden agustiniana y prefecto del Dicasterio para los Obispos, cargo en el que interactuó con obispos de todo el planeta, le otorgan una perspectiva global única. Habla inglés, español e italiano con fluidez, y conoce el francés, lo que le permite moverse con naturalidad entre diversas culturas.

También es un papa familiarizado con el mundo digital. Antes de su elección tenía presencia en redes sociales, como X (antes Twitter), y utilizaba herramientas digitales en su teléfono inteligente, como WhatsApp, lo que demuestra su interés por la comunicación abierta y el debate actual. De hecho, ha declarado abiertamente que la revolución de la inteligencia artificial y las dudas que esta plantea sobre el trabajo y los derechos de los trabajadores fueron uno de los motivos por los que eligió su nombre papal, en homenaje al papa León XIII, padre de la doctrina social moderna de la Iglesia.

1 Papa León XIV, entrevista con la autora, 10 de julio de 2025. Si bien el papa habla fluidamente el español por su tiempo en el Perú, las entrevistas para este libro fueron realizadas en inglés. Lo que se presenta aquí, y en adelante, en el resto de capítulos, es nuestra propia traducción, intentando ser lo más fieles posibles a lo dicho por el santo padre.

Quienes lo conocen hablan de un hombre que disfruta la vida, que ama conocer y descubrir nuevas personas, culturas y realidades. Alguien atento a los contextos sociales más frágiles y a las carencias de los pobres. Un hombre de diálogo y de acción, que sale en búsqueda de necesidades que satisface de manera creativa. Un pastor cercano y atento, buen administrador y líder eficiente, capaz de resolver problemas complejos sin crear divisiones. Pero, sobre todo, hablan de él como un buen amigo y un hermano confiable.

En suma, León XIV es, para muchos, un «ciudadano del mundo», un pontífice para los tiempos modernos y, por su historia y su estilo, un misionero del siglo XXI.

***

Apenas fue elegido papa, no ha sido mucha la información disponible públicamente sobre Robert Prevost en términos de lo que dijo e hizo, en discursos, homilías y mensajes, o, incluso, en cuanto a sus posturas sobre algunos temas polémicos a lo largo de los años, salvo algunos tuits, bastante recientes, posicionándose sobre ciertas posturas del vicepresidente de Estados Unidos, J. D. Vance[2]. Aunque han ido saliendo muchas fotos de Prevost junto a sus feligreses peruanos en actividades o celebraciones, esta falta de información sobre sus dichos o mensajes es especialmente cierta cuando se trata de sus años como misionero en Perú, como líder de la casa de formación agustiniana en Trujillo y, más tarde, como obispo de Chiclayo. Más allá de alguna que otra postura pública, Prevost era, en general, una figura relativamente desconocida que ahora ha sido catapultada al foco mundial.

2 Por ejemplo, el 3 de febrero de 2025, posteó en X (antes Twitter): «JD Vance se equivoca: Jesús no nos pide que clasifiquemos nuestro amor por los demás». Ver más información en: Forbes Perú. (8 de mayo de 2025). Prevost en X: los mensajes de apoyo del nuevo papa a los inmigrantes y las críticas al vicepresidente de EE.UU. *Forbes*. https://forbes.pe/actualidad/2025-05-08/prevost-en-x-los-mensajes-de-apoyo-del-nuevo-papa-a-los-inmigrantes-y-las-criticas-al-vicepresidente-de-ee-uu?fbclid=IwY2xjawMG6lpleHRuA2FlbQIxMQBicmlkETFLZUlaVGkyREhqNmxuZ3ZPAR6erV8QKuVCc-sXlrS87Ijf3-BZyD8Jm-pKK-K38Jn4FTNzCFfUdzq0OqTRUQ_aem_1cB1pkr7M2Pp-QKh-xLM0g.

A lo largo de este libro, aquellos que conocieron a Robert Prevost y que trabajaron junto con él llenarán muchos de esos detalles faltantes, dándole color al esbozo de su vida y obra, y pintando una imagen del nativo de Chicago que se convirtió en misionero y más tarde en pontífice. Este perfil, nutrido de testimonios, opiniones, anécdotas y referencias sobre su accionar como persona y como líder religioso, también ofrece un vistazo de lo que el mundo puede esperar potencialmente de León XIV y de cómo podría relacionarse con la sociedad y responder a los desafíos modernos con base en cómo ha manejado las diversas situaciones que ha enfrentado a lo largo de su vida, en el pasado lejano y reciente.

Este libro también contiene, en exclusiva, una extensa entrevista con el pontífice, realizada en dos sesiones diferentes. La primera tuvo lugar el 10 de julio de 2025 en la residencia papal de Castel Gandolfo, en la que reflexiona sobre su propia vida y biografía, así como sobre lo que lo ha marcado en el camino como persona, pero también como pastor, misionero, obispo y cardenal. Estas declaraciones enriquecen los diferentes capítulos de este libro y ofrecen la perspectiva del propio papa acerca de lo que sus allegados y colaboradores comentan sobre diversos temas en torno a su vida, su estilo de trabajo y sus posturas. En una segunda conversación, que se llevó a cabo el 30 de julio de 2025 en su residencia temporal dentro del Palazzo del Sant'Uffizio, en el Vaticano, ofrece algunas ideas sobre el presente y para el futuro: reflexiona sobre una variedad de asuntos eclesiales y geopolíticos actuales, sobre cómo ve estos temas al inicio de su papado y de qué forma, al menos inicialmente, planea abordarlos. Sobre algunas cosas tiene una idea clara, sobre otras aún no. Esta segunda entrevista se presenta en el último capítulo bajo el formato de pregunta y respuesta.

Así, pues, las reflexiones del papa León XIV sobre su vida y ministerio están entrelazadas a lo largo de estas páginas, permitiendo a los lectores descubrir quién es a través de lo que otros han dicho sobre él, así como de lo que él ha dicho sobre sí mismo. El libro sigue una secuencia cronológica, comenzando con su infancia y las raíces de su vocación y su llamado a servir a Dios. Luego, aborda su tiempo en Chulucanas y Trujillo, con una mirada profunda sobre el contexto cultural y eclesial que se vivía en el Perú cuando Prevost llegó como un joven sacerdote a mediados de la década de 1980. El relato explora, después, su tiempo como líder de la Orden de San Agustín, su servicio como obispo de Chiclayo y, finalmente, su tiempo como cardenal en Roma, su trabajo en la Curia Romana y los detalles que rodearon el cónclave que lo eligió papa. Como ya se adelantó, el libro culmina con un capítulo que explora brevemente sus primeros pasos como pontífice y mira hacia el futuro a través de una sesión completa de preguntas y respuestas, en la que reflexiona sobre cuál será su estrategia en temas de importancia contemporánea.

Aunque es posible que la mayoría de los lectores quieran conocer sus declaraciones y lean antes la sección de preguntas y respuestas, el libro ofrece un relato de la trayectoria del papa que ayuda a comprender al hombre detrás del pontificado. Le plantea al lector un viaje de descubrimiento acerca del nuevo pontífice y su pensamiento, retomando pasajes de su vida y de su carrera eclesial a través de la voz de su familia, amigos, colegas y de los fieles que lo han seguido durante años. Sus propias reflexiones forman parte de ese relato, ya que él mismo participa en la narración de su propia historia, desde su infancia hasta hoy, así como lo que visualiza para el futuro. La sesión final de preguntas y respuestas, si bien funciona de forma independiente, está pensada para ser leída en el contexto del resto del libro: será imposible entender y apreciar plenamente a León XIV ahora y su visión para el futuro sin el marco de sus experiencias y decisiones pasadas, en todos sus diversos roles a lo largo del camino.

Invito, entonces, a los lectores a emprender el mismo viaje que yo hice: descubrir quién es León XIV leyendo sobre su fascinante vida y ministerio, relatados por aquellos que lo conocieron y trabajaron estrechamente con él a lo largo de los años, y narrados por el propio papa mientras ofrece su mirada sobre su trayectoria, desde el niño que jugaba a celebrar misa hasta su elección como sucesor de Pedro.

CAPÍTULO 1

Raíces. Familia y vocación del joven Prevost

Humo blanco. La chimenea de la Capilla Sixtina, acaso el lugar más observado del mundo durante dos días consecutivos, acaba de recibir la visita de dos gaviotas de cabeza blanca y alas grises. Su imagen, y la del polluelo que las acompaña, recorrerá Internet en videos y fotos como el presagio de una buena señal. Estas aves acuden al tejado de la capilla antes de cada fumata, negra o blanca, pues este comienza a calentarse, lo que advierte el inminente anuncio de la decisión de los cardenales reunidos en el cónclave veinte metros abajo. Esperada en decenas de países por millones de personas, la humareda llega luego de dos fumatas negras y cuatro votaciones, una menos de lo que sucedió con la elección del papa Francisco, en marzo de 2013[3]. Una decisión relativamente rápida[4], opinan los expertos, habida cuenta del contexto que se intuía polarizado en los días previos: ¿se sigue la línea ya trazada, se modifica o acaso se retrocede sobre los mismos pasos? Son las 6:07 p. m. del 8 de mayo de 2025, en Roma. La señal se recibe con algarabía, estallan los aplausos de fieles, turistas y curiosos que atiborran la plaza de San Pedro y las calles del Vaticano. Solo una hora y seis minutos después, a

3 Si bien es cierto que para la elección del papa Francisco hubo cinco votaciones, en la práctica este alcanzó la mayoría necesaria en la cuarta votación, que tuvo que repetirse por un error logístico en el conteo final de las papeletas.

4 Cuatro votaciones se considera una elección relativamente rápida y consensual, como también lo fue la de Juan Pablo I, en 1978, o la de Benedicto XVI, en 2005. Otros papas han salido elegidos luego de seis votaciones, como Pablo VI, en 1963; de ocho, como Juan Pablo II, en 1978; e, incluso, por citar un ejemplo, de once, como la de Juan XXIII, en 1958. Este último, quien llegó a ser considerado inicialmente un pontífice de transición, terminó convocando el Concilio Vaticano II, un evento decisivo en la Iglesia contemporánea, hasta hoy, incluida la formación del papa León XIV.

las 7:13 p. m., el cardenal protodiácono Dominique Mamberti disipa las dudas desde el balcón de la basílica: *Habemus papam.* Tenemos papa.

Uno de los mayores misterios que rodea cada cónclave es lo que ocurre en la mente de los cardenales que votan —133, en esta ocasión— para elegir al nuevo papa: ¿en qué piensan?, ¿qué criterios tienen?, ¿cuál es el perfil que, según ellos, debe tener el nuevo pontífice?, ¿cuáles son los candidatos con más oportunidades de ser elegidos, según dichos criterios? Nadie, salvo los propios cardenales, conoce las respuestas exactas. Sin embargo, después de cada histórica elección del Colegio Cardenalicio, poco a poco los detalles sobre las motivaciones que llevaron a la selección del purpurado elegido comienzan a emerger.

En el cónclave del 7 y 8 de mayo de 2025 ya circulaban rumores sobre el perfil que gran parte de los cardenales deseaban: un pontífice que continuara la agenda de la sinodalidad promovida por el papa Francisco y su atención a los pobres[5]; alguien con capacidad para gobernar; preparado para lidiar con los problemas financieros del Vaticano y con la crisis provocada por las denuncias de los abusos. En suma, una figura equilibrada capaz de crear unidad y comunión en una Iglesia y una sociedad marcadas actualmente por la división.

El elegido, con un apoyo que superó con creces los dos tercios de votos necesarios —ochenta y nueve o más adhesiones[6]—, fue el cardenal estadounidense Robert Francis Prevost. El nuevo papa tomó el nombre de León XIV, en homenaje al papa León XIII, autor de la encíclica *Rerum Novarum*, que estableció la doctrina social de la Iglesia frente a los desafíos de la Revolución Industrial, y también por el peso simbólico del nombre, asociado con valor, liderazgo y vigilancia.

Un día después del triunfo de Prevost, en la rueda de prensa del 9 de mayo de 2025, los cardenales estadounidenses explicaron los criterios que los llevaron a votar por él. Estos no se centraron en sus acciones o

5 Sinodalidad es un término que proviene del griego *sýnodos*, que significa «caminar juntos». En este contexto, la sinodalidad se refiere a una forma de vivir y de ejercer la fe en comunidad, promoviendo la participación activa de todos los miembros de la Iglesia católica, lo que implica escucha mutua, diálogo y discernimiento comunitario.

6 Véase: Beltrán, J. (10 de mayo de 2025). León XIV arrasó en el cónclave con «mucho más de 100 votos». *Vida Nueva Digital.* https://www.vidanuevadigital.com/2025/05/10/leon-xiv-arraso-en-el-conclave-con-mucho-mas-de-100-votos.

en sus palabras, sino en su perfil, en su *estilo*. «Creo que lo importante no fue el contenido de lo que dijo, sino la manera en que lo dijo», declaró el cardenal Robert McElroy, de Washington. La imagen de *El Juicio Final*, de Miguel Ángel en la Capilla Sixtina, contó, fue una estampa evocadora al entrar en el cónclave y lo llevó a reflexionar cuidadosamente sobre su candidato. Al ingresar a la capilla, todo sentido de las divisiones del mundo desapareció. «En ese momento, estábamos mirándonos las almas, los unos a los otros, para encontrar quién debía continuar esta misión tan importante. Realmente, creo que, en el discernimiento y en la oración que se llevaron a cabo, buscábamos el alma que, en ese momento, tuviera la capacidad de ser un testigo verdaderamente hermoso de Cristo»[7].

Para los cardenales de Estados Unidos, y para muchos otros en esos días, Prevost era un verdadero «ciudadano del mundo», que había vivido en varios países y hablaba diversas lenguas. Un hombre y un pastor con experiencia que conocía diferentes zonas del planeta, entre otras circunstancias, gracias a sus numerosos viajes como superior de los agustinos a nivel mundial. Era la persona justa con la trayectoria justa.

La elección del hombre que se convertiría en León XIV no respondió a cálculos políticos o ideológicos de los cardenales, sino a una decisión espiritual, basada en un sentir común sobre lo que la Iglesia necesitaba en un momento tan delicado en varios niveles. La respuesta a esa necesidad fue Robert Prevost, un estadounidense nacionalizado peruano de carácter amable y con una vasta experiencia en distintos rincones del mundo.

Nacido en la diversidad

Robert Prevost, o «Rob» para sus hermanos, nació el 14 de septiembre de 1955 en Bronzeville, un barrio al sur de Chicago. De sesenta y nueve años en el momento de su elección como pontífice, es el hijo menor de Mildred Agnes Prevost y de Louis Marius Prevost, y creció junto con sus dos hermanos mayores: Louis Martin y John Joseph.

7 Allen, E. A. (10 de mayo de 2025). American cardinals hail new pope as «citizen of the world» [Cardenales estadounidenses saludan al nuevo papa como «ciudadano del mundo»]. *Crux*. https://cruxnow.com/vatican/2025/05/american-cardinals-hail-new-pope-as-citizen-of-the-world.

Su herencia familiar revela un verdadero crisol étnico. Su madre, Mildred, nació en Chicago, proveniente de una familia mestiza de ascendencia criolla de Louisiana, de raíces africanas, francesas y españolas. Su abuela había nacido en Santo Domingo, en una zona que hoy es Haití. Durante los años en que crio a sus hijos, trabajó como educadora y bibliotecaria, incluso en la escuela secundaria católica Mendel, dirigida por los agustinos, a la que asistieron sus hijos mayores, Louis y John. Esta cercanía a la orden sería la primera semilla de la vocación religiosa del futuro papa.

Su padre, Louis Marius, también nacido en Chicago y criado en Hyde Park, en el sur de la ciudad, llevaba en la sangre raíces francesas e italianas. Sirvió en la Marina de los Estados Unidos durante la Segunda Guerra Mundial, donde comandó una lancha de desembarco de infantería el Día D, en Normandía. Más tarde, participó también en la operación Dragoon, en el sur de Francia. Tras la guerra, se dedicó a la educación hasta llegar a ser superintendente del Distrito Escolar 167 de Brookwood, en Glenwood, Illinois.

Desde pequeño, entonces, Robert Prevost creció rodeado de diversidad cultural y educación, lo cual contribuyó a forjar la capacidad de liderazgo que, con los años, definiría su reconocida habilidad como administrador.

La madre de Robert falleció en 1990. Seis años después, su padre, Louis, vendió la casa familiar de Dolton, donde crecieron los hermanos Prevost, y murió al año siguiente. La propiedad, donde su padre había pasado también su infancia, fue vendida de nuevo en 2024. Recientemente se ha remodelado y se ha vuelto a poner a la venta, aunque el agente inmobiliario que gestiona la operación considera la posibilidad de subir el precio luego de la elección papal[8]. Hoy, la ciudad de Dolton quiere negociar con los actuales propietarios para comprar la casa y convertirla en un museo o en un monumento histórico. Apenas se conoció la noticia, un policía fue apostado afuera de la residencia para monitorear el flujo de personas que iban a llevar flores, a colocar cruces o a tomar fotografías:

8 Fisher, A. (16 de mayo de 2025). Pope Leo's childhood home in Dolton back on the market, but with a twist [La casa de la infancia del papa León en Dolton vuelve a estar a la venta, pero con un toque diferente]. *NBC Chicago*. https://www.nbcchicago.com/news/local/pope-leos-childhood-home-was-on-the-market-for-under-250k-until-thursday-2/3747403.

un nuevo punto de interés turístico y de peregrinaje había nacido. Si la ciudad obtiene la propiedad, el plan es llevar a cabo conversaciones con la arquidiócesis para determinar su uso.

Un joven piadoso

Más allá de la diversidad y de los antecedentes académicos de su familia, su círculo íntimo también ha sido profundamente espiritual, en especial Mildred, quien educó a sus hijos en la fe. En Dolton, asistían a misa todos los domingos, estudiaban en escuelas católicas, recibían los sacramentos y rezaban el rosario juntos cada día después de cenar. Fue una educación católica clásica para la familia, pero Rob, según sus hermanos, amigos y maestros, quienes lo recuerdan a la perfección en aquellos años infantiles y formativos, tenía una profundidad espiritual y una atracción por la fe poco común para un niño de su edad. Desde el principio, el muchacho que se convertiría en papa fue visto como «especial», como alguien muy cercano a Dios.

En entrevistas concedidas tras la elección de su «hermanito Rob», Louis y John Prevost explicaron que él siempre tuvo una inclinación hacia el seminario y el sacerdocio. Louis, el mayor de los tres, explicó a los medios después del cónclave que, desde pequeños, mientras crecían juntos en los suburbios de Dolton, supieron, como familia, que su hermano Rob «tenía algo especial, ese aire particular»:

> Decíamos: «Creo que tendrá una vocación, el Espíritu Santo le ha hablado y será sacerdote». Mientras yo jugaba a juegos de niños —béisbol, policías y ladrones, la mancha, lo que fuera—, a Rob le gustaba jugar a ser sacerdote. ¿Cuántos niños de siete u ocho años conoces a los que les guste jugar a ser sacerdote? No conozco muchos. Teníamos que bajar mientras él celebraba la misa para nosotros y nos daba a comulgar con hostias de Necco. Desde entonces ha tenido esa vocación[9].

9 Frazier, K. (9 de mayo de 2025). Brother says Pope Leo XIV always «had that calling» [Hermano dice que el papa León XIV siempre «tuvo esa vocación»]. *CBS News*. https://www.cbsnews.com/news/pope-leo-xiv-brother-louis-prevost.

John, el otro hermano del papa, también vio algo particular en su hermanito Rob, quien, en lugar de jugar a la guerra o a los soldados en la vieja casa familiar, quería ser sacerdote:

> Tomó la tabla de planchar de nuestra madre y le puso un mantel encima. Teníamos que ir a su misa, y él lo sabía todo: sabía las oraciones en latín, sabía las oraciones en inglés. Lo hacía siempre y se lo tomaba muy en serio. No era una broma, no era un juego. ¿No es interesante? Así es como lo supimos. Y cuando estaba en primaria o en el jardín de infantes, una de las mamás de enfrente y otra de la calle de abajo le dijeron: «Tú vas a ser el primer papa estadounidense». Ya lo sabían. Tenía ese espíritu de interés por los demás y por los vecinos. ¿Qué le haría decir eso a una mujer? ¿Qué hizo él? No lo sé, ¡porque no dijeron eso de mí![10].

Según sus hermanos, Rob era tranquilo, incluso como adolescente. También deportista. Le gustaba nadar y pasar tiempo con ellos y con sus amigos. Cuando fue un poco mayor, le encantaba conducir, algo que, probablemente, no hará tan a menudo como pontífice. Sobre esto último, el padre Jasson Sempertegui, quien fue secretario del entonces obispo Robert Prevost por cuatro años en la diócesis de Chiclayo, entre 2016 y 2020, ha contado a los medios que el propio papa le enseñó a manejar un auto, pues, de muchacho, mientras estudiaba Matemáticas en la universidad, Robert fue profesor de manejo para ganar dinero:

> Claro que le encanta conducir. Yo creo que será de las cosas que más extrañará. Él me enseñó a conducir a mí porque, cuando era joven, era maestro de coche. Era una de las cosas con las que, de alguna manera, conseguía dinero cuando estaba en la universidad [...] Y tiene muchísimas anécdotas conduciendo Cadillac, allí en Chicago, para ganar un poco de dinero, para sobrevivir en las épocas universitarias. Cuando yo era su secretario, me preguntó si conducía;

10 CBS News (9 de mayo de 2025). *Pope Leo XIV's brothers describe growing up with new pontiff, his path to papacy [Los hermanos del papa León XIV describen cómo crecieron con el nuevo pontífice y su camino hacia el papado]* [Video]. YouTube. https://www.youtube.com/watch?v=qXOGP9pr-Ik.

> le dije que no, porque soy muy nervioso. Y él me dijo: «Pues tienes que aprender». Él fue a darme clases, íbamos por el santuario Nuestra Señora de la Paz y yo iba conduciendo, él se ponía de copiloto. Y luego él iba con la mano en el freno de mano, por si acaso[11].

El padre Jasson también relata que la pasión por conducir acompañó a Prevost hasta Chiclayo, incluso cuando era obispo. Recuerda en especial una ocasión en la que viajaban del obispado al seminario y monseñor Prevost iba conduciendo. Sempertegui le preguntó si le gustaría escuchar algo en particular durante el camino, a lo que este le señaló la guantera, para que sacara un disco que le gustaba oír de vez en cuando.

> El disco era [del grupo estadounidense] The Mamas & the Papas. Y le digo: «¿Qué música es esta?». «Bueno, son unos de mi época». Entonces, empieza a sonar *California Dreamin'*. Y monseñor Roberto se puso a cantar todo el camino. Y luego me empezó a traducir la canción también, se puso sus gafas negras, esas con las que sale en algunas fotos. Disfrutaba mucho conducir, cantar. Allí yo lo veía pleno, era una cosa impresionante. Y también te transmitía eso. Tiene un espíritu misionero, aventurero, de que no le tiene miedo a nada, porque yo creo que se sabe en todo momento seguro de la gracia de Dios que le acompaña. Disfruta la vida[12].

Volviendo a su infancia, Robert y sus hermanos crecieron en la parroquia de Santa María de la Asunción, en la cercana Riverdale, donde Rob fue a la escuela, cantó en el coro y sirvió como monaguillo en una época en la que la parroquia era el centro del barrio. Hoy, la antigua zona

11 Melero Campos, J. (7 de junio de 2025). Los dos secretos que conoció el padre Jasson del papa León XIV durante las clases de conducir en Chiclayo: «No le tiene miedo a nada». *COPE*. https://www.cope.es/religion/hoy-en-dia/vaticano/noticias/dos-secretos-conocio-padre-jasson-papa-leon-xiv-clases-conducir-chiclayo-le-miedo-20250607_3164577.html.

12 Melero Campos, J. (7 de junio de 2025). Los dos secretos que conoció el padre Jasson del papa León XIV durante las clases de conducir en Chiclayo: «No le tiene miedo a nada». *COPE*. https://www.cope.es/religion/hoy-en-dia/vaticano/noticias/dos-secretos-conocio-padre-jasson-papa-leon-xiv-clases-conducir-chiclayo-le-miedo-20250607_3164577.html.

parroquial casi ha desaparecido por el cierre de las instituciones y la dispersión de los feligreses hacia los suburbios. La asistencia a Santa María disminuyó drásticamente con el tiempo y, en 2011, la congregación se fusionó con otra parroquia. En 2019, esta se unificó con otras dos iglesias. El antiguo edificio parroquial se encuentra hoy en mal estado y la ciudad quiere demolerlo, pero existe una iniciativa, que incluye una petición en línea, para salvarlo y otorgarle el estatus de edificación protegida. En su tiempo, toda la familia Prevost estuvo muy involucrada en actividades de voluntariado y de servicio asociadas a esta vida parroquial.

En la escuela, Rob siguió teniendo una reputación de ser alguien espiritual y distinto a los demás. Todos sus compañeros dirían, sin excepción, que sabían que había algo muy especial en Rob, incluso a los trece años, ha explicado a los medios John Doughney, un amigo y compañero de Robert de la promoción de 1969 en Santa María:

> Al pensar en las características comunes de un chico de trece años, criado en el sur de Chicago, nos vienen a la mente ciertas imágenes, pero las palabras que probablemente no se nos ocurrirían serían amabilidad, compasión, devoción y humildad. Esas no se suelen atribuir a los jóvenes, ¡y mucho menos a los de trece años del sur de Chicago! Eso era lo que caracterizaba a Robert: era todo eso, y sus compañeros lo sabían. Sabíamos que era diferente, porque se comportaba de forma muy distinta a la de un chico típico de trece años, y lo notábamos... Todo joven, todo niño que crece en la Iglesia católica, probablemente en algún momento u otro ha soñado con ser sacerdote y quizá algún día papa, porque ese es el epítome. Estoy seguro de que todos lo hicimos, pero Robert, mientras crecía, tenía un propósito único, y se notaba que este era el camino que estaba tomando y se mantuvo en él sin importar lo que pensaran o dijeran los demás[13].

Al finalizar la primaria, Robert Prevost decidió ingresar a un seminario menor de la Orden de San Agustín, es decir, a una institución

13 CBC News. (mayo de 2025). «We knew there was something special about him» says childhood friend of Pope Leo [«Sabíamos que había algo especial en él» dice un amigo de la infancia del papa León] [Video]. *CBC News*. https://www.cbc.ca/player/play/video/9.6754667.

educativa destinada a formar jóvenes que muestran interés en convertirse en sacerdotes, pero que todavía están en la etapa escolar. Así, de 1969 a 1973, asistió a la escuela secundaria del Seminario San Agustín, en Michigan. Allí obtuvo una carta de reconocimiento por excelencia académica, figuró regularmente en el cuadro de honor, se desempeñó como editor jefe del anuario de su promoción, fue secretario del Consejo Estudiantil y miembro de la Sociedad Nacional de Honor. También fue capitán del equipo de bolos y dirigió el equipo de oratoria y debate, compitiendo en eventos nacionales. De las varias docenas de estudiantes que ingresaron a dicha escuela, fue uno de los trece que se graduaron, y uno de los pocos en dedicarse, finalmente, al sacerdocio.

Para John Prevost, nunca hubo otra opción para su hermano Rob que el sacerdocio; en cambio, la duda era otra: «¿A qué orden pertenecería? ¿Iría a una escuela jesuita, franciscana, agustina? ¿O sería un sacerdote diocesano en una parroquia local? Esa era la única pregunta que rondaba la mente de la gente». Y después de investigar y de recibir la visita de varios sacerdotes en casa para hablar con Robert, «él eligió a los agustinos. Creo que hizo una buena elección»[14].

Sobre su infancia, sus raíces y ese llamado que sintió hacia el sacerdocio, como por ejemplo jugar a la misa cuando era niño y que los vecinos dijeran que el pequeño Robert sería el primer pontífice estadounidense, el papa León XIV, en entrevista exclusiva para este libro, concedida en julio de 2025 en la residencia de verano del papa, en Castel Gandolfo, a una hora de Roma, cuenta que, en efecto, «todo es cierto, pero es exagerado», que no se habla de su afición por conducir ni de «las veces que quise ser camionero», como su vecino de al lado, quien «a veces llegaba a casa con esos enormes tráileres y cosas, y pensé: "Eso es genial"»:

> Todo el mundo sabe que me gusta conducir y he conducido vehículos de muchas formas y tamaños, así que también estaba esa parte. Luego, mi padre era superintendente escolar. Mi hermano quería ser maestro,

14 CBS News. (9 de mayo de 2025). *Pope Leo XIV's brothers describe growing up with new pontiff, his path to papacy [Los hermanos del papa León XIV describen cómo crecieron con el nuevo pontífice y su camino hacia el papado]* [Video]. YouTube. https://www.youtube.com/watch?v=qXOGP9pr-Ik.

> y yo decía que quería ser el superintendente. Hubo tiempos en los que pensé en dedicarme a la política, estudiar Derecho, la posibilidad de las Ciencias Políticas y el Derecho. Hubo diferentes momentos en mi vida en los que eso me atrajo, probablemente en términos del sentido de una vocación de servicio, también. Como cualquier niño que va creciendo, al menos pensé en muchas posibilidades diferentes, pero es cierto que, desde muy joven, también tuve este presentimiento de que me gustaría ser sacerdote. Mis padres estaban muy involucrados en la parroquia local. Los sacerdotes venían a cenar regularmente, sacerdotes diocesanos, y, luego, cuando mis hermanos comenzaron a ir a una escuela secundaria agustiniana, fue allí cuando empecé a conocer a los agustinos. La idea del sacerdocio también era algo de lo que estaba muy consciente, y los comentarios que se hicieron son ciertos[15].

Con las ventanas abiertas en la Villa Barberini, y el lago Albano de fondo, el papa recuerda, en efecto, a la vecina de su calle, quien le decía: «Vas a ser el primer papa estadounidense». Y asegura que no fue «algo de una sola vez», aunque no está seguro de cuánto impacto tuvo en él aquello, pues recién ha vuelto a su memoria en estos días después del cónclave:

> Me había olvidado de mucho de eso hasta que todo esto sucedió y mis hermanos mayores empezaron a contar estas historias que son ciertas, más o menos. Pero la idea de la vocación, sin duda, a medida que crecí y entré en la adolescencia, ciertamente estuvo presente. No fue como una decisión única y que nunca más volví a pensarlo. Es decir, hubo momentos a lo largo del camino, como creo que para la mayoría de los seminaristas, en los que uno se desanima o choca contra una pared y piensa: «Esto no es para mí». Hubo un tiempo en que quise tener una familia y pensé: «No necesito lo del celibato», y tomar otra ruta en la vida, pero aquí estoy. Obviamente, la gracia del Señor y cierta perseverancia, que también es un regalo del Señor, me trajeron hasta aquí[16].

15 Papa León XIV, entrevista con la autora, 10 de julio de 2025.

16 Papa León XIV, entrevista con la autora, 10 de julio de 2025.

¿Qué atrajo a Robert Prevost al sacerdocio? ¿Qué lo llevó finalmente en esa dirección? «Recuerdo desde muy temprano el concepto de servicio, de alguna manera decir que, para darle un sentido a tu vida, debes hacer algo por los demás. Eso fue algo con lo que nos educaron nuestros padres», responde el papa, cómodo y natural, como si no se tratase de la primera entrevista que da como pontífice, sino de una conversación común, un compartir. Y agrega:

> Recuerdo varios incidentes diferentes, algunos de los cuales, de nuevo, no fueron revelados por mis hermanos, pero cuando éramos niños pequeños en Navidad y ya habíamos recibido y abierto todos nuestros regalos, mamá llegó a casa y dijo: «Hay una familia necesitada cerca y no tienen regalos para sus hijos. ¿Qué les parece si compartimos algo con ellos?». Entonces, de los regalos que habíamos recibido —y, por supuesto, uno de los míos era un camión nuevo, esa era mi etapa de camionero—, fue algo así como: dale el camión al niño vecino que no va a recibir ningún regalo. Así que hay una especie de sentido de compartir con los demás lo que se nos dio, y fuimos criados así. Luego, a medida que crecí, vi diferentes tipos de sacerdotes. La dimensión misionera de mi vida, desde el principio... Uno de los grupos que consideré fueron los Padres Blancos, como se les llamaba en ese momento a los misioneros de África. Pensé en convertirme en misionero ya desde colegial. Así que esa dimensión también estuvo presente desde muy temprano, porque no era como «me voy a quedar en casa». Pensé: «No, sé aventurero y anda a otro lugar y entrega tu vida al servicio». Así que eso también fue algo en lo que pensé de niño sobre mi futuro[17].

Los agustinos y el camino de la comunidad

La decisión de seguir su camino con los agustinos parecía muy natural para Robert, ya que su familia mantenía vínculos con ellos desde hacía años. Especialmente su madre, Mildred, quien trabajó durante mucho

17 Papa León XIV, entrevista con la autora, 10 de julio de 2025.

tiempo como bibliotecaria en la escuela secundaria católica Mendel, la institución agustina donde estudiaron los hermanos mayores de Rob.

La Orden de San Agustín, que en 2024 contaba con 1804 sacerdotes y 2457 religiosos, es una orden mendicante fundada en el siglo XIII para vivir y promover el espíritu de fraternidad tal como lo vivían las primeras comunidades cristianas[18]. Las órdenes mendicantes se distinguen por su compromiso con la pobreza y la predicación itinerante, así como por su énfasis en el ministerio y en el servicio urbano. Sus miembros viven en la pobreza, viajan a diferentes lugares para predicar y dependen de donaciones caritativas o de limosnas para su sustento. Son conocidos por su participación activa en la vida de la gente, especialmente en las ciudades, y por su énfasis en la ayuda al prójimo.

Desde el principio, la orden reconoció la figura de san Agustín de Hipona como su padre y guía espiritual, y recibió de él su nombre, su Regla para la convivencia comunitaria, su doctrina y su espiritualidad. Según la Regla de san Agustín, el propósito principal para la convivencia comunitaria es vivan «en armonía en casa, y tengan una sola alma y un solo corazón orientados hacia Dios»[19]. Es decir, una vida en comunidad es fundamental para la espiritualidad y el estilo de vida agustinianos. La Regla añade: «Y no posean nada como propio, sino que todo lo tengan en común»[20]. Dado el gran énfasis en una vida compartida, probablemente no deba sorprender que, en el cónclave, los cardenales, al buscar un papa que pudiera unificar una sociedad y una Iglesia divididas, y llevar así la comunión a sus miembros, eligieran a alguien cuya formación espiritual se basaba en una coexistencia comunitaria armoniosa.

¿Por qué eligió Robert Prevost la Orden de San Agustín? El propio papa León XIV lo atribuye a un par de aspectos: por ser una orden dedicada a la enseñanza y por su carácter comunitario. Así lo explica en la entrevista que concedió en Castel Gandolfo:

18 La Orden de San Agustín fue establecida jurídicamente en marzo de 1244 cuando el papa Inocencio IV unió a varios grupos de eremitas al servicio de la Iglesia universal como una comunidad de frailes mendicantes.

19 San Agustín. Augustinus Hipponensis. Regla de nuestro padre san Agustín, N.º 2. *Augustinus Hipponensis*. https://www.augustinus.it/spagnolo/regola/index2.htm.

20 San Agustín. Augustinus Hipponensis. Regla de nuestro padre san Agustín, N.º 3. *Augustinus Hipponensis*. https://www.augustinus.it/spagnolo/regola/index2.htm.

Una [de las razones] fue que es una orden dedicada a la enseñanza. En la provincia de Chicago ellos siguen dirigiendo varias escuelas. Me gustaba la idea de enseñar —de nuevo, mis padres trabajaron ambos en educación en diferentes momentos—, pero también eran misioneros. Los aspectos de comunidad y de amistad de los agustinos, sobre los que estuve al tanto desde muy temprano, fueron elementos muy positivos [y diferentes a los sacerdotes diocesanos que vi en nuestra parroquia]. Pensé, entonces, que la vida comunitaria de los agustinos, el aspecto de la amistad, el hacer cosas juntos, todo eso tenía sentido para mí de niño.

Recuerdo claramente que un día hice el examen de ingreso para el seminario de la escuela secundaria Quigley y, al día siguiente, después de esa experiencia del examen, dije: «Quiero ir con los agustinos». Mis padres me apoyaron mucho. Dijeron: «Tú decides y nosotros te apoyaremos». Así que postulé al seminario de la escuela San Agustín en Holland, Michigan. Días después, me llamaron de Quigley. Supongo que me había ido bastante bien en el examen. Me dijeron: «Ven aquí», y yo respondí: «Lo siento, ya decidí, voy allí», y ese fue el fin de la historia. Las motivaciones cambian y se purifican a medida que creces, por supuesto, pero estas pequeñas corazonadas desde muy temprano fueron realmente parte de una vocación[21].

Vida universitaria: Rob, el estudiante destacado

Después de graduarse de la secundaria del Seminario San Agustín, en Michigan, en 1973, Robert Prevost tenía previsto ir al colegio Tolentino, un seminario agustino en Illinois, pero este cerró aquel año. Por lo tanto, se matriculó en la Universidad de Villanova, una institución agustiniana cerca de Filadelfia, una de las dos únicas instituciones católicas agustinas de educación superior en los Estados Unidos (la otra es Merrimack College, en Massachusetts). Durante sus estudios, tomó cursos de hebreo y latín, y leyó los escritos de san Agustín y del sacerdote jesuita y teólogo alemán Karl Rahner. Mientras estudiaba en Villanova, trabajó como

21 Papa León XIV, entrevista con la autora, 10 de julio de 2025.

jardinero del cementerio en la iglesia católica romana de Saint Denis, en Havertown, Pensilvania. En 1977, obtuvo de Villanova una licenciatura en Ciencias Matemáticas.

Según el padre William Lego, párroco agustino de San Turibio, en Chicago, quien conoce al papa León XIV desde que tenían doce o trece años, Robert siempre fue reconocido por su inteligencia en los estudios, tanto de niño y de adolescente como de adulto: «Estudiar fue más fácil para él... Se notaba que estaba destinado a ciertas cosas», consideradas más prestigiosas o importantes, como servir mesas durante eventos en el seminario o cuidar de los hermanos mayores, cuenta Lego[22]. Este estudió con Rob en la escuela secundaria del Seminario San Agustín, en Michigan, luego en Villanova, y después en la Catholic Theological Union, tras su ingreso a los agustinos. Juntos formaron parte de la primera clase que pasó los cuatro años completos en Villanova para la provincia agustiniana del Medio Oeste, Nuestra Madre del Buen Consejo, un título mariano por el que el papa tiene una profunda devoción.

Tras conocerse que Robert Prevost sería el nuevo papa, el presidente de Villanova, el padre Peter M. Donohue, envió un correo electrónico al nuevo pontífice bromeando con que tal vez podría dar el discurso de graduación del próximo año, en 2026. El papa respondió: «¡Gracias, pero probablemente estaré ocupado!»[23]. En varias entrevistas después del cónclave, Donohue describió el buen sentido del humor del papa y su capacidad para escuchar: «Es muy buen oyente, muy agradable, disfruta de la compañía de la gente, tiene un maravilloso sentido del humor, pero no es muy efusivo. No se parará frente a la multitud para entretenerlos, sino que se unirá a la celebración. Le gusta estar rodeado de gente, disfruta su compañía. Es un gran oyente, y creo que eso va a ser muy importante. Es una persona que realmente quiere unir a la gente, conectar a la gente». Donohue explicó también que años después de su partida de los Estados Unidos, viviendo en Roma o en el Perú,

22 Padre William Lego, entrevista con la autora, 3 de junio de 2025.

23 MSNBC. (9 de mayo de 2025). *Villanova President emailed the new pope. Here's how Leo responded [El presidente de Villanova envió un correo electrónico al nuevo papa. Así respondió León]* [Video]. YouTube. https://www.youtube.com/watch?v=hTC7x2ntFzU.

mantuvo fuertes vínculos con su *alma mater*, con visitas a Villanova cada vez que regresaba al país[24].

Un novicio contemplativo, una época de cambio y adaptación en la Iglesia

Cuando Robert se graduó de Villanova con una licenciatura en Matemáticas, en 1977, ingresó formalmente a los agustinos. Entró como novicio el 1 de septiembre de aquel año y residió durante doce meses en la Iglesia de la Inmaculada Concepción, en el barrio Gate District de St. Louis, Missouri, antes de volver a Chicago para estudiar en la Catholic Theological Union.

Barbara Herrmann, una feligresa de la cercana parroquia del Santo Nombre de Jesús, en Bellefontaine Neighbors —que también acogía a novicios agustinos—, conoció a Robert cuando era novicio en la Inmaculada Concepción. «Siempre lo recuerdo como una persona tranquila... Era, como ven, muy contemplativo», declaró a un periódico local Herrmann, quien también contó que los novicios en aquel tiempo participaban felizmente en la vida parroquial, a menudo jugando a la pelota con los niños después de la misa dominical. Cuando vio a Robert como papa, pensó que no había cambiado un ápice: «La persona que recuerdo es la que ven: alguien gentil, amable y agradable»[25].

Según el padre William Lego, el año del noviciado, que hizo junto con Robert, fue muy espiritual, y se basó más en la oración y en la contemplación de Dios que en el trabajo pastoral:

> Nos centramos en intentar conocer a Dios en nuestras vidas. Así que, aunque vivíamos en una parroquia en el centro de St. Louis,

24 MSNBC. (9 de mayo de 2025). *Villanova President emailed the new pope. Here's how Leo responded [El presidente de Villanova envió un correo electrónico al nuevo papa. Así respondió León]* [Video]. YouTube. https://www.youtube.com/watch?v=hTC7x2ntFzU.

25 Kosta, L. (9 de mayo de 2025). Parishioner recalls now-pope as «gentle, contemplative» novice in St. Louis [Una feligresa recuerda al ahora papa como un novicio «amable y contemplativo» en San Luis]. *St. Louis Review*. https://www.stlouisreview.com/story/parishioner-recalls-now-pope-as-gentle-contemplative-novice-in-st-louis.

> hicimos algunas cosas, pero no lo que se esperaría, como trabajar con los pobres; eso fue muy mínimo. Hacíamos canastas para la Pascua o Navidad, y limpiábamos la iglesia. Nuestro maestro de novicios nos dijo: «Ustedes se dedicarán al ministerio pastoral el resto de sus vidas, y a veces se sentirán desgarrados y no sabrán qué hacer. Les enseñaré contemplación y meditación, y cómo asentarse para que mantengan el contacto con Dios en sus vidas». Ese fue el núcleo de nuestro noviciado... Se puede ver en el papa, que es muy devoto. Todos compartimos esa visión, ese carisma, esa gracia[26].

Al completar el año de noviciado, Robert profesó los votos temporales en la Orden de San Agustín, el 2 de septiembre de 1978, y volvió a Chicago para matricularse en la Catholic Theological Union, donde realizó sus estudios para el sacerdocio. Allí, tomó cursos de Teología, de Divinidad, de Escrituras y más. Mientras estudiaba, enseñó Física y Matemáticas en la escuela secundaria St. Rita of Cascia, en el barrio Wrightwood de Chicago.

En ese momento, había transcurrido solo una década desde la clausura del Concilio Vaticano II, inaugurado por el papa Juan XXIII en 1962, y finalizado por el papa Pablo VI en 1965. El Concilio tuvo como principal objetivo adaptar la Iglesia católica al mundo moderno y enfatizó la necesidad, entre otras cosas, de fortalecer su relación con otras denominaciones cristianas y también con los no cristianos. Asimismo, buscó promover un papel más activo de los laicos en la vida eclesial, en todos los niveles, especialmente en el ministerio parroquial —algo que más tarde sería un aspecto importante del ministerio de Prevost en el Perú—. Entre las reformas más controvertidas del Concilio se encontraban las revisiones de la liturgia, que animaban a los sacerdotes a celebrar la misa de cara a la congregación en lugar de al altar, y a que esta se celebrara en lenguas vernáculas en vez de en latín. También se enfatizó el fortalecimiento de la relación entre el clero y los laicos, y se introdujeron diversas modificaciones en la vida religiosa, solicitando que las órdenes se adaptaran y evolucionaran, manteniendo la esencia de sus respectivas tradiciones. Respecto a las reformas litúrgicas, se ha observado ampliamente que las comunidades religiosas con una fuerte tradición de liturgia común en

26 Padre William Lego, entrevista con la autora, 3 de junio de 2025.

su núcleo, como los dominicos y los agustinos, tendieron a capear las tormentas del Concilio con menos turbulencia.

De esa herencia bebe Prevost y su manera de ver la vida eclesial. El debate sobre el Concilio Vaticano II y sus reformas se desarrolló en las aulas de la Catholic Theological Union y dio forma a la discusión sobre temas clave. Fue en este contexto, de cambio y de adaptación, que Robert experimentó su formación teológica y sacerdotal.

Sobre este tema y sobre la discusión en la universidad durante aquella época, el padre William Lego opina que el debate fue amplio y que los estudiantes, incluso los seminaristas, tenían discusiones muy interesantes, incluido el tema de las mujeres y su ordenación: «En una escuela de teología, uno de los beneficios es que puedes discutir y expresar opiniones sobre todos los temas, incluso aquellos que son contrarios a las enseñanzas de la Iglesia. En ese momento, había un grupo fuerte de mujeres que cuestionaban [...] que solo los varones pueden ser ordenados diáconos y sacerdotes. Esto generó discusiones realmente buenas en nuestras clases y entre nosotros fuera del aula. Para mí, estas discusiones me han ayudado a estar abierto a considerar todos los aspectos de las enseñanzas de la Iglesia. Eso no significa que las vaya a negar como sacerdote»[27].

En los años en que Robert estudiaba en la Catholic Theological Union, de 1978 a 1981, los agustinos eran una de las aproximadamente veinticinco comunidades religiosas masculinas con miembros allí. Según la hermana Dianne Bergant, quien habló con los medios después del cónclave y explicó su tiempo como profesora en la Union durante unos cuarenta años, la institución se llamaba así porque varias comunidades religiosas cerraron en esa época sus propios seminarios y el centro se convirtió en una «Unión Teológica Católica», una unión corporativa de comunidades. Entre ellas, los agustinos tenían una gran presencia en el campus.

La hermana Dianne recuerda haber tenido al joven Prevost en sus clases de Antiguo Testamento durante su primer año, en 1978-1979, y también en su curso sobre el Pentateuco. Ella confirma la inteligencia de Robert, pues en todas sus clases «fue un estudiante muy serio». La hermana explica que todavía conserva las hojas de exámenes y de calificaciones de todos sus alumnos, «así que cuando digo que era un buen

27 Padre William Lego, entrevista con la autora, 3 de junio de 2025.

estudiante, ¡tengo pruebas! Sacaba sobresalientes y siempre llegaba a tiempo, lo que significa que es confiable, tranquilo, no retraído».

La mayoría de los estudiantes de la Catholic Theological Union eran candidatos a la ordenación sacerdotal y muchos pertenecían a órdenes religiosas, lo que creaba un fuerte sentido de comunidad. La hermana Dianne también explica que «estudiábamos, rezábamos, celebrábamos fiestas juntos: estudiantes, profesores y personal. [...] Había un gran sentido de comunidad en aquellos años, y él formaba parte de eso. Si no lo hubiera sido, lo habría recordado. Se recuerda a los que no participan, y él sí lo hacía».

A diferencia de gran parte de los demás estudiantes agustinos, Robert tomó otro rumbo después de graduarse. En lugar de ser destinado a alguna parroquia dentro de los Estados Unidos, fue uno de los pocos de su clase que viajó al extranjero. La hermana Dianne cuenta que mantuvo algún contacto con Robert luego de su graduación y que él siempre fue amable y cálido. Tenía desde siempre el perfil perfecto para el cargo de papa, cuenta ella, más de veinte años enfocado con los pobres en el extranjero, tan comprometido que incluso se convirtió en ciudadano de otro país. «Eso es algo que no se puede ignorar. Y lleva el nombre de León XIII, quien fue el campeón de la clase trabajadora. No es de los que inician una pelea, pero tampoco de los que la rehúyen. Tomará una postura firme y llamará a la Iglesia a unirse a él», explica la hermana Dianne[28].

De manera similar, la hermana Thérèse DelGenio, quien también fue profesora cuando Robert Prevost estudiaba en la Catholic Theological Union, dijo a los medios que él eligió las tareas más difíciles del ministerio, trabajando con adictos. En lugar de tomar uno de los trabajos disponibles para los estudiantes en escuelas y parroquias determinadas, cuenta, decidió colaborar en la parroquia de San Víctor, con un equipo de extensión comunitaria con laicos. «Estos recibieron capacitación sobre la drogadicción, el alcoholismo y el sufrimiento del adicto, así como de la familia», dice la hermana Thérèse, quien cree que los cardenales eligieron a Robert

28 WLUK-TV Fox 11. (12 de mayo de 2025). *«I taught the pope»: Wisconsin nun shares stories of having Pope Leo XIV in class as a seminarian [«Le enseñé al papa»: una monja de Wisconsin comparte historias de haber tenido al papa León XIV en clase cuando era seminarista]* [Video]. YouTube. https://www.youtube.com/watch?v=qsztIvz1stg.

porque «vieron su sentido de comunidad gracias a su pertenencia a la comunidad agustiniana. No es solo local y no se preocupa únicamente por los Estados Unidos, sino que tiene un corazón y una visión global»[29].

Ordenación, el Angelicum y sus comienzos en el Perú

Después de graduarse de la Unión con una maestría en Divinidad en 1981, Robert hizo su profesión solemne con los agustinos el 29 de agosto de ese mismo año y fue ordenado diácono el 10 de septiembre por el obispo Thomas Gumbleton —auxiliar de Detroit y controvertido por sus posturas liberales—, en la parroquia de Santa Clara de Montefalco, en Grosse Pointe Park, Michigan.

Reconocido por su talento y por sus capacidades intelectuales, Robert fue enviado casi de inmediato a Roma para estudiar Derecho Canónico en la Universidad Pontificia de Santo Tomás de Aquino, conocida como el Angelicum, donde obtuvo la licenciatura en Derecho Canónico, en 1984, y el doctorado, en 1987.

Prevost fue ordenado sacerdote ocho meses después de su ordenación diaconal, el 19 de junio de 1982, en la Iglesia de Santa Mónica de los Agustinos, una pequeña parroquia anexa a la sede agustiniana en Roma, situada frente al Vaticano. Fue ordenado por el arzobispo Jean Jadot, un prelado belga que había sido delegado apostólico del Vaticano en Estados Unidos entre 1973 y 1980. Jadot fue conocido por formar una generación de obispos de centroizquierda y con conciencia social en los Estados Unidos, lo que fue visto como una implementación de las reformas del Concilio Vaticano II.

Al terminar su licenciatura en Derecho Canónico, Robert fue enviado por primera vez al Perú en 1985 como canciller para ayudar al prelado y después obispo de Chulucanas, el agustino Juan Conway McNabb, así como para sentar las bases de la conversión de la prelatura en diócesis, lo que sucedió tres años más tarde, en 1988. Su estadía fue por un año, luego del cual regresó a los Estados Unidos en 1986 para

29 WCPO 9. (9 de mayo de 2025). *Nun who taught Pope Leo XIV remembers his «missionary heart» [Una monja que enseñó al papa León XIV recuerda su «corazón misionero»]* [Video] YouTube. https://www.youtube.com/watch?v=Q9ZDR-fq0S8.

servir, tras defender su tesis doctoral, como director de Vocaciones y Misiones para la Provincia de Nuestra Madre del Buen Consejo de los Agustinos en Illinois, cargo que ocupó por dos años. Durante este tiempo, fue también director temporal de la Oficina Provincial de Misiones y trabajó con el profesorado del Noviciado Agustino en Oconomowoc, Wisconsin, antes de regresar al Perú. En 1988, Robert inició su larga historia en el país andino.

Según su amigo y hermano agustino William Lego, hay tres aspectos que caracterizan la espiritualidad agustiniana y que definieron a Robert en sus misiones, rasgos que espera que también influyan en su forma de gobernar como papa: una vida comunitaria, una vida de oración y un compromiso con la justicia social. Pero lo más característico, dice, es el primero, la vida en común: «Estamos llamados a vivir como hermanos, a compartir nuestra fe en todos los niveles y a llamar a la gente a la comunión. Creo que eso será un sello distintivo suyo»[30].

Profundas raíces en una comunidad que puede moldear un pontificado

Este sentido de comunidad ya se ha consolidado como una característica que guía el pontificado de León XIV. Días después de su elección, el 8 de mayo de 2025, el nuevo pontífice realizó una visita sorpresa a la sede agustiniana en Roma, a pocos pasos del Vaticano. Allí celebró la misa y almorzó con sus hermanos, como hacía casi a diario cuando era cardenal. El 16 de mayo, tuvo una audiencia privada con el prior general agustino, el padre español Alejandro Moral, a cuyo almuerzo de celebración de su cumpleaños setenta asistió dos semanas después, el domingo 1 de junio. En dicha ocasión, el papa agustino se volvió a reunir con los frailes de su congregación en la sede de la orden y en el Colegio Internacional Santa Mónica.

Es evidente que el vínculo de Prevost con la orden agustiniana sigue siendo fuerte, y su sentido de comunidad, e incluso su necesidad de ella, se ha vuelto cada vez más patente. Sin embargo, aunque este rasgo es característico de los agustinos, Robert comenzó a cultivarlo en casa, en el seno de su familia. Esa fue su primera experiencia «comunitaria».

30 Padre William Lego, entrevista con la autora, 3 de junio de 2025.

Especialmente la convivencia con Louis Martin y John Joseph, quienes, en sus declaraciones a los medios, han demostrado un enorme orgullo por su hermanito Rob, así como un amor y una protección que solo los hermanos mayores pueden tener por el más pequeño.

Después de conocerse quién sería el nuevo papa, hablando con varios medios sobre su hermano menor, Louis Prevost confesó que en casa están muy felices con su triunfo, incluso «eufóricos, rebosantes de alegría, superfelices». Esto, sin embargo, se mezcla con un sentimiento de extrañamiento, pues no habían sabido nada de él. El temor es que el puesto lo pueda alejar de la familia.

> ¿Ya no podremos verlo ni hablar con él como antes? No lo sabemos. Es una nueva vida. Ya no es «Rob», es León XIV. ¿Significa eso que, como sus hermanos, ahora somos unos extraños, porque él está al mando de la Iglesia y tiene cosas más importantes que hacer que la familia? No sé, sinceramente espero que no... Seguiré tratándolo como a mi hermano pequeño, le daré un abrazo y le diré: «Rob, idiota, ¿qué has hecho?». ¡Y voy a quitarle el solideo y a despeinarle el pelo![31].

Con una creciente preocupación sobre la relación que podría tener de ahora en adelante con su hermano, el papa, Louis admitió que la sensación en los primeros días, antes de hablar con él, fue como «cuando mueres y toda tu vida pasa ante tus ojos». Cuenta que, en efecto, le pasó aquello por la cabeza, desde que Rob nació hasta hoy, que está en el trono de Pedro. Ante esto, solo le queda intentar expresar lo felices que están en su familia. «Creo que será un gran papa, supongo que uno de los mejores que la Iglesia ha visto en nuestras vidas», comenta, emocionado. Pero entre el orgullo y el entusiasmo, se asoma también la tristeza: «La realidad se impone: quizá perdí a mi hermanito, que ahora es de la Iglesia. No tengo contacto con él, no pude contactarlo

31 CBS News. (9 de mayo de 2025). Pope Leo XIV's brother shares what he will do when he sees him: «Give him a nuggie» [El hermano del papa León XIV comparte lo que hará cuando lo vea: «Despeinarle el pelo»] [Video]. *CBS News*. https://www.cbsnews.com/video/louis-prevost-recounts-moment-learned-brother-elected-pope-leo-xiv.

hasta el sábado [después de la elección]. Va a ser un mundo nuevo para ambos... Eso es probablemente lo peor. Estoy aquí todo el día, preguntándome si alguna vez podré volver a verlo, estar con él, estrecharle la mano y abrazarlo»[32].

Louis Prevost ha contado también cómo el anuncio de Rob como nuevo pontífice lo hizo llorar al pensar en la cercanía entre ambos. Cuando finalmente escuchó la voz de su hermano, en aquel balcón del Vaticano, se sintió más tranquilo, pero, antes de aquello, se puso a llorar: «Quizá por celos internos, porque "se llevaron a mi hermano". Solíamos hablar por teléfono una o dos veces por semana. Eso ya no va a pasar, tengo que prepararme. Cuando se pierde esa comunicación regular a nuestra edad... Nos contactábamos una vez a la semana solo para asegurarnos de que todos seguíamos bien, respirando y coleando. Ahora será alguien en los medios quien me diga: "Oh, el papa no se encuentra bien", porque, al ritmo de la comunicación, puede que no me entere hasta después de que salga en las noticias. Sin duda, será un gran cambio en nuestras conexiones familiares».

El mayor de los hermanos Prevost, un gran partidario del presidente estadounidense Donald J. Trump y su movimiento político MAGA (*Make America Great Again*), también expresó una actitud protectora hacia su hermano menor, pues ahora bajará el tono de sus publicaciones y su activismo en las redes sociales para no perjudicarlo: «Esto podría ser un problema para nosotros, y algunas de las cosas que he dicho podrían reflejarse en él». Sobre algunas publicaciones que apoyó, que contenían lenguaje crudo y a veces vulgar sobre algunos políticos, explicó:

> Lo publiqué, y no lo habría hecho si no lo creyera, pero no sabía lo que venía. Puedo decir que desde entonces he estado muy callado, mordiéndome la lengua ante algunas cosas que se dicen en redes sociales, porque no quiero crear un revuelo innecesario. Soy partidario de MAGA y tengo mis convicciones, pero no

32 Piers Morgan Uncensored. (12 de mayo de 2025). *«We won›t see women priests», interview with pope Leo›s brother Louis Prevost [«No veremos mujeres sacerdotes», entrevista con Louis Prevost, hermano del papa León]* [Video]. YouTube. https://www.youtube.com/watch?v=ML2M9icrrKw.

> necesito generar problemas para él; ya tendrá suficiente sin que la prensa diga: «¡El hermano del papa dice esto!». Me he dado cuenta de que esto se está volviendo en mi contra y probablemente debería moderarme. Me he alejado de muchos medios y no me veo involucrado demasiado en eso, al menos hasta que tenga la oportunidad de hablar con mi hermano y ver qué piensa[33].

Por su parte, el otro hermano de León XIV, John Prevost, también expresó su orgullo y cariño, así como su preocupación por la presión de la responsabilidad que ahora carga Rob. Al escuchar las noticias, sintió «conmoción, incredulidad y muchísimo orgullo... ¿Es esto real? ¿Y ahora qué vamos a hacer? Porque es una gran responsabilidad que tenemos que asumir. La gente lo estará observando más de cerca que nunca, y quizá a nosotros también, la familia». John también explica cómo le impactó saber que su hermano era el primer papa estadounidense, un hito histórico:

> Es difícil expresarlo con palabras. ¿Cómo se puede estar más orgulloso de alguien, quien no solo es el papa, sino el primer papa estadounidense, el primer papa de Chicago y mi hermano? Es increíble, pero creo que conllevará una gran responsabilidad. Será objeto de un escrutinio intenso, de derecha y de izquierda, de arriba abajo, por ser el primer papa estadounidense. Estamos acostumbrados a un papa italiano o, en el caso del papa Francisco, a un papa argentino, pero aquí está el papa estadounidense. «¿Qué va a hacer por mí?», se preguntarán. Por eso pensaba que nunca habría un papa estadounidense, porque Estados Unidos ya es demasiado poderoso. ¿Querrían involucrar a la Iglesia? Pero el Espíritu Santo movió a alguien[34].

33 Piers Morgan Uncensored. (12 de mayo de 2025). *«We won›t see women priests», interview with pope Leo›s brother Louis Prevost [«No veremos mujeres sacerdotes», entrevista con Louis Prevost, hermano del papa León]* [Video]. YouTube. https://www.youtube.com/watch?v=ML2M9icrrKw.

34 CBS News. (9 de mayo de 2025). *Pope Leo XIV's brothers describe growing up with new pontiff, his path to papacy [Los hermanos del papa León XIV describen cómo crecieron con el nuevo pontífice y su camino hacia el papado]* [Video]. YouTube. https://www.youtube.com/watch?v=qXOGP9pr-Ik.

John Prevost expresó su absoluta confianza en que su hermano es capaz de asumir tal desafío, sobre todo en un mundo polarizado, pues «tiene la paciencia de un santo. Puede con ellos, puede aguantarlo, puede detenerse y pensar antes de dar una respuesta... Lo pensará y será muy cuidadoso al respecto, buscando cuál es la mejor respuesta para la Iglesia hoy y para la gente, e intentará unirlos a todos, lo cual probablemente sea una tarea imposible». También explicó que cree que Robert será un buen papa, porque «en el fondo de su alma, anhelaba ser misionero. No quería ser obispo ni cardenal, pero eso fue lo que le pidieron, y así lo hizo. Le habría gustado regresar a Perú y trabajar en las misiones, porque sentía un profundo afecto por los marginados, por los pobres, por aquellos que no eran escuchados». Y no solo eso, en ese sentido John cree firmemente que León XIV seguirá la línea marcada por su antecesor argentino: «Creo que será un segundo papa Francisco; seguirá sus pasos, trabajando por los desfavorecidos».

John también manifestó su deseo de ayudar a la gente que busca fe o esperanza en su hermano, el pontífice. Contó que muchas personas han empezado a enviarle cartas pidiendo ayuda o buscando un milagro. Para él, la motivación detrás de las cartas «es la fe. Si no tenemos fe, estamos perdidos. Así que, si esto ayuda a la gente a tener fe, también es algo bueno». Y él, consciente de lo que pueden significar unas líneas del hermano del papa, quiere responder a las cartas que recibe: «Las revisaré para ver si puedo dar alguna respuesta. No quiero tirarlas a la basura; la gente ha derramado su alma aquí, así que quiero devolverles algo. La gente busca esperanza, hay que tratar de mantenerla viva»[35].

Al ser ungido papa, la vida del cardenal elegido cambia por completo, incluso asume otro nombre, acaso otra identidad. Este evento impacta no solo en su vida, sino en la de su entorno más íntimo. Por eso, la principal preocupación de los hermanos del papa no es simplemente ser parientes del pontífice, una de las personalidades más centrales del mundo, sino la cotidianidad, es decir, la relación con su hermano y cómo afrontará este enorme desafío personal, espiritual, histórico: ¿podrán verlo?, ¿cómo

35 CBS News. (9 de mayo de 2025). *Pope Leo XIV's brothers describe growing up with new pontiff, his path to papacy [Los hermanos del papa León XIV describen cómo crecieron con el nuevo pontífice y su camino hacia el papado]* [Video]. YouTube. https://www.youtube.com/watch?v=qXOGP9pr-Ik.

sabrán si está sano?, ¿podrán estar ahí para él?, o, incluso, ¿podrán seguir jugando al Wordle en sus celulares como siempre?[36]. Les preocupa la carga de sus responsabilidades y el escrutinio al que se enfrentará. También consideran que es su función protegerlo con sus palabras y acciones, y compartir su ministerio respondiendo a quienes buscan contacto porque anhelan esperanza. Quieren estar cerca de su hermano, ser una protección para él y una extensión de su cercanía al mundo.

Este es un claro ejemplo del amor profundo vivido en un ambiente familiar saludable, en la primera experiencia del nuevo pontífice de una comunidad sana. El papa León XIV tiene una amplia experiencia con la vida en común: tanto como un agustino más como dirigiendo la orden a nivel mundial, compuesta por miembros de diferentes culturas y orígenes. Y ahora dirige una gran comunidad universal, la Iglesia, en toda su riqueza y diversidad. Pero ese sentido de convivencia, basado en el amor, comenzó en casa, en sus raíces, en medio de una crianza positiva entre hermanos, quienes, aunque con opiniones diferentes sobre cuestiones como la política, se aman profundamente y ponen su relación por encima de todo.

El papa Francisco, durante su pontificado, siempre habló de la importancia de las raíces. Y en el caso del papa León XIV, sus propias raíces —especialmente en su diversidad y en las relacionadas con su sentido y experiencia de comunidad— son cruciales para comprender al hombre, su llamado de Dios, su vida como sacerdote, y después como superior, obispo, cardenal y, ahora, como la autoridad moral más importante del mundo.

36 El Comercio. (9 de mayo de 2025). León XIV: el nuevo papa juega Wordle en línea. *El Comercio*.

CAPÍTULO 2

Misión entre cambio y crisis. El contexto eclesial y sociopolítico que formó el perfil de León XIV

«Realmente no sabía qué esperar, pero recuerdo llegar a Chulucanas en 1985. Era el año posterior a las horribles inundaciones del 83 y 84. Las carreteras aún estaban destruidas. Era una situación de extrema pobreza, muy diferente de lo que es incluso hoy, y había una parte de mí que miraba a mi alrededor y decía: "Señor, ¿a dónde me has traído?"».

Papa León XIV

León XIV es hoy un pastor global que se formó como misionero, acaso en el lugar del mundo más propicio para tal fin: América Latina. Sobre esta región, el papa Juan Pablo II, durante su visita a Puebla para la Tercera Conferencia General del Episcopado Latinoamericano en enero de 1979, se refirió a ella como el «continente de la esperanza». Esta descripción marcó su papado de casi veintisiete años, pues puso énfasis en la inmensidad de Latinoamérica, la profunda fe y devoción de su gente, y su potencial para el futuro de la Iglesia. Lo que el papa polaco no sabía entonces era que de aquella parte del continente americano surgirían dos de sus sucesores: un argentino formado en la estela del Concilio Vaticano II, y un norteamericano cuya experiencia y formación fueron moldeadas por la Iglesia del Perú y el espíritu mismo de la región.

Veinte años después, en una homilía en el santuario de Nuestra Señora de Guadalupe, en México, el 23 enero de 1999, Juan Pablo II volvió a reconocer este papel de la Iglesia latinoamericana:

> ¡Bienaventurada eres tú, Iglesia en América, que, acogiendo la Buena Nueva del Evangelio, generaste en la fe a numerosos pueblos! [...] Los heroicos esfuerzos misioneros y la admirable gesta evangelizadora de estos cinco siglos no fueron en vano. Hoy podemos decir que, gracias a ello, la Iglesia en América es la Iglesia de la Esperanza. Basta ver el vigor de su numerosa juventud, el valor excepcional que se le da a la familia, el florecimiento de las vocaciones sacerdotales y de consagrados, y, sobre todo, la profunda religiosidad de su pueblo. No olvidemos que, en el próximo milenio, ya inminente, América será el continente con el mayor número de católicos. [...] ¡Que el Continente de la Esperanza sea también el Continente de la Vida![37].

Ocho años más tarde, su predecesor, Benedicto XVI, haría eco de esa designación profética al inaugurar la Quinta Conferencia General de los Obispos de América Latina y el Caribe, en Aparecida, Brasil, el 13 de mayo de 2007:

> Esta es la fe que hizo de Latinoamérica el «continente de la esperanza». No es una ideología política ni un movimiento social, como tampoco un sistema económico; es la fe en Dios Amor, encarnado, muerto y resucitado en Jesucristo, el auténtico fundamento de esta esperanza que produjo frutos tan magníficos desde la primera evangelización hasta hoy[38].

Al igual que Juan Pablo II, Benedicto XVI reconoció la profunda fe de los católicos en América Latina, fruto de los esfuerzos evangelizadores y a la profunda devoción que existe en sus pueblos. Latinoamérica es

37 ACI Prensa. (s. f.). Santa Misa para la Conclusión de la Asamblea Especial para América del Sínodo de los Obispos. *ACI Prensa*. https://www.aciprensa.com/juanpabloii/viajes/america1999/dis-mex2.htm. Para leer la versión oficial de la Santa Sede, y lo dicho por el papa, que incluyó varias partes de la homilía en diversas lenguas, ver: https://www.vatican.va/content/john-paul-ii/es/homilies/1999/documents/hf_jp-ii_hom_19990123_mexico-guadalupe.html.

38 La Santa Sede. (s. f.). *Viaje apostólico de su santidad Benedicto XVI a Brasil*. The Holy See. https://www.vatican.va/content/benedict-xvi/es/homilies/2007/documents/hf_ben-xvi_hom_20070513_conference-brazil.html.

hoy la región del mundo que tiene el mayor número de católicos, superando, incluso, el crecimiento de la iglesia en África y en Asia[39]. Sin embargo, el papa alemán no podría haber predicho que la «cosecha» de fe y de expansión misionera de la que habló en esa ocasión produciría los papados de sus dos sucesores.

De hecho, la llegada de Robert Prevost al Perú en 1988 coincidió con un momento crucial para los católicos en Latinoamérica, y en particular en ese país, tanto eclesial como culturalmente: la Iglesia buscaba asimilar las reformas del Concilio Vaticano II mientras el Perú atravesaba una de sus etapas más difíciles, marcada por el terrorismo, que empezó en 1980, la crisis económica y las dificultades políticas. En este ambiente, el padre Prevost se convirtió en un verdadero «misionero de esperanza» para la Iglesia católica en el país.

Por eso, antes de abordar el papel que Robert Prevost cumplió en el Perú como misionero, lo que iría potenciando su perfil como *papabile* en 2025, es preciso dar una mirada a los cambios eclesiales y enfoques teológicos por los que atravesó la Iglesia, especialmente en América Latina, así como al contexto sociopolítico peruano. Ambas circunstancias son imprescindibles para comprender al hombre, al religioso y al pontífice actual.

Medellín: el «Concilio Vaticano II latinoamericano»

Cuando Robert Prevost llegó al Perú, la Iglesia y las órdenes misioneras en general atravesaban una serie de transformaciones. Desde la clausura del Concilio Vaticano II en 1965, la Iglesia buscó implementar las reformas impulsadas por Juan XXIII a través de la celebración de una gran conferencia eclesial en América Latina.

Desarrollada en Medellín, en 1968, en aquella reunión se puso mayor énfasis en la atención a los pobres y a los oprimidos, acordando que la Iglesia debía hacer «una opción preferencial por los pobres». También se reformó el enfoque de la Iglesia respecto a sus esfuerzos misioneros y a su interacción con expresiones locales de piedad y de devoción popular.

39 Alrededor del 54 % de su población se identifica como católica, según un informe de Statistica (2023).

Esto incluía una nueva comprensión de lo que significaba ser un misionero y de cómo los misioneros extranjeros, como lo sería Prevost, debían relacionarse con los pueblos y culturas en los que trabajarían. Fue, en suma, un gran cambio de enfoque.

Muchos de estos cambios se concretaron en la Segunda Conferencia Episcopal Latinoamericana de Medellín, organizada por la Conferencia Episcopal de América Latina y el Caribe. Este organismo transnacional, fundado por el papa Pío XII en 1955, fue la primera Conferencia Episcopal que se estableció a nivel continental, pensada en unir las conferencias nacionales bajo el paraguas de una entidad regional común. Se estableció cuatro años antes de la convocatoria del Concilio Vaticano II, que fue recién en 1959. Las conferencias del Celam marcaron un modelo que siguieron otros organismos continentales similares, como el Simposio de Conferencias Episcopales de África y Madagascar (Secam), establecido por el papa Pablo VI en 1969, y la Federación de Conferencias Episcopales de Asia (FABC), fundada en 1970.

La reunión de Medellín de 1968 fue organizada por la propia Conferencia latinoamericana en respuesta a una petición del papa Pablo VI, hecha en el otoño de 1965, cuando el Concilio Vaticano II culminaba. En aquella oportunidad, el pontífice reunió a la presidencia del Celam para una audiencia que conmemoraba el décimo aniversario de su fundación e instó a los participantes a prestar atención a los problemas que afectaban al continente, así como a adoptar una postura crítica hacia su manejo. En virtud de ello, el entonces presidente del Celam, el obispo de Talca (Chile), Manuel Larraín Errázuriz, convocó una segunda reunión episcopal regional para evaluar el estado y las necesidades de la Iglesia y de la sociedad en América Latina a la luz del Vaticano II, y para asegurar que las reformas fueran implementadas.

Algunas de las reuniones previas resultaron especialmente influyentes. En junio de 1966, se celebró en Baños, Ecuador, un encuentro dedicado a la educación, el apostolado laico y la acción social. Cuatro meses después, en Mar del Plata, Argentina, se discutió el desarrollo y la integración latinoamericana. En febrero de 1967, en Buga, Colombia, se reflexionó sobre las universidades católicas y su rol en la región, y en abril, en Melgar, también en Colombia, la atención estuvo sobre los territorios misioneros y la actividad pastoral misionera de la Iglesia en América Latina. Luego, en marzo de 1968, en Itapoal, en Salvador, Brasil, se discutió sobre las actividades pastorales sociales de la Iglesia. Finalmente, a principios de agosto de ese año, se llevó adelante una reunión en Medellín sobre la catequesis. Todo este recorrido preparó el terreno para la gran asamblea continental que, en esa misma ciudad, reunió a 247 obispos[40] entre el 24 de agosto y el 6 de septiembre de 1968.

Durante la asamblea, se realizaron presentaciones principales sobre los temas de los llamados «signos de los tiempos», las tendencias vigentes en la cultura, la economía o el ambiente a nivel mundial, es decir, se tomó en cuenta la realidad social, política, económica y cultural de América Latina a la luz del Evangelio[41]. Entre estos tópicos de reflexión, estuvo la Iglesia latinoamericana y la promoción de la humanidad; la evangelización en América Latina; las actividades pastorales de la Iglesia; y la unidad de la Iglesia y su coordinación pastoral[42].

Conocida como el «Vaticano II latinoamericano», la asamblea de Medellín buscó elaborar una respuesta eclesial a los cambios sociales que atravesaba América Latina en ese momento, algo que marcó el trabajo de sacerdotes como Robert Prevost en el Perú en los años siguientes. En conjunto, Medellín adoptó, entre otras cosas, las reformas litúrgicas, el énfasis en la Iglesia como comunión de creyentes y el diálogo con el mundo. También se caracterizó por la atención a las comunidades locales

40 Si bien solo los obispos y un número selecto de sacerdotes tenían el derecho a votar sobre los documentos finales de la asamblea, varios curas, religiosos, religiosas y un puñado de laicos fueron invitados como observadores expertos. La mayoría de los laicos asistentes pertenecía a movimientos apostólicos y su modesta representación sería posteriormente criticada. Pero la asamblea de Medellín también destacó por la participación, por primera vez, de once observadores no católicos, algo muy en línea con la apertura y el diálogo ecuménico e interreligioso promovidos por el Concilio Vaticano II.

41 En el Evangelio según san Mateo (16:3), la Biblia dice: «¿Sabéis interpretar el aspecto del cielo y no podéis interpretar los signos de los tiempos?». En el Concilio Vaticano II se retomó esta expresión para invitar a la Iglesia a leer la realidad histórica con ojos de fe y discernir en ella la acción de Dios, así como los desafíos que interpelan a su comunidad.

42 La discusión culminó en la publicación de dieciséis textos organizados según los temas de (1) promoción humana; (2) evangelización y el crecimiento de la fe; y (3) la Iglesia visible y sus estructuras. Los temas abordados incluyeron, entre otros: justicia, paz, educación, juventud, piedad popular, catequesis, los movimientos laicos, la pobreza y la actividad pastoral de la Iglesia.

y la decisión de centrarse en la problemática de la pobreza y de los marginados. Inauguró un nuevo enfoque de evangelización que priorizó el liderazgo laico y una mayor aceptación de las expresiones culturales locales de fe y devoción. Destinado al norte peruano, Robert Prevost no fue ajeno a estos cambios de enfoque y espíritu, sino todo lo contrario.

El padre John Lydon, un agustino de pelo gris que ejerció su ministerio en el Perú por casi cuatro décadas —y que convivió con Prevost durante varios años—, recuerda el impacto que tuvo la conferencia de Medellín en la labor de los misioneros y cómo marcaría la identidad pastoral del actual papa León XIV:

> Antes de Medellín, la idea del misionero era que estábamos allí para llevar a Cristo a las personas a las que éramos enviados. El enfoque era sacramental; todo centrado en la parroquia. Ese era el modelo, y los sacerdotes salían a los pueblos para celebrar misa, para bautizar. Había algunos programas sociales, porque era una diócesis muy pobre, siempre tenían un elemento social y educativo, pero el aspecto sacramental era el dominante. Además, había una perspectiva crítica hacia la piedad popular: se la consideraba inferior, desinformada, no catequizada. Eso era algo típico de los misioneros europeos y norteamericanos que llegaban a América Latina[43].

Para el padre Lydon, considerado hoy una leyenda en Chulucanas, Trujillo, Chiclayo o Lima por su trabajo pastoral y visión comunitaria, la Conferencia del Celam de Medellín cambió dos aspectos decisivos. Primero, observar la religión popular desde la perspectiva sociocultural del propio lugar donde se lleva adelante el trabajo pastoral y no desde la cultura importada por los misioneros; y segundo, comprender que la parroquia (y la vida parroquial) no se reduce al templo o edificio, sino que se centra en el pueblo de Dios, en la gente, en la comunidad. Así lo explica él mismo:

> Primero, [Medellín] abrió la puerta a decir que debemos observar la religión popular desde la perspectiva de la gente y la cultura del pueblo, y no desde la cultura de donde veníamos. Ese fue un punto

43 Padre John Lydon, entrevista con la autora, 4 de junio de 2025.

> de conversión: reevaluar la piedad popular y verla como una expresión válida, principalmente de la gente pobre del Perú, que vivía sin sacerdotes desde las guerras de independencia en la década de 1820 y mantuvieron su fe a través de estas devociones. Por lo tanto, estas devociones tenían un gran valor. El segundo punto de conversión es la idea de que la parroquia no es el templo, sino el pueblo de Dios. La mayoría [de los fieles] no vive cerca de la parroquia, sino en los pueblos. La idea es cómo construir una comunidad de fe que no esté centrada en el templo, y eso requiere formar zonas y equipos de laicos y capacitarlos para ser líderes[44].

Fue en este contexto de Medellín cuando, una década después, en 1979, en Puebla, el papa Juan Pablo II llamó por primera vez a América Latina el «continente de la esperanza». Después vendrían la cuarta conferencia del Celam, en Santo Domingo, en 1992, y la quinta, en Aparecida, en 2007. En esta última, el entonces cardenal argentino Jorge Mario Bergoglio, el futuro papa Francisco, surgió como un protagonista clave, ya que coordinó la redacción del documento final, que más tarde sería visto como una especie de modelo para su pontificado.

Bergoglio, como de cierta manera también el más joven Robert Prevost, fue formado en el espíritu posconciliar de Medellín. En ese sentido, el cardenal argentino se convirtió en una pieza fundamental en los esfuerzos por hacer avanzar la dirección tomada por aquella conferencia durante la reunión de Aparecida en 2007, promoviendo una visión de la Iglesia más cercana a la gente, enfatizando la conversión pastoral y una Iglesia misionera en salida, que dialoga con la cultura y con los signos de los tiempos, algo que, como ya señaló el padre Lydon, marcó y siguió marcando a misioneros en el Perú, como él y como Robert Prevost.

Más adelante, ya en calidad de papa, Bergoglio intentó aplicar este modelo a la Iglesia universal, a través del llamado Sínodo sobre la Sinodalidad, que, de manera similar a Medellín, se desarrolló a lo largo de cuatro años con varias conversaciones preparatorias. Francisco ordenó también consultas a nivel local, nacional y universal, y buscó aplicar el modelo de Medellín a la Iglesia global, discutiendo temas de importancia y la dirección que se tomaría en el futuro, mientras buscaba

44 Padre John Lydon, entrevista con la autora, 4 de junio de 2025.

implementar su visión para una «Iglesia pobre para los pobres». Su espíritu fue conciliar «la opción preferencial por los pobres» y su énfasis en la inclusión y un papel más importante para los laicos, especialmente para las mujeres, y, en consecuencia, fomentar la descentralización del poder. Es decir, ofreció una visión donde el liderazgo es interpretado no como dictatorial por parte del clero, sino como una colaboración entre el pueblo y su pastor, algo que sin duda podría decirse fue la línea pastoral que asumió Robert Prevost en el Perú durante sus años de misión y que, probablemente, prosiga en su papado, continuando el legado de Francisco y, más atrás, de Medellín. El papa Francisco, mediante este Sínodo sobre la Sinodalidad, propuso un modelo de sinodalidad, es decir, un modo de «caminar juntos», entendido como un estilo de liderazgo colaborativo e inclusivo: un *modus operandi* para la Iglesia entera y que, todo indica, León XIV, tan vinculado con América Latina, continuará.

Teología de la liberación: abriendo una reflexión sobre el Evangelio y los pobres

Este concepto conciliar de «la opción preferencial por los pobres» eventualmente desencadenaría una de las controversias contemporáneas más profundas y polémicas de la Iglesia latinoamericana con el advenimiento de la llamada «teología de la liberación», que destaca las injusticias sociales, económicas y políticas de los pobres y desfavorecidos, interpretando las enseñanzas de la Iglesia desde la perspectiva de los más necesitados mientras busca transformar las estructuras sociales que se cree que son la raíz de la desigualdad.

El sacerdote y teólogo dominicano-peruano Gustavo Gutiérrez (1928-2024) es considerado el padre de este enfoque teológico. Después de la publicación de su libro *Hacia una teología de la liberación* en 1971, Gutiérrez y la teología de la liberación se convirtieron rápidamente en el impulso definitorio posterior al Concilio Vaticano II en la Iglesia latinoamericana[45], un punto a considerar también en el contexto en el

45 La mirada desde la teología de la liberación también ha contado con el apoyo de figuras eclesiásticas destacadas en América Latina, como el fraile franciscano y teólogo brasileño Leonardo Boff, y el sacerdote jesuita y teólogo salvadoreño Jon Sobrino.

que se construyó el desarrollo pastoral y la visión de la Iglesia de Jorge Mario Bergoglio, en Argentina, y de Robert Prevost, en el Perú.

Asimismo, hay que considerar que, a medida que se expandía por Latinoamérica en las décadas de 1960 y 1970, la teología de la liberación se volvió cada vez más controvertida debido a la percepción de que algunas interpretaciones se habían vuelto excesivamente políticas e ideológicas, deslizándose cada vez más hacia el activismo marxista en lugar de ser una defensa espiritual y pastoral de los pobres. Estas interpretaciones extremas fueron adoptadas por el clero radical y grupos rebeldes presentes en muchos países en América Latina en aquella época[46]. Así, la derecha eclesial y política, a través de líderes y movimientos conservadores como el Opus Dei, el Sodalitium Christianae Vitae y el Camino Neocatecumenal, se opuso cada vez más a la teología de la liberación, a medida que esta ganaba prominencia a lo largo de la década de 1980.

Pero la influencia de la teología de la liberación no fue tan decisiva ni homogénea en todos los futuros pontífices. Joseph Ratzinger, futuro papa Benedicto XVI, predecesor de Francisco y de León, mostró en diversas ocasiones, y de manera protocolar y potente, sus reticencias. Debido a la controversia, en 1983, el entonces cardenal Ratzinger, quien en ese momento aún dirigía la Congregación para la Doctrina de la Fe del Vaticano, ordenó que se investigara al padre Gutiérrez. Ratzinger citó varios supuestos problemas en la obra del sacerdote peruano, incluida una presunta visión marxista de la historia, una lectura selectiva de la Biblia para centrarse en la redención material y un concepto de teología impulsado por la lucha de clases. Sin embargo, aunque inicialmente se esperaba que Ratzinger emitiera un veredicto negativo sobre Gutiérrez y su enfoque teológico, el legendario teólogo jesuita alemán, el padre Karl Rahner, leído por Robert Prevost en sus años de formación en la Universidad de Villanova, intervino en su defensa, expresando su convicción sobre la ortodoxia de su trabajo teológico y tomando nota de

46 Esto incluyó a la Revolución sandinista de 1979 contra la dictadura derechista de Anastasio Somoza, en Nicaragua, así como a facciones guerrilleras de izquierda en México y en Colombia, incluida una liderada durante casi treinta años por Manuel Pérez, un sacerdote español convertido en guerrillero en Colombia que, finalmente, fue destituido.

que en teología siempre ha habido diferentes escuelas de pensamiento. Finalmente, los obispos peruanos fueron convocados a Roma y terminaron por irse del Vaticano con una especie de conclusión de compromiso sobre Gutiérrez, que planteaba algunas preocupaciones críticas, pero nunca se le condenó formalmente ni se le acusó de error. Tampoco enfrentó ninguna sanción.

No obstante, Ratzinger, como prefecto de la Sagrada Congregación para la Doctrina de la Fe, viajó al Perú, en julio de 1986 (un año después de la primera visita del papa Juan Pablo II a este país), para lanzar al mundo un documento elaborado por él mismo: *Instrucción sobre libertad cristiana y liberación* (una secuela de *Instrucción sobre algunos aspectos de la «teología de la liberación»*, que publicó el Santo Oficio, con la rúbrica de su prefecto, en agosto de 1984). Dicho texto del futuro pontífice, como el anterior, tenía un propósito preciso: alertar sobre las desviaciones de ciertas formas de teología de la liberación que apelaban o se inspiraban en corrientes marxistas. La presentación formal se llevó a cabo en el Colegio de Jesús, una escuela ubicada en un barrio mesocrático de Lima, gestionado por las Misioneras Dominicas del Rosario. El episcopado peruano le solicitó —por primera vez— al Sodalitium Christianae Vitae, una asociación fundada quince años antes, en 1971, por el limeño Luis Fernando Figari, que apoyara las actividades que Ratzinger llevaría a cabo en la capital peruana.

A la conferencia en el Colegio de Jesús se invitó con cierto apremio a Gustavo Gutiérrez, quien recibió un trato hostil por los sodálites a cargo del evento[47]. Para entonces, el Sodalitium había estrechado lazos con diversos obispos peruanos con influencia: Juan Landázuri Ricketts, Germán Schmidt, Fernando Vargas Ruiz de Somocurcio, Ricardo Durand Flórez, Alberto Brazzini Díaz-Ufano, Augusto Vargas Alzamora y Óscar Cantuarias, entre los principales.

47 En esa misma visita, según evoca un exsodálite que participó de la comitiva que asistió a Ratzinger, se llevó al prefecto del Santo Oficio al santuario de Santa Rosa de Lima, en el centro histórico de la capital. Allí ofició una misa privada, buena parte en latín, para un pequeño grupo de sodálites, al estilo preconciliar, también conocida como «misa tridentina», de espaldas a los pocos fieles que estaban en la capilla, orientado hacia el altar. Antes de ello, cumplió con la tradición de dejar una carta con una petición en el denominado «pozo de los deseos», la cual escribió con el lapicero que le alcanzó uno de los sodálites que lo escoltaban.

Coincidencia o no, el propio Gutiérrez relanzó, poco tiempo después, su famoso libro *Teología de la liberación. Perspectivas*, con una nueva introducción, casi un centenar adicional de páginas, con un tono más moderado y prescindiendo del índice onomástico en el que eran particularmente llamativas las profusas citas a Marx, Hegel, Fidel Castro, «Che» Guevara, Helder Cámara, entre otros. En la nueva edición, con un formato y color diferente —la primera tenía una portada roja, la última era verde—, además de recordar que el término «teología de la liberación» lo acuñó él, antes de la Conferencia de Medellín, en Chimbote, Perú, en julio de 1968, reconocía que su publicación suscitó un acalorado debate al interior de la Iglesia, donde se vivieron «momentos dolorosos», y admitía que de su parte había habido «un proceso de maduración» que todavía estaba en curso.

Según el sociólogo católico y exministro del Interior del Perú, José Luis Pérez Guadalupe, hubo un cambio en el Consejo Episcopal Latinoamericano (Celam) desde la primera reunión en Río de Janeiro, en 1955, hasta la década de los noventa. De una perspectiva más progresista, se movió hacia una línea más conservadora por algunos años, alrededor de la reunión de Santo Domingo, en 1992, gracias, en gran parte, a la estrecha intervención del enviado del Vaticano en ese momento, el cardenal Angelo Sodano. Sin embargo, se regresó a una postura más progresista con la Quinta Conferencia General en Aparecida, en 2007, como ya se ha visto con la intervención de Jorge Mario Bergoglio/Francisco. Pérez Guadalupe comenta al respecto: «El episcopado [peruano] era mitad-mitad; mitad a favor de Gustavo y mitad no en contra, pero no a favor. Todavía en los ochenta, no había obispos del Opus Dei, no había obispos del Sodalicio, no había obispos [del] Neocatecumenal. Entonces, la Conferencia Episcopal de ese momento era bien progresista, igual que la mayoría de los obispos latinoamericanos»[48].

En 1992, con la Conferencia de Santo Domingo, el Celam se inclinó hacia una postura más conservadora, con la guía de Sodano, y comenzó a incorporar un nuevo lenguaje inspirado por el papa Juan Pablo II, como la «Nueva Evangelización». Para Pérez Guadalupe, era una manera de decir «ya no hablen el lenguaje de Puebla». Y apunta:

48 José Luis Pérez Guadalupe, entrevista con la autora, 23 de junio de 2025.

> Tanto así que, en 2007, cuando es la otra Conferencia Episcopal de Aparecida, la gran pregunta antes de comenzar era: «¿Por dónde vamos a ir… por Puebla o por Santo Domingo?».Y cuando Benedicto XVI, en su discurso de apertura, decía «la opción preferencial por los pueblos es intrínseca a la cristología cristiana», significaba una vuelta al espíritu de Puebla. Tienes una línea progresista en los sesenta, setenta, tienes una contrarreforma a mediados de los ochenta con Ratzinger, y en los noventa y en los dosmil tienes ya unas confrontaciones que en el fondo son más pastorales que teológicas[49].

Durante estas décadas, el Perú también experimentaba una transformación en la composición de su propia Conferencia Episcopal. En ese momento, la mayoría de los obispos eran extranjeros y pertenecían, en gran parte, a congregaciones religiosas. La Conferencia Episcopal, que hasta entonces había mantenido una línea consistentemente progresista, comenzó a cambiar con el nombramiento de Juan Luis Cipriani, miembro del grupo conservador Opus Dei, como arzobispo de Lima en 1999. Tras ello, se designó a una serie de entre catorce o quince obispos de la Obra, una concentración más alta que en cualquier otra Conferencia Episcopal del mundo. El nuncio apostólico en el Perú en aquel entonces, el arzobispo Rino Passigato, propuso mayormente candidatos conservadores para el episcopado, incluidos muchos de los grupos que se oponían firmemente a la teología de la liberación: el Opus Dei, el Sodalitium Christianae Vitae y el Camino Neocatecumenal.

Los obispos nombrados de estas agrupaciones eran jóvenes, mientras que los pocos candidatos progresistas designados eran de mayor edad y estaban más cerca de la jubilación. El tono de la Conferencia Episcopal peruana comenzó a virar nuevamente hacia una línea más progresista después de Aparecida, y cambió aún más significativamente tras la elección del papa Francisco en 2013. A partir de entonces, se promovió al episcopado a más clérigos locales y diocesanos, aunque muchos todavía pertenecían a congregaciones religiosas. Según Pérez Guadalupe, «sí tenía mucho extranjero y de comunidad. No era muy nacional nuestra Conferencia Episcopal»[50].

49 José Luis Pérez Guadalupe, entrevista con la autora, 23 de junio de 2025.

50 José Luis Pérez Guadalupe, entrevista con la autora, 23 de junio de 2025.

Fue en este contexto de cambio eclesial, mientras la Iglesia en América Latina comenzaba a redefinir sus prioridades y su identidad, cuando Robert Prevost llegó como un joven misionero en 1988, justo cuando las semillas del Vaticano II y de la conferencia del Celam de Medellín empezaban a echar raíces, aunque también a enfrentar reacciones. Su llegada también coincidió con uno de los momentos más difíciles y cruciales de la historia moderna del Perú.

Perú: una misión en medio de una crisis cultural y social

Después de su primera estancia en el Perú, en 1985, cuando pasó un año sentando las bases canónicas para la transición de la Prelatura de Chulucanas a diócesis, Robert Prevost regresó al país andino en 1988, a la edad de treinta y tres años. Lo hizo como director de la primera casa de formación agustiniana en la Arquidiócesis de Trujillo, cuando la orden intensificaba sus esfuerzos para promover las vocaciones locales, al mismo tiempo que servía a los pobres y abogaba por la justicia al final de la denominada «década perdida» de Perú, debido a la agitación económica, política y social que el país experimentaba.

En la década de 1980, la sociedad peruana se encontraba sumida en un violento terrorismo perpetrado por dos grupos diferentes y alzados en armas. El más prominente y violento fue el Partido Comunista del Perú - Sendero Luminoso (PCP-SL), una agrupación terrorista que definía al maoísmo como una tercera etapa del marxismo. Para Sendero, quien no era maoísta, no era verdaderamente marxista-leninista. Y lo que prevalecía en los senderistas como ideario era el llamado «Pensamiento Gonzalo» (el alias de su líder, el filósofo mollendino Abimael Guzmán, era «Presidente Gonzalo»). Desde su particular óptica, fundamentalista, sectaria, dogmática y totalitaria, el Pensamiento Gonzalo era la aplicación del marxismo-leninismo en estado puro. Y Sendero era —según su autopercepción— la cuarta espada del comunismo, una especie de fascismo de izquierda, fundado en 1969 por Guzmán, que se dio a conocer públicamente el 17 de mayo de 1980, con la quema de unas ánforas electorales en Chuschi, un remoto y pobrísimo pueblo en Ayacucho. Esto sentó las bases, sin duda, del terreno de violencia y precariedad que encontraría Robert Prevost cuando llegó al norte peruano a mediados de los ochenta.

Sendero Luminoso fue modificando sus tácticas terroristas, pasando por una serie de etapas, como la militarización del partido, al inicio en las zonas rurales. Luego, intentó desarrollar una estrategia de guerra de guerrillas, hasta implementar un plan militar, con asesinatos selectivos, detonación de coches bomba y voladuras de torres eléctricas de alta tensión. Todo ello con el propósito de «conquistar el poder», avanzando «desde el campo a la ciudad»[51]. La ferocidad maoísta de Sendero Luminoso llegó a su cúspide en julio de 1992. El caos y la carnicería provocados por la agrupación terrorista durante el primer mandato del presidente Alan García —que coincide con la segunda llegada de Robert Prevost al Perú—, y durante los inicios de la administración de Alberto Fujimori, fueron devastadores. La inestabilidad del país era manifiesta debido a la crisis económica incontrolable, como consecuencia de la desastrosa gestión de García y de la capacidad destructiva de las huestes de Guzmán.

Como ejemplo de las tácticas intimidatorias y la influencia que tenían los terroristas fundamentalistas de Sendero Luminoso en aquella época, durante la visita de Juan Pablo II al Perú en 1985 cortaron el suministro eléctrico, poco después de su llegada en avión a una base aérea en Lima, tras una visita al norte. El apagón ocurrió luego de que el papa hubiera condenado vehementemente al sanguinario grupo en Ayacucho, el corazón de sus operaciones. Para aumentar el dramatismo, también quemaron una hoz y un martillo en una ladera al norte de la ciudad, como aparente respuesta a las amonestaciones del pontífice. Finalmente, años después, Abimael Guzmán fue capturado por las autoridades peruanas en 1992, y sus sucesores fueron aprehendidos en años posteriores, lo que llevó a la disolución efectiva del grupo terrorista.

En esa época, también estaba activo otro grupo subversivo llamado Movimiento Revolucionario Túpac Amaru (MRTA), cuyas tácticas eran similares a las de Sendero Luminoso, pero menos conocidas e, incluso, más idealizadas por ciertos movimientos de izquierda, que lo hacían ver menos cruento que Sendero. A diferencia del despiadado «ejército popular»

51 Sendero Luminoso fue declarado grupo terrorista por los Gobiernos de Perú, Japón, Estados Unidos, Canadá y por la Unión Europea.

de Guzmán, el MRTA condenaba al narcotráfico y sus «objetivos estratégicos» estaban dirigidos contra entidades que representaban para ellos al «imperialismo». Pero lo cierto es que sus métodos crueles, que incluían el secuestro y la exigencia de «cupos» a empresas, no diferían mucho de los de Sendero. Aunque la agrupación liderada por Guzmán era mucho más fuerte y despiadada, el MRTA, también marxista-leninista, surgió en la misma década de 1980 con el objetivo de combatir los instintos culturalistas colonialistas persistentes y de derrocar al Gobierno para establecer un Estado revolucionario.

Aunque el líder del MRTA, Víctor Polay Campos, fue sentenciado a treinta y dos años de prisión en 1992, su sucesor, Néstor Cerpa Cartolini, continuó con las actividades del grupo terrorista. Su última actividad importante fue la infame crisis de rehenes en la residencia del embajador de Japón en Lima, cuando catorce miembros del MRTA irrumpieron en diciembre de 1996 en dicho domicilio y retuvieron a setenta y dos personas durante cuatro meses. Finalmente, en abril de 1997, las Fuerzas Armadas asaltaron la residencia y rescataron a todos los rehenes, excepto a uno, matando a todos los militantes del MRTA involucrados. Este evento marcó el fin de las actividades del MRTA en el Perú.

Según el padre agustino John Lydon, quien sirvió en Perú en la década de 1990 y vivió con el padre Robert Prevost en la casa de formación de Trujillo, esa década fue particularmente difícil para el Perú debido al terrorismo, y lo fue también para los misioneros extranjeros, como Robert y como él:

> Perú se sentía sin esperanza. El país tenía la sensación de que todo iba mal debido al terrorismo. No sabías dónde estallaría la próxima bomba. Perdías la electricidad, duraba dos o tres días así hasta que el Gobierno arreglaba las torres y, luego, algún otro día, volvía a pasar. Y los asesinatos. También había toque de queda, no podías estar en las calles después del anochecer sin obtener permiso de la Policía. Cuando tenías que ir al aeropuerto a recoger gente con vuelos que llegaban de noche, sabías que tenías que ir a la estación de Policía de antemano y obtener un permiso por escrito. Tenías que mantener las luces interiores del coche encendidas mientras conducías para que te pudieran ver, porque los terroristas venían

con ametralladoras y disparaban a la estación de Policía. Así que todo esto creó una psicología de miedo y desesperanza[52].

Lydon explica que la amenaza del terrorismo se volvió tan grave que se les aconsejó a los agustinos que abandonaran el país por cuestiones de seguridad, pero ellos, incluido Prevost, se negaron. Quisieron permanecer en sus misiones y acompañar a la gente en su comunidad:

> Nos dijeron que debíamos desarrollar un plan de salida para irnos del país y decidir qué haríamos con nuestros seminaristas peruanos. Respondimos que no creíamos que esa fuera una respuesta adecuada al terrorismo; una mejor respuesta [era] preguntarnos cómo acompañar a la gente durante este tiempo de la cruz. Así que nos preguntamos: ¿cómo acompañamos mejor a las personas durante este momento tan oscuro que están viviendo, en lugar de simplemente irnos? Y el padre Bob [Prevost] estuvo involucrado en eso[53].

El padre Lydon señala que fue una decisión comunitaria de los agustinos en el Perú, pero resalta que el padre Bob fue parte de ella: eligieron juntos quedarse con la gente. Eso, afirma, «también marca su identidad», la idea de que «acompañas a los pobres, caminas con los pobres y te quedas con ellos en los momentos más difíciles. No te levantas y te vas». Ese es el padre, el religioso, el pastor que hoy ha tomado el nombre de León XIV.

Una democracia frágil, terreno fértil para la inestabilidad

Perú, en la época del terrorismo, era un terreno fértil para la inestabilidad. Contaba con un Gobierno frágil que intentaba echar raíces nuevamente como democracia después de doce años de régimen militar. Este había surgido en 1968 a raíz de un golpe de Estado por parte de las Fuerzas Armadas, que resultó en el derrocamiento de Fernando Belaúnde, presidente desde 1963. Liderada por el general Juan Velasco Alvarado,

52 Padre John Lydon, entrevista con la autora, 4 de junio de 2025.

53 Padre John Lydon, entrevista con la autora, 4 de junio de 2025.

la Junta Militar promovió un nacionalismo revolucionario que, en última instancia, causó una grave crisis económica y dejó una huella duradera en el país[54].

La inestabilidad de estos años y los métodos de los diversos líderes que dirigieron el país en distintas coyunturas llevaron a un colapso económico nacional masivo, marcado por la hiperinflación y un fuerte aumento de la pobreza, especialmente en las zonas rurales. Esto último no es menor para entender la importancia del rol que cumpliría Robert Prevost desde la segunda mitad de los años ochenta, sobre el que se ahondará en el siguiente capítulo.

Durante la dictadura militar, la población empezó a experimentar un descenso drástico en su nivel de vida y un incremento de la inestabilidad nacional, ambas situaciones agravadas por las políticas de los líderes de la Junta Revolucionaria y una crisis global de la deuda. En todo el país, los salarios cayeron y la pobreza, sobre todo en las áreas rurales, aumentó, lo que provocó una sensación aún mayor de tensión y de malestar social.

Para finales de la década de 1980, por ejemplo, el Producto Bruto Interno (PBI) sufrió una contracción del 20 % y la pobreza en el país aumentó al 55 %[55]. Esto llevó a que esos años fueran catalogados como la «década perdida» debido a las crisis sociales y económicas que el país estaba experimentando. Al entrar en los noventa, Perú continuó padeciendo altas tasas de pobreza y severas dificultades económicas, con una hiperinflación que alcanzó el 7000 % en 1990. La desestabilización social y el malestar civil debidos al terrorismo y a la incapacidad del Gobierno aprista para controlar la situación agravaron la situación. Y aunque las cosas comenzaron a mejorar ligeramente hacia mediados de la década, para 1997 el nivel de pobreza nacional se mantuvo en 49 % y el de quienes vivían en pobreza extrema en 15 %. Todo ello se sintió, aún con

54 Velasco fue más tarde derrocado por su primer ministro, el también general Francisco Morales Bermúdez, durante otro golpe de Estado, en 1975. Sin embargo, este último se mostró incapaz de resolver los problemas políticos y económicos que enfrentaba la nación y, finalmente, se vio obligado a devolver el poder al gobierno civil en 1980, después de llamar a elecciones, cuando Fernando Belaúnde fue elegido para un segundo mandato.

55 Ver, por ejemplo: Perú GDP, *Trading Economics*: https://tradingeconomics.com/peru/gdp#:~:text=GDP%20in%20Peru%20averaged%2073.87,2.57%20USD%20Billion%20in%201960.

mayor fuerza, en pueblos y localidades al interior del país, como aquellos donde se encontraban las parroquias que Prevost llegó a manejar.

Por otra parte, a pesar del regreso a la democracia en 1980, los esfuerzos democráticos del Perú siguieron siendo frágiles. El país no solo enfrentaba las amenazas del terrorismo, que sumieron a la población en una mayor inestabilidad, sino que también vio la llegada, en 1990, del presidente Alberto Fujimori, quien surgió como un *outsider*, con el apoyo del Gobierno aprista de Alan García, así como de los grupos de izquierda democráticos, derrotando nada menos que al escritor más famoso del Perú, futuro ganador del Premio Nobel de Literatura y favorito en dicha campaña, Mario Vargas Llosa. El Gobierno de Fujimori más tarde le daría un zarpazo a la democracia peruana el 5 de abril de 1992, a través de un autogolpe, que disolvió el Congreso e instauró en la práctica una dictadura a través de tácticas autoritarias y de su interferencia con la estructura judicial y constitucional de la nación. El régimen de Fujimori traería consigo, también, consecuencias que generarían un impacto en las comunidades a cargo de Prevost, como se verá más adelante.

Aunque tuvo un éxito inicial tras implementar una serie de acciones policiales, militares y judiciales que, entre otras cosas, llevaron a la disolución de Sendero Luminoso y del MRTA, Alberto Fujimori, que ejerció la presidencia entre 1990 y 2000, posteriormente fue criticado por emplear fuerza represiva y letal, y por cometer una serie de abusos contra los derechos humanos y mostrar tendencias autoritarias, siendo habituales las desapariciones, las ejecuciones extrajudiciales[56] y los encarcelamientos políticos. El régimen enfrentó una amplia reacción y críticas generalizadas, incluso de los obispos peruanos y de la comunidad internacional, por sus tácticas extremadamente autoritarias, el uso excesivo e irregular de propaganda, la corrupción política, los asesinatos extrajudiciales, los secuestros y las violaciones de derechos humanos, así como las esterilizaciones forzadas de mujeres precarizadas.

Según el padre John Lydon, los agustinos buscaron responder a las necesidades de la gente:

56 Por ejemplo, tras la liberación de la embajada japonesa luego de la toma por parte del MRTA, trascendió que varios de los militantes del grupo terrorista fueron ejecutados sumariamente después de haberse rendido y entregado, lo que ilustra las tácticas brutales del régimen de Fujimori.

> El Estado tenía todo tipo de industrias que eran parte de la filosofía política de la época en los ochenta, y la economía simplemente colapsó. Entonces, Fujimori llegó, implementó estos programas realmente drásticos, y el nivel de pobreza aumentó enormemente. A principios de los noventa, tienes el «fujishock», un tratamiento económico de choque, y hay un gran aumento en el nivel de pobreza. Debido a eso, en esa parte tan pobre de nuestra parroquia abrimos comedores populares. Y algunos de ellos todavía funcionan. Había cuatro o cinco comedores populares, porque había como cuatro o cinco zonas en eso, pero se trataba de ser solidarios con la gente que estaba pasando por este gran colapso económico del país en ese momento[57].

Tras la cuestionable elección de Fujimori para su tercer mandato en el año 2000, y al comenzar a enfrentar crecientes acusaciones de corrupción y de crímenes de lesa humanidad, el autócrata huyó a Japón, donde presentó su renuncia a la presidencia vía fax[58].

Los años de Fujimori fueron especialmente difíciles, pues durante aquel tiempo se empezaron a inculcar profundas divisiones dentro de la propia Iglesia, en varios niveles, pero especialmente en el ideológico, entre el grupo más progresista y el más conservador, lo que formaba parte del contexto eclesial en el que se desempeñaban los misioneros agustinos como Robert Prevost, conscientes y sensibles a estos debates. Al respecto, el exministro de Interior José Luis Pérez Guadalupe explica cómo se vivió este período, especialmente la campaña presidencial de 1990, desde una perspectiva religiosa:

57 Padre John Lydon, entrevista con la autora, 4 de junio de 2025.

58 El Congreso peruano se negó a aceptar su dimisión y en su lugar votó para destituirlo de su cargo por «permanente incapacidad moral». Mientras Fujimori se encontraba en Japón, Perú emitió una serie de cargos criminales contra él, principalmente por corrupción y abusos contra los derechos humanos, y solicitó su extradición, pero el país nipón se negó debido a su ciudadanía japonesa. En 2005, mientras Fujimori visitaba Chile, fue arrestado y, en 2007, extraditado a Lima, donde fue sentenciado a veinticinco años de prisión. Posteriormente, en 2017, recibió un indulto humanitario por el presidente Pedro Pablo Kuczynski, aunque recién se hizo efectivo, luego de muchas controversias sobre su validez, en diciembre de 2023, cuando fue liberado oficialmente de prisión después de cumplir menos de la mitad de su condena.

> La amenaza eran los evangélicos de Fujimori. Y, en esa línea, entre los más recalcitrantes [estaba Juan Luis] Cipriani. La campaña fue bien de derecha, Opus Dei y todo lo demás. Como Fujimori llevaba en su plancha a evangélicos, y en la lista [del Congreso] también evangélicos, no se les ocurrió mejor idea que hacer una guerra religiosa. Católicos versus evangélicos. [...] La gente fue a misa al día siguiente, [pero] votó por Fujimori. Ya no tenía nada que ver lo religioso con lo político[59].

Lo curioso, afirma Pérez Guadalupe, es que toda aquella línea conservadora de la Iglesia que inicialmente se fue contra Fujimori, en el camino terminó apoyándolo, como el propio Cipriani. «Ya no era una cuestión religiosa, sino política [...] La unidad fue ideológica», dice. En este contexto, Lydon afirma que los agustinos como él y Prevost adoptaron, ante todo, una postura de estar con la gente y promover los derechos humanos:

> En nuestras parroquias, con el padre Bob como párroco —pues él lo coordinó—, optamos por caminar con la gente. Participamos en marchas de protesta por la restauración de la democracia. No como partidos políticos. Éramos muy cuidadosos, estábamos promoviendo el retorno de los derechos humanos y el regreso a la democracia, que había sido aplastada en 1995 por Fujimori cuando se apoderó de la Constitución y todo eso. Participamos en la plaza principal de Trujillo. Hacían festivales de canciones, así que a veces participábamos en ellos, y escribían canciones de protesta por la dignidad humana, contra los abusos a los derechos humanos, y el padre Bob apoyó mucho todo eso y lo promovió[60].

En 1998, se celebró el quincuagésimo aniversario de la Declaración Universal de Derechos Humanos, lo que llevó a lo que Lydon describe como un «esfuerzo concertado» de la gente y de las organizaciones de defensa de los derechos humanos para oponerse a las políticas de Fujimori

59 José Luis Pérez Guadalupe, entrevista con la autora, 23 de junio de 2025.

60 Padre John Lydon, entrevista con la autora, 4 de junio de 2025.

de manera conjunta, lo que se hizo también desde la casa de formación de Trujillo, durante el último año allí del entonces padre Prevost. De modo que las parroquias dirigidas por él fueron parte importante de esa lucha, lo que Lydon asocia con su visión de la Iglesia:

> [La Coordinadora Nacional de Derechos Humanos] quería promover —durante la dictadura de Fujimori, o régimen autoritario— la Declaración de Derechos Humanos como contrapeso a lo que estaba sucediendo en Perú. Así que tuvieron esta campaña nacional, intentaron que la gente firmara documentos en apoyo de los derechos humanos. Nosotros asumimos eso en nuestras parroquias como una misión, porque estas estaban organizadas en zonas y cada una tenía un equipo de laicos, así que podíamos llegar a cada casa en uno o dos días. Obtuvimos miles de estas firmas para el documento, y publicamos pequeños folletos para cada casa sobre lo que dice la Declaración de Derechos Humanos para intentar crear conciencia de que estos derechos humanos nos los da Dios, no el Gobierno, y, por lo tanto, el Gobierno no tiene derecho a quitarlos[61].

El padre Lydon cuenta cómo sus parroquias reunieron más firmas que cualquier otra entidad en todo el país. «El padre Bob era el párroco, así que estaba ayudando a coordinar todo esto», afirma Lydon, quien cree que todo aquello era un reflejo del valor que Prevost guarda por los derechos humanos en su propia visión de la Iglesia. Esto, finalmente, asegura, es el reflejo también de toda la organización basada en laicos que apoyaron Prevost y los agustinos, gracias a la cual pudieron recolectar firmas de aquella manera.

Años más tarde, en 2017, con Fujimori en prisión y recién indultado, su liberación estaba supeditada a que el expresidente emitiera una disculpa por los errores cometidos durante su Gobierno en la década de 1990. En una declaración de redacción ambigua, dos días después de recibir el indulto presidencial, y hablando en un mensaje de video desde su cama de hospital en Lima, Fujimori dijo: «Soy consciente de que los resultados durante mi Gobierno fueron bien recibidos por un lado, pero

61 Padre John Lydon, entrevista con la autora, 4 de junio de 2025.

reconozco que he defraudado a otros compatriotas. A ellos, les pido perdón de todo corazón».

Para muchos, entre los que se encontraba el ya obispo de Chiclayo, Robert Prevost, la disculpa resultó, en el mejor de los casos, tibia, y la decisión de concederle el indulto, anunciada en Nochebuena, provocó grandes protestas en todo el país el día de Navidad. Fujimori fue, en teoría, indultado por razones humanitarias, ya que le habían diagnosticado arritmia y cáncer de lengua; sin embargo, muchos creen que el indulto fue, en realidad, parte de un acuerdo tras bambalinas para proteger a Pedro Pablo Kuczynski de un juicio político por cargos de corrupción. El acuerdo fue criticado por funcionarios de las Naciones Unidas y fue descrito por Human Rights Watch como una «vulgar negociación política». Por su parte, monseñor Prevost declaró a los medios:

> El expresidente Alberto Fujimori pidió perdón en una forma, digamos, genérica casi, reconociendo solo en términos muy generales que algunos se han sentido ofendidos. Tal vez de su parte sería todavía mucho más eficaz pedir perdón más expresamente por algunas de las grandes injusticias que fueron cometidas y por las cuales él fue juzgado y sentenciado. Hay que pedir perdón, hay también que, por medio de un auténtico diálogo con la verdad, reconocer que el dolor de muchas familias hasta ahora sigue muy fuerte, vigente. Entonces, no es tan fácil. Y por allí yo sé que parte del problema que el país está viviendo es precisamente por ese dolor que muchas personas todavía sienten[62].

Asimismo, el obispo Prevost instó a quienes protestaban por el indulto a hacerlo pacíficamente y a evitar insultos o violencia, a fin de evitar más divisiones en un país ya de por sí partido, y pidió un proceso de reconciliación.

Para Pérez Guadalupe, estas divisiones —ideológicas e incluso políticas— aún se pueden sentir dentro de la Iglesia peruana y tienen

62 Roger García. (8 de mayo de 2025). *Prevost, hoy papa, fue claro en 2017: Fujimori debía pedir perdón a cada víctima* [Video]. YouTube. https://www.youtube.com/watch?v=hJg2-4rLIDE.

sus raíces en dictaduras pasadas, pero han ido más allá de las divisiones tradicionales entre izquierda y derecha[63]. Este es, de algún modo, el convulsionado contexto que formó el trasfondo político del Perú cuando Robert Prevost llegó al país a empezar sus encargos y misiones en el norte. Este entorno moldeó sus primeros años como párroco, sentando las bases para el desarrollo de un pastor con una reputación clara: alguien que está cerca de los pobres y de los que sufren en su comunidad.

León XIV, misionero en tiempos complicados y un clima eclesial de cambio

Consultado por la difícil época en la que llegó al Perú, y por cómo se quedó finalmente en ese contexto, el papa León XIV explica de qué manera vivió aquella llegada al país sudamericano luego de haber residido y estudiado en Roma:

> Llegué al Perú después de haber vivido en Roma por cuatro años. Aquello fue, evidentemente, una experiencia que me cambió la vida. Simplemente dejar tu hogar, tu país, tu idioma y aprender uno nuevo, conocer gente nueva. Por supuesto, viviendo en Roma obtienes una visión de la Iglesia que probablemente no puedes conseguir en ningún otro lugar del mundo. Así que ir de Roma a Perú (y resultó casi directo, pues pasé dos meses en Chicago, una suerte de vacaciones después de los cuatro años de estudio) fue como si otra aventura estuviera comenzando. Tenía alguna idea de qué esperar, porque ya conocía a algunos de los agustinos mayores que venían trabajando en Perú y, luego, cuando regresaban a Estados Unidos, hablaba mucho con ellos. Obviamente, el superior toma la decisión, pero mi interés o mi apertura de ir a Perú fue también producto del aliento de mis compañeros agustinos. Me decían: «Ven a Perú y mira esto»[64].

63 José Luis Pérez Guadalupe, entrevista con la autora, 23 de junio de 2025.

64 Papa León XIV, entrevista con la autora, 10 de julio de 2025.

Robert Prevost no sabía mucho qué esperar de aquella nueva situación, de aquel nuevo lugar a donde estaba siendo enviado, más aún cuando se encontró con una región azotada por la pobreza y por males endémicos que incluso lo afectaron personalmente:

> Realmente no sabía qué esperar, pero recuerdo llegar a Chulucanas en 1985. Era el año posterior a las horribles inundaciones del 83 y 84. Las carreteras aún estaban destruidas. Era una situación de extrema pobreza, muy diferente de lo que es incluso hoy, y había una parte de mí que miraba alrededor y decía: «Señor, ¿a dónde me has traído?». Aproximadamente un mes y medio o dos meses después, contraje fiebre tifoidea. Recuerdo haber despertado al obispo John McNabb, el primer obispo de Chulucanas, que era de Wisconsin. Yo vivía en la casa del obispo, era su canciller. Tenía un dolor horrible a causa de esta tifoidea y por la deshidratación que vino con ella. Así que lo desperté alrededor de las tres de la mañana y, para resumir, él personalmente me llevó a la clínica más cercana, que estaba en Piura, y que hoy está a cuarenta minutos. En ese momento, era un viaje de aproximadamente una hora y media. Me llevó a una clínica privada, llamada «Clínica Roma». Simplemente me quedé acostado en la cama, con esos pensamientos ociosos de sentirme como: «Dios, o me mejoras o me llevas, porque esto es horrible». Es la única vez en mi vida que he sido hospitalizado, estaba con una vía intravenosa y dije: «Si este es tu sentido del humor, Señor, creo que podrías hacerlo un poco mejor», porque estuve en Roma cuatro años, y me encantó, fue difícil dejar Roma, porque en cualquier lugar donde he vivido, realmente me involucro. Así que él me lleva de Roma a Perú, que era una diferencia enorme, y termino en la Clínica Roma diciendo: «Bueno, Dios, ya entendí el punto».
>
> Obviamente, sobreviví, me recuperé, pero resultó un punto muy significativo para mí, porque fue como: «Bueno, ya has lidiado con la enfermedad, ya ves cuáles son las necesidades por aquí, la orden, los agustinos, la Iglesia te están diciendo: "Te necesitamos aquí, lánzate"». Nunca miré hacia atrás. No me arrepentí de ir allí, no sentí: «¿A qué me han obligado? ¡No me contaron esta parte

de la historia!». Todo fue una aventura, había tantas cosas nuevas. Todavía hubo tiempos muy difíciles, pero simplemente dije: «Voy a darlo todo», y, desde allí, todo siguió adelante[65].

Sobre el clima eclesial que se vivía por aquel tiempo en América Latina, luego de la implementación del Concilio Vaticano II, de las reuniones de Medellín y Puebla, y del advenimiento de la teología de la liberación, el papa León XIV cuenta para este libro qué impacto tuvo todo aquello para él y en qué medida, como sacerdote, lo que estaba sucediendo teológicamente en ese momento moldeó su propia perspectiva:

> [Todo me tomó] viniendo de la formación teológica que ya había tenido y mudándome, en primer lugar, a Chulucanas donde el obispo. Y creo que John McNabb fue en muchos sentidos un obispo muy profeta, al instituir un programa pastoral [Nueva Imagen de Parroquia] que básicamente surge del Movimiento por un Mundo Mejor, el cual busca construir pequeñas comunidades y promover el concepto de que la parroquia no es un lugar al que vas a recibir servicios, sino que es, más bien, la experiencia de la Iglesia a nivel local y la construcción de una comunidad auténtica donde la gente llega a conocerse, a ayudarse y a apoyarse mutuamente. Todas las cosas que estamos escuchando hoy con la charla sobre la sinodalidad, en Chulucanas ya las estábamos haciendo en los años ochenta, avanzando, así que todo fue muy natural para mí.
>
> Confieso que no estaba consciente, incluso dentro de Perú, de que en otros lugares del país había obviamente una perspectiva muy diferente sobre la visión teológica y las formas de ser de la Iglesia y cómo hacer estas cosas. Ese fue mi primer año en Chulucanas, así que la Iglesia que conocía era esa y a los agustinos que estaban allí [...] Pero [todo fue] poco a poco, especialmente entonces, cuando, después de mi primer año en Chulucanas, volví a Estados Unidos por un año, y luego regresé a Perú. Más tarde fui a Trujillo, donde la perspectiva pastoral era algo diferente. El arzobispo de ese momento era un jesuita, ciertamente no lo que hoy llamarían «progresista», pero tampoco era cerrado ni ultraconservador. Pero, poco a poco,

65 Papa León XIV, entrevista con la autora, 10 de julio de 2025.

> a medida que pasaba más tiempo en Perú, fui percibiendo las diferentes realidades eclesiales dentro del país. Era consciente de que algunas personas consideraban a Gustavo Gutiérrez como un gran teólogo y a otras les avergonzaba que fuera peruano, y de las tensiones que el propio Gustavo experimentó en Lima[66].

Este tipo de diferencias hablan claramente del clima eclesial que se vivía por entonces en el Perú, pero el papa afirma que era algo que «no le molestaba»:

> Tampoco fui extremista en el sentido de que había algunos misioneros en Perú, no mencionaré nombres o comunidades, que estaban en gran medida, si se quiere, de un lado muy progresista. De hecho, quizá demasiado amigables con ideas marxistas, incluyendo el uso de la violencia para luchar por los derechos de los pobres. Yo nunca fui alguien que estuviera de acuerdo con eso. Recuerdo a Gandhi y leer algunas de sus ideas sobre la protesta pacífica para promover el bien de la gente y no usar la violencia, sino predicar auténticamente un mensaje de paz y diálogo; eso fue algo que tuvo mucho más sentido para mí[67].

De este modo, León XIV interpreta la teología de la liberación desde la siguiente perspectiva, relacionándola con su propia experiencia en la Iglesia y con lo hecho en Chulucanas:

> La forma en que la gente mira hacia atrás a lo que etiquetamos como teología de la liberación a menudo es errónea e incompleta, porque el Evangelio predica la liberación, nos llama a todos a la libertad. Entonces, la teología de la liberación, desde la perspectiva de Gustavo Gutiérrez, por ejemplo, es empezar a mirar a través de los ojos de los pobres y con los pobres para entender cómo Dios está en y entre nosotros. No significa necesariamente que estés promoviendo la ideología marxista, aunque algunos la hayan etiquetado así. En ese sentido, creo que hay muchos estilos dentro de

66 Papa León XIV, entrevista con la autora, 10 de julio de 2025.

67 Papa León XIV, entrevista con la autora, 10 de julio de 2025.

> esta gran escuela de la teología de la liberación. Pero promover un sentido de comunión eclesial y construir comunidad, eso tenía un sentido perfecto para mí como agustino y como una experiencia de la Iglesia que yo había tenido.
>
> Eso es lo que intentaban hacer en Chulucanas, incluso hoy, y, poco a poco, es interesante que ese programa pastoral en particular [Nueva Imagen de Parroquia] haya crecido. La diócesis peruana de Chulucanas fue la primera, quizá en toda Latinoamérica, pero definitivamente en Perú, que adoptó este programa pastoral. Antes había sido una parroquia aquí, una parroquia allá, pero esto fue a nivel diocesano. Ahora hay muchas partes de Perú que la han adoptado, o cierta metodología y principios similares. Las mismas palabras que usamos en el Sínodo [sobre la Sinodalidad] de «participación, comunión y misión», también surgen de ese programa, así que es el Vaticano II siendo aplicado, y eso para mí fue una experiencia muy rica y tuvo mucho sentido[68].

La sinodalidad, una de las visiones más grandes del papa Francisco, fue algo que León XIV destacó en su primer discurso desde el balcón de San Pedro. No es coincidencia que ambos pontífices valoren la sinodalidad y tengan raíces en América Latina. Sobre esto, el papa habla sobre qué tiene esta región de especial, su teología, su cultura, su implementación del Concilio Vaticano II, algo que la Iglesia universal, aparentemente, necesita hoy:

> No pretenderé hablar de toda América Latina. Creo que tenemos esta tendencia a hacer suposiciones culturales globales. Puedo hablar de Perú. Hay una dimensión en Perú, y en la cultura peruana, que se remonta a mucho antes de la presencia de la colonización española, con un sentido de comunidad, de trabajar juntos. Por ejemplo, si alguien estaba construyendo una casa, organizaban lo que en algunas partes del país se llama una «minga», una jornada de trabajo grupal, y todos se unían. Usualmente, las mujeres estaban haciendo la comida, cocinando y preparando, y los hombres estaban construyendo la casa y poniendo el techo, y todo el pueblo se unía en

68 Papa León XIV, entrevista con la autora, 10 de julio de 2025.

un proyecto para ayudar a una persona o una familia, o quizá todo el pueblo necesitaba un nuevo edificio para reunirse o lo que fuera, pero lo hacían juntos. Era simplemente parte de esa experiencia, ya existía un verdadero espíritu comunitario dentro de la cultura.

Así que, en cierto sentido, cuando pones la Iglesia y los valores de la fe juntos con una cultura que ya es muy sensible al sentido de «hacemos las cosas juntos», ya llevas varios pasos de ventaja en el juego. Fue como el Vaticano II, que quería renovar la vida de la Iglesia y lograr un sentido mucho más claro de comunión, de personas estando juntas en la Iglesia, y no de una espiritualidad individualista o una piedad privada donde yo le rezo a Dios, yo voy a misa y espero que Dios me salve. Ahora tenemos un sentido de «bueno, sí, nosotros vamos a misa, nosotros nos convertimos en comunidad eclesial, juntos somos testigos de la presencia de Cristo en el mundo»[69].

Y esa vivencia estaría, de algún modo, más desarrollada en América Latina, según el actual papa:

> Me parece que, en ciertos aspectos, al menos algunos lugares de América Latina están muy por delante en esa experiencia. Quizá con sus lados positivos y sus puntos débiles, [está] la teología de la liberación, todo el sentido de promover el bien de los pobres y caminar con los pobres y buscar la justicia, la equidad, el respeto mutuo. Esas son cosas que en Perú, o en América Latina, probablemente estaban sucediendo antes que en muchos otros lugares, de modo que cuando Francisco ofrece esta perspectiva, esta magnífica visión de la sinodalidad a toda la Iglesia, en parte, al menos, es debido a la experiencia que él también había vivido en Argentina. Ofrece grandes dones a la Iglesia en todo el mundo, aunque haya muchas diferencias culturales. Y el estilo de usar la sinodalidad —que es una palabra fría, en cierto sentido—, es decir, usar esta construcción de comunidad, se hace de manera muy diferente en diferentes lugares[70].

69 Papa León XIV, entrevista con la autora, 10 de julio de 2025.

70 Papa León XIV, entrevista con la autora, 10 de julio de 2025.

León XIV señala también que «todavía hay partes de la Iglesia que realmente no han vivido la renovación del Vaticano II», por lo que continúan necesitando «el impulso de toda la Iglesia para decir a la gente hoy en día, en una cultura que algunos están llamando poscristiana, y en una cultura que se ha vuelto tan secularizada en áreas donde la participación en la Iglesia realmente ha disminuido, que es tiempo de hacer algunas preguntas: ¿qué imagen de Iglesia estamos ofreciendo?, ¿cuáles son las razones por las que la gente dice "no queremos eso"?, ¿qué podemos hacer y qué podemos ofrecer? Creo que algunas de las perspectivas que yo obtuve personalmente, y que la experiencia latinoamericana de Iglesia y comunidad han vivido durante mucho tiempo, siguen siendo una gran contribución a la Iglesia universal».

El actual pontífice tiene, pues, una idea clara de lo que América Latina, con sus convulsiones y su gente necesitada, y también con su idea de comunidad, puede seguir aportando a la Iglesia global que ahora dirige, constituida por millones de católicos bautizados en todo el mundo. Ese clima eclesial, con la aplicación del Concilio Vaticano II, con las conferencias del Celam de Medellín y de Puebla, con la teología de la liberación y su enfoque por los más pobres, en países económica y políticamente convulsos, como el Perú de los años ochenta y noventa, le siguió dando forma a su mirada pastoral comunitaria, a su cercanía con quienes conforman su rebaño, a su perfil de misionero para este siglo XXI que sigue avanzando.

CAPÍTULO 3

Misionero de esperanza. De Chulucanas a Trujillo

Cuando Robert Prevost llegó al Perú en 1985, el país atravesaba uno de los períodos más convulsos de su historia reciente. El contexto político y social era absolutamente inestable. La violencia del grupo terrorista Sendero Luminoso asolaba regiones enteras, dejando miedo y muerte a su paso; la política nacional se debatía en medio de crisis constantes y la economía, golpeada por la pobreza y la inflación, parecía al borde del colapso. En medio de esa incertidumbre, la presencia de un joven sacerdote norteamericano, de trato amable y mirada serena, fue recibida como un hálito de esperanza entre quienes lo conocieron.

Así lo recuerda Héctor Camacho, vecino del distrito de Chulucanas, en el norte peruano, uno de los primeros en tratar con el futuro papa, a quien conoce desde 1985, cuando Robert Prevost llegó al Perú por primera vez: «Roberto era silencioso y algo tímido, pero profundamente sensible. Es una inspiración no solo para mí, sino para para toda la gente que lo ha conocido acá en la comunidad»[71]. Con Héctor Camacho el padre Prevost entablaría una amistad que sería para toda la vida. Años más tarde, esta dio paso al compadrazgo, cuando la hija menor de Héctor, Mildred, se convirtió en su ahijada, nombre que además lleva en memoria de la madre de Robert, Mildred Martínez Prevost, fallecida poco antes de su nacimiento, en 1990.

Prevost había llegado con el encargo de acompañar la transformación de la prelatura de Chulucanas en diócesis. Pero más allá de esa misión canónica, su papel más importante fue sembrar fe y confianza en un pueblo sufriente y necesitado. Su constante trabajo prendió en las comunidades rurales, donde supo respetar la cultura y las tradiciones locales.

71 Héctor Camacho, entrevista con la autora, 18 de junio de 2025.

Para muchos, como don Héctor, fue un «ángel en la tierra», alguien que, en tiempos oscuros, hacía posible creer de nuevo en la vida y la fe. Fue en ese escenario donde se fue formando el pastor que cuatro décadas más tarde se convertiría en pontífice.

Robert Prevost y los misioneros agustinos en el Perú

La Orden de San Agustín llegó al Perú en 1963, cuando las órdenes religiosas de Occidente respondieron al llamado del papa Juan XXIII y enviaron misioneros a América Latina debido a una significativa escasez de clero en ese momento. Su primera misión se asentó en una de las localidades más deprimidas del país, en Chulucanas, en la región de Piura, entonces perteneciente a la Arquidiócesis de Piura. La misión era supervisada por la provincia agustina del Medio Oeste, Nuestra Señora del Buen Consejo, y luego fue copatrocinada por esta y por la provincia de Villanova, ambas en los Estados Unidos.

Como la Arquidiócesis de Piura no podía atender adecuadamente la zona, el Vaticano creó una prelatura que, con la ayuda del joven canonista Robert Prevost, se convirtió en diócesis en 1988. El primer obispo de Chulucanas fue John McNabb, sucedido luego por Daniel Turley, ambos estadounidenses. Con el tiempo, la orden amplió su presencia en el Perú, creando el vicariato agustiniano en el norte en 1986, que, además de Chulucanas, abarcó también zonas como Iquitos, Apurímac y Trujillo, provincia donde establecieron una casa de formación para fomentar las vocaciones nativas, además de las casas que abrieron en Lima. Con la casa de Trujillo, los agustinos de la zona actualmente manejan dos parroquias: Santa Rita de Cascia y Nuestra Señora de Montserrat, construidas y ampliadas con la ayuda del padre Prevost.

En medio del peligro y la crisis

La misión principal de Robert Prevost al llegar a Chulucanas en 1985 fue acompañar el proceso de transformación de prelatura en diócesis. A esa labor institucional se sumaban deberes pastorales comunes: obras de caridad, acompañamiento pastoral de la comunidad y formación de grupos de jóvenes monaguillos y lectores. Sin embargo, el escenario con el que se encontró fue también de caos y peligro, llevando a la orden a plantearse la salida del país por cuestiones de seguridad pocos años después.

Durante esa época, los agustinos ayudaron a la población local a sortear la difícil situación nacional evangelizando y brindando ayuda a quienes vivían en pobreza extrema. Estos esfuerzos incluían ir en busca de jóvenes a aldeas remotas para llevarlos a las escuelas que dirigían, para que así pudieran recibir una educación e involucrarse en actividades sociales y caritativas grupales, así como en grupos de catequesis. Los padres agustinos también animaron a la gente a encontrar sus voces y a defender sus derechos en un momento de violencia en el que los derechos humanos eran ampliamente vulnerados en todo el Perú. Incluso llegaron a enfrentar, en ocasiones, amenazas por su trabajo pastoral y su intercesión.

Héctor Camacho, hombre silencioso y tímido, quien conoció al padre Roberto cuando tenía unos quince años, recuerda que acompañaba a Prevost, junto con un grupo de muchachos, a celebrar misa a los pueblitos aledaños. Existía un lugar al que asistían llamado La Encalada: «Era un sitio muy pobre, con una capilla muy humilde, de barro, con techito de teja. Ahí celebraba el padre Roberto», recuerda don Héctor. Esto, cuenta, alegraba mucho a la gente, sobre todo a los niños, pues todos salían a recibirlo. Además, recuerda a Prevost como un muchacho entusiasta. Como han dicho quienes lo conocieron de niño, de estudiante o de seminarista, Camacho también cree que había algo que hacía diferente al misionero Prevost. «Era muy joven, pero con una entrega enorme hacia los demás. Se preocupaba por nuestra vida y nuestra fe», afirma[72].

Pero esas incursiones en lugares lejanos tuvieron consecuencias. El padre Ramiro Castillo, vicario superior de los agustinos del norte peruano, quien estudió en la casa de formación agustiniana bajo el liderazgo del «padre Roberto», cuenta que su orden, en ese momento, enfrentó peligros asociados con su ministerio: «Los sacerdotes tenían que huir, tuvieron que salir de los pueblos para ir al pueblito más

72 Héctor Camacho, entrevista con la autora, 18 de junio de 2025.

grande, Chulucanas, para quedarse ya en el obispado, o, si era posible, salir del país»[73].

El sacerdote agustino Elías Neira, coordinador de educación para su orden en Latinoamérica, quien conoce al papa León XIV desde hace varios años, añade que en 1985 los norteamericanos en Chulucanas fueron amenazados por el grupo terrorista Sendero Luminoso. Sus superiores en el extranjero les aconsejaron huir, pero ellos prefirieron acompañar a sus feligreses en lugar de abandonarlos.

Sentado en su parroquia de Nuestra Señora de la Gracia, en Lima, Neira explica los riesgos para los misioneros, debido a sus proyectos y obras, cuando llegó al país el padre Roberto: «Hay que entender que el Perú del comienzo del primer Gobierno de Alan García fue quizá la peor época». Fue, recalca Neira, la muerte para sus actividades pastorales. «Se hizo el plan para sacarlos en auto hasta Ecuador, por Machala, por Tumbes, pero ellos decidieron quedarse, porque no querían dejar solos a los sacerdotes más jóvenes de Perú corriendo riesgos»[74].

A pesar de los peligros, Prevost regresó al país en 1988, tras un breve retorno a Estados Unidos para completar su doctorado, reafirmando su compromiso de acompañar a la comunidad como pastor, en medio de la violencia y de la crisis económica que se vivía con la hiperinflación.

Sobre esto, el papa León XIV recuerda en Castel Gandolfo: «Eran más activos en algunas zonas que en otras. Cuando se volvieron muy activos, yo ya estaba en Trujillo. Recibimos algunas amenazas. Recuerdo que un día, al volver de Lima, el prior de la comunidad me contó de una llamada y pensé que tal vez no era realmente Sendero Luminoso, pues pedían demasiado dinero, y parecía más una extorsión». Y añade:

> Debido a la posición que ocupaba en la Arquidiócesis de Trujillo (también era vicario judicial), me habían ofrecido un guardaespaldas. Les dije que no, porque hacía demasiado obvio quién era. No parezco el gringo típico. Quiero decir, tengo la tez un poco más oscura, y si no hablaba, no sabrían necesariamente quién era. Obviamente, no pasó nada, gracias a Dios, pero hubo momentos difíciles, y algunos grupos abandonaron el país. Se nos pidió que

73 Padre Ramiro Castillo, entrevista con la autora, 24 de junio de 2025.

74 Padre Elías Neira, entrevista con la autora, 22 de junio de 2025.

> pensáramos si queríamos quedarnos o no, y que se entendería perfectamente si hubiéramos pensado que quizá era mejor regresar. De los agustinos, un par de personas sí abandonaron el país, y es completamente comprensible. La mayoría de nosotros nos quedamos. Hubo varios mártires. En la diócesis al sur de Trujillo, Chimbote, tres sacerdotes fueron asesinados. Pero nos quedamos, pues era muy importante permanecer al lado de las personas a las que servíamos y estar con ellas. Y eso fue lo que hicimos[75].

¿Qué le enseñó esta experiencia, como persona y como sacerdote? «Muchas, muchísimas cosas», afirma el papa. «Lo más importante fue a confiar en Dios. Dios no nos llama a ser tontos, pero sí nos llama a ser verdaderos testigos, y a ser capaces de dormir por la noche y decir: "Dios, todo esto está en tus manos", lo cual todavía digo hoy, quizá más que entonces. Algunos no eran capaces de vivir con esa tensión y con lo que estábamos haciendo. De nuevo, tengo un profundo respeto por las decisiones que tomaron, pero para mí tenía todo el sentido ser parte y construir una verdadera comunión en Cristo». León XIV recuerda también las marchas pacíficas que organizaban «para protestar contra el terrorismo y decir: no vamos a huir, vamos a promover la paz»[76].

En este contexto, trabajar en esos años con los jóvenes «fue muy significativo», dice el papa. Y agrega:

> Recuerdo a un sacerdote que nos estaba dando un retiro a los agustinos y habló sobre los jóvenes en Perú en los años ochenta y principios de los noventa. Dijo que ellos tenían tres opciones en su vida: podían unirse al Ejército; podían convertirse en policías; o podían hacerse terroristas; porque no había muchas más opciones para ellos. La pobreza era tal que muchas familias no tenían la posibilidad de enviar a sus hijos a universidades o a escuelas profesionales. Así que [esa era] la tentación para ellos, especialmente en zonas muy pobres. Muchos jóvenes estaban convencidos de que la ruta del terrorismo era el camino a seguir. Así que nosotros formábamos a los jóvenes, diciéndoles que había mejores opciones,

75 Papa León XIV, entrevista con la autora, 10 de julio de 2025.

76 Papa León XIV, entrevista con la autora, 10 de julio de 2025.

y por qué esa no tenía sentido. [...] Hubo mucha influencia de Rusia y del pensamiento marxista durante esos años, lo cual también era una cosa muy sensible. Hubo momentos en que, siendo norteamericano, escuchabas: «Gringo, vete a casa». Hubo algunas experiencias, como en la casa del obispo en Chulucanas, donde pusieron una bomba en la puerta. Así que tuvimos que tomar decisiones: «¿Nos quedamos en medio de esto o nos vamos?». Y, una vez más, la mayoría de nosotros optamos por quedarnos[77].

Estableciendo una misión

Ese primer año fue para Prevost una especie de «bautizo de fuego», y también una introducción muy intensa al Perú y a la realidad con la que vivía su gente. En 1986, después de regresar a Estados Unidos para completar y defender su tesis doctoral en Derecho Canónico, la provincia agustiniana del Medio Oeste, Nuestra Madre del Buen Consejo, lo convocó para servir como director de Vocaciones y Misiones, y supervisar las actividades de formación en esa provincia. Sin embargo, para entonces, sus habilidades de liderazgo y su evidente talento fueron también reconocidos por los superiores agustinos en Perú, quienes solicitaron que lo enviasen de regreso cuando se tomó la decisión de abrir la casa de formación de Trujillo.

En 1988, el padre Roberto se trasladó formalmente a Trujillo para establecer la primera casa de formación común entre los vicariatos de Chulucanas, Iquitos y Apurímac. Su tarea era construir, física y simbólicamente, la orden agustiniana en el Perú y la propia casa de formación donde vivían sus seminaristas locales. Mientras estuvo en Trujillo, dirigió a prenovicios y a miembros profesos, sirviendo como prior de 1988 a 1992, como director de Formación de 1988 a 1999, como maestro de profesos de 1993 a 1998, y como párroco de Nuestra Señora de Montserrat y de Santa Rita de Cascia, que anteriormente se llamó San Martín de Porres. En la Arquidiócesis de Trujillo, también sirvió como prefecto de Estudios en el Seminario Arquidiocesano de San Carlos y San Marcelo, y también enseñó Derecho Canónico allí. Durante varios años se

77 Papa León XIV, entrevista con la autora, 10 de julio de 2025.

desempeñó como juez del Tribunal Eclesiástico Regional y como miembro del Colegio de Consultores en Trujillo.

En ese momento, la comunidad agustiniana de Trujillo estaba compuesta por tres sacerdotes: el padre Robert Prevost, el padre Ricardo Appicci, quien falleció en 2007 en el monasterio de la Universidad de Villanova, y el padre John Lydon. Este último llegó al Perú como misionero agustino a mediados de los ochenta para servir en la parroquia San José Obrero, en Chulucanas. Estaba allí cuando el padre Roberto llegó en 1985 para la conversión de la prelatura en diócesis. Sobre el trabajo de Prevost durante ese tiempo, Lydon cuenta que la tarea canónica «fue una misión de un año, quizá año y medio, con un enfoque muy específico. Él no estaba centrado en la pastoral y las parroquias, aunque todo sacerdote hace eso, porque es parte intrínseca de ser misionero». Luego, da una idea de cómo era la vida comunitaria que llevó en ella Prevost: «Fue en 1986 cuando decidimos no solo promover las vocaciones diocesanas, sino también las vocaciones agustinianas. Así que decidimos abrir nuestra propia casa de formación en Trujillo, porque allí se encuentra el seminario. […] La casa era para formar agustinos, pero que estudian Teología en el seminario, que es el lugar de las clases. Es donde aprenden a ser agustinos, donde se reza juntos, se trabaja juntos, se come juntos, todo eso»[78].

Los agustinos comenzaron su estancia en Trujillo alquilando una casa en un barrio llamado Santa María, una gran jurisdicción que tenía una parroquia, San Martín de Porres, con solo un párroco supervisándola. Allí vivía el padre Roberto con el padre John Lydon y el padre John McKniff, cuya causa de beatificación está en marcha y cuyos restos fueron trasladados en junio de 2025 a una pequeña capilla de la parroquia San José Obrero, en Chulucanas. Mientras estaban allí, los feligreses de San Martín de Porres buscaban su ayuda pastoral, ya que el único párroco no podía atender las necesidades de aquella gran jurisdicción parroquial, que incluía algunas de las zonas más marginadas de Trujillo. Después de cinco años en Chulucanas, el padre Lydon regresó a los Estados Unidos para completar un doctorado en Roma, pero regresó al Perú después de terminarlo, en 1990, cuando se mudó a la casa de Trujillo con el «padre Bob». Esa parroquia fue remodelada y reasignada más tarde como Santa Rita de Cascia.

78 Padre John Lydon, entrevistado por la autora, 4 de junio de 2025.

Alrededor de 1993, se les pidió a los agustinos que se hicieran cargo de la parroquia de Nuestra Señora de Montserrat, que había sido administrada por la orden redentorista. Cuando los feligreses acudieron a la arquidiócesis para pedir un nuevo párroco, los enviaron a ver al padre Bob Prevost, ya que los agustinos vivían cerca. Tras reunirse con un pequeño grupo de fieles y discutirlo con la comunidad, la orden tomó la decisión de aceptar la responsabilidad y se terminó de construir una iglesia varios años después bajo la guía de Prevost, una edificación que ya había iniciado cuando los agustinos se hicieron cargo.

Prevost en la conducción: escucha, diálogo y formación

Como director de la casa de Trujillo, el padre Roberto supervisó la vida diaria y la formación en el estilo de vida agustino de los jóvenes que vivían allí mientras estudiaban en el seminario. Ofrecía dirección espiritual a muchos de ellos y velaba por la labor pastoral hacia la población local. Asimismo, se encargaba de tareas prácticas que su mente matemática disfrutaba, como la construcción de la casa que los agustinos finalmente pudieron edificar, pues la vivienda de formación que utilizaban antes era alquilada. Con el tiempo, se encargó también de supervisar las obras de las parroquias de Santa Rita y de Nuestra Señora de Montserrat.

Según algunos de quienes se formaron en aquella época, Prevost era un formador calmado, exigente y siempre inspirador, una fuente confiable de consejo espiritual. Se le conocía por su cercanía, su humildad y su capacidad de desafiar a los chicos bajo su cuidado a ir más allá de lo superficial, a promover siempre un mensaje más profundo en lo que decían y, sobre todo, en lo que hacían.

César Piscoya, quien fue alumno del padre Roberto en Trujillo en la década de 1990, y que años más tarde se convirtió, como laico, en vicario pastoral del obispo Prevost en la Diócesis de Chiclayo, lo conoció en noviembre de 1995. En aquel entonces, Robert, quien dirigía la promoción vocacional de los agustinos, visitó la casa de la familia Piscoya cuando César estaba considerando dejar la universidad para unirse a la orden. Su madre lloraba y su padre no sabía cómo manejar la situación. Según César, quien recuerda todo con una taza de café en las manos, el padre Prevost logró calmar a sus padres, ayudándolos a comprender lo que él deseaba en ese momento. También encontró tiempo para hablar con César en privado, y le compartió historias y bromas. «Ese es el primer momento que yo tengo con él. De diálogo, de broma, porque siempre fue muy alegre y de mucha confianza», cuenta César, quien entonces comenzó su proceso de formación. Primero, permaneció con la comunidad durante dos meses y luego ingresó formalmente a la casa y se matriculó en el seminario. Allí, dice, vivieron una vida disciplinada, pero espiritual y pastoralmente enriquecedora, bajo la dirección del padre Roberto.

Además de supervisar la formación agustiniana de César, el padre Prevost también fue su director espiritual de 1995 a 1999. Así describe César a su mentor:

> Es un hombre muy disciplinado. A las cuatro de la mañana ya estaba en pie; a las cinco estaba en la capilla; a las seis hacía la eucaristía. Era una persona muy estricta [...] Nunca dejó de estar en los programas o en los compromisos que teníamos. Creo que ese temple dio testimonio para todos. Siempre nos exigía el tema del estudio, de los compromisos, de las responsabilidades. No lo decía, lo expresaba con el ejercicio cotidiano del encuentro en la fraternidad. Del equipo de los tres, Roberto siempre fue la persona que menos hablaba, pero también era quien más decía con su forma de ser. [...] Entonces, tratábamos de hacer bien las cosas. Cuando era el espacio de compartir o los viernes, que era un día comunitario, él se involucraba, estaba ahí presente y compartía con nosotros[79].

César cuenta que, incluso entonces, al padre Roberto le encantaba conducir, y los llevaba y traía de sus clases en el seminario, sirviendo como su conductor de facto, alguien responsable, pero a quien le gustaba ir rápido cuando podía: «Mientras llevábamos los estudios en el seminario, él era nuestro chofer. Todos los días nos llevaba de la casa y de Santa María al seminario, allá por la carretera a Moche. [...] ¿Y por qué lo hacía? Porque también él era muy loco conduciendo. El

79 César Piscoya, entrevista con la autora, 17 de junio de 2025.

hombre corría. Realmente yo tenía miedo, pero cuando se trataba de llevarnos a nosotros era prudente».

Piscoya refiere también que el padre Roberto era consciente de la realidad en la que vivía la gente, y sensible a los matices culturales y lingüísticos al organizar servicios y asistencia para quienes vivían allí: «La comunidad de Trujillo tuvo una particularidad. Nosotros éramos del vicariato, y Chulucanas, de Apurímac y de Iquitos. Entonces, la casa de formación tenía tres realidades muy propias del Perú y los quechuahablantes. [...] Si Roberto sabía que había un lugar donde había quechuahablantes, se iba entonces con los de Apurímac. Sabía que la realidad era otra en la Amazonía. O en Jaén. Entonces, iba con los de Iquitos. Y si sabía que iba a encontrar costeños, pues iba con nosotros»[80].

De voz baja y ávido por los detalles, el padre Ramiro Castillo, por su parte, recuerda que conoció al padre Roberto en 1996, cuando llegó a la casa de formación de Trujillo, donde Prevost fue su formador y director espiritual. Al padre Prevost, reafirma Castillo, le encantaba ser el chofer de la casa, así como escuchar a los demás. Era alguien abierto al diálogo y a dar consejos:

> Yo iba a su oficina y siempre conversábamos. Lo recuerdo como una persona que sabía escuchar. Era muy ameno. Sabía dialogar. Se preocupaba por las personas. Además, era como el chofer de la casa, era el conductor del microbús en el que nos trasladábamos todos los días al seminario. Nos llevaba y nos recogía todos los días. Se preocupaba por que nosotros estudiáramos, para que diéramos buena imagen en los estudios. Como formador, era una persona muy exigente.

El padre Ramiro recuerda que una vez, a los dieciocho o diecinueve años, conversando con Prevost, le admitió que no lograba concentrarse mucho en sus oraciones personales. El padre Roberto le respondió con un consejo: ve a tu habitación, cierra la puerta y coloca una velita encendida en el centro del cuarto, eso te ayudará a concentrarte en ti mismo, le dijo. «Consejos como esos eran siempre prácticos en la vida»[81], dice.

80 César Piscoya, entrevista con la autora, junio de 2025.

81 Padre Ramiro Castillo, entrevista con la autora, 24 de junio de 2025.

El padre Castillo también describe el estilo de vida dentro de la casa de formación bajo el liderazgo de Prevost como muy disciplinado, orientado a los estudios, a la informática e incluso al inglés: «Todos los días teníamos oración por la mañana a las seis y treinta, y luego teníamos el desayuno a las ocho. Después, nos trasladábamos al seminario. Él conducía el vehículo. Hacíamos trabajo aquí en casa. Estudiábamos. Nos enseñaba también computación informática. A quienes deseábamos aprender inglés, nos enseñaba también»[82].

Como se ha visto, antes de aquel tiempo, pero también durante esos años, la Iglesia católica venía buscando implementar las reformas del Concilio Vaticano II y, particularmente en América Latina, estaba además llevando adelante las asambleas continentales convocadas por el Celam, como las de Medellín y Puebla. El padre Castillo recuerda que el espíritu del Concilio y del Celam sustentaron su formación, con Prevost como director académico, pastoral y espiritual, y con la teología de la liberación como referente ineludible:

> A los padres norteamericanos, entre ellos el padre Prevost, la Conferencia de Medellín les calaba en la mente. [La idea] era actualizar la Iglesia. Les cayó muy bien también la conferencia de Puebla. Era una aplicación del Evangelio a la realidad de América Latina y del Perú. En aquellos años, nosotros le pedíamos a nuestro formador, al padre Juan Lydon, que trajera al padre Gustavo Gutiérrez para que nos actualizara aquí en la casa con algo de su pensamiento, de su teología [...] Las Conferencias de Puebla y de Medellín aterrizaron en el sistema de Iglesia que los gringos aplicaron aquí en el Perú, en el norte, en Chulucanas y en Trujillo[83].

Además de sus estudios, oraciones y deberes en la casa de formación, los seminaristas también tenían actividades pastorales. El padre Robert Prevost siempre animaba a los jóvenes agustinos bajo su cuidado a involucrarse, a encontrar áreas de necesidad y a responder a las carencias de la gente con una acción concreta, dejando, al mismo tiempo, un mensaje que trascendiera un mero acto de caridad.

82 Padre Ramiro Castillo, entrevista con la autora, 24 de junio de 2025.

83 Padre Ramiro Castillo, entrevista con la autora, 24 de junio de 2025.

El padre Roberto invitaba a los seminaristas a involucrarse en lo pastoral, pero con la responsabilidad de que no se trataba solo de dar de manera pasajera, sino de dejar una enseñanza. La idea era que las personas tuvieran los recursos para salir adelante por sí mismas. Prevost lo llamaba «acompañamiento solidario». Así lo recuerda César Piscoya, quien afirma que el padre Roberto los invitaba a mirar y a identificar necesidades: «Nos preguntaba: ¿dónde está esa preocupación por el otro? Trujillo ahora es otro mundo. En ese entonces era la periferia, un lugar muy pobre. Desde el viernes por la tarde hasta el domingo por la mañana todo era acción pastoral, y él ya había designado los lugares para que nosotros compartiéramos. [...] No se trataba de regalar o de hacer una caridad que no fuera solidaria y justa. Con él teníamos muy presente que tenías que dar algo que luego los sostuviera». Con este esfuerzo pastoral, los agustinos establecieron comedores populares y comenzaron a servir a la gente regularmente. «Se conjugaba fácilmente el estudio, la academia, con la acción pastoral. Para él, era difícil aceptar que por hacer una cosa dejaras de hacer la otra», agrega Piscoya[84].

Respecto a los jóvenes que iban a la casa de formación y que estudiaban en el seminario, el papa León XIV explica que, para él, lo más importante fue asegurar que los chicos a su cargo fueran personas sanas en lo humano y, después, que estuvieran bien formadas en la vida espiritual:

> Uno de los aspectos que siempre he considerado muy importante y que conduce a una sana formación es empezar con el principio tomista de que la gracia perfecciona la naturaleza. Así que tenemos que preparar la naturaleza, preparar la tierra donde vas a intentar sembrar la semilla, para decir: ¿quiénes son estas personas que están llegando? La dimensión humana es extremadamente importante. Eso significa ayudar a los jóvenes, en primer lugar, a conocerse a sí mismos. Obviamente, el formador tendría que conocerlos hasta cierto punto, pero no tratar de saltar a la espiritualización de «tienes una vocación, reza mucho y entonces Dios te hará un buen sacerdote». Hay que preparar la tierra. Eso

84 César Piscoya, entrevista con la autora, junio de 2025.

> no sucede automáticamente todo el tiempo, así que es preciso caminar con estos jóvenes que muestran algún indicio de tener una vocación, para ayudarlos a reconocer quiénes son, cuáles son sus dones y debilidades, a aprender a respetarse unos a otros, a desarrollar un concepto sano de la humanidad, a ser libres. Algunos me han criticado por esto, pero yo no era tan disciplinario, de quitar toda la libertad personal y decir «debes hacer esto», y donde cada minuto del día está altamente reglamentado, porque la gente no crece hacia la libertad de esa manera, crece hacia la conformidad. A menudo, si la persona no está sana en todos los niveles cuando comienza este proceso, forzarla a cumplir ciertas normas [no es lo mejor]. Mucha gente puede hacerlo, pero, luego, cuando salen de la formación y se convierten en sacerdotes o religiosos, las dificultades que quizá ya existían reaparecen y vienen los problemas[85].

Entonces, ¿cómo puede desarrollare, para el papa, un buen formador? Así explica su enfoque: «Me preguntaba: ¿cuáles son sus valores?, ¿cuáles son los aspectos importantes del ser?, ¿cómo puedes ser un buen formador? No inventé la rueda aquí, pero ciertamente puse mucho énfasis en esa parte inicial de la formación, en que si no estás tratando con seres humanos sanos, va a ser muy difícil encontrar un sacerdote sano más adelante o un agustino sano»[86].

Además de esto, dice el papa, se sumaban otros aspectos en la experiencia formativa: «Obviamente tenemos una gran dimensión en nuestras vidas de la espiritualidad agustiniana: quién fue san Agustín, la Regla, la espiritualidad de la orden, el concepto de la vida comunitaria». Y sostiene: «No todos los cristianos tienen que ser agustinos, pero los agustinos tienen que ser verdaderos cristianos. De nuevo, el concepto de comunidad, de fe, de respeto mutuo, de reconocer los dones que cada persona tiene. La búsqueda de Dios, de la verdad, todos son elementos que entran en cómo acompaño a estas personas para que se conviertan en buenos agustinos. Esos serían algunos de los factores claves».

85 Papa León XIV, entrevista con la autora, 10 de julio de 2025.

86 Papa León XIV, entrevista con la autora, 10 de julio de 2025.

Ayudando a un pueblo a encontrar su voz

El tiempo del padre Robert Prevost en Trujillo coincidió con la crisis nacional que el Perú experimentaba durante los años ochenta y noventa, debido al terrorismo, al colapso económico y a los conflictos políticos y el autoritarismo. Todo aquello resultó en una inestabilidad social generalizada, como ya se ha visto en el capítulo anterior. Así, los agustinos se vieron no solo promoviendo nuevas vocaciones y formando jóvenes en la vida espiritual, sino también siendo ministros para un pueblo necesitado en uno de los períodos más desafiantes de su historia moderna.

En lugar de buscar aislar a los seminaristas bajo su cuidado, protegiéndolos del caos que los rodeaba, los padres agustinos los involucraron y salieron juntos a satisfacer las necesidades de la gente, ya fuera a través de comedores populares, de acompañamiento pastoral o de los propios sacramentos. También animaron a las personas que recibían su ayuda, y a los mismos estudiantes que acogían, a involucrarse política y socialmente, y a defender sus propios derechos. Así, los seminaristas participaban a menudo en marchas e, incluso, salían a las calles y hacían circular peticiones para el establecimiento, por ejemplo, de la Comisión de la Verdad y la Reconciliación (CVR) que luego investigaría los crímenes y violaciones a los derechos humanos durante el período de conflicto armado interno peruano (1980-2000)[87].

Por su activismo, los agustinos en Trujillo también fueron amenazados. Y es que su impacto fue realmente potente. Con la ayuda de los equipos laicos que dirigían la labor pastoral en sus parroquias, lograron reunir más firmas que cualquier otra jurisdicción en el Perú para el establecimiento de la CVR, compilando unas cincuenta mil. En ese momento,

87 La CVR investigó, analizó e informó sobre los abusos de derechos humanos cometidos en Perú por las fuerzas estatales y subversivas entre 1980 y 2000. Esto ocurrió durante el conflicto armado interno liderado por las organizaciones terroristas Sendero Luminoso y Movimiento Revolucionario Túpac Amaru (MRTA), que consistió esencialmente en una insurgencia contra el Estado peruano. En respuesta, las Fuerzas Armadas, la Policía y las Rondas Campesinas de Autodefensa del Perú llevaron a cabo una lucha antisubversiva que se mantuvo hasta el colapso de la dictadura de Alberto Fujimori en el año 2000. El mandato oficial de la CVR era analizar las razones subyacentes de la violencia ocurrida, determinar la escala de victimización, evaluar responsabilidades y proponer reparaciones y reformas preventivas.

los seminaristas estaban involucrados en el activismo social junto con la gente, y contaban con el apoyo de sus superiores y formadores, incluido, por supuesto, el padre Roberto.

Sin embargo, algunos de los jóvenes que vivían en la casa de formación de Trujillo en ese entonces señalan hoy que, aunque el padre Roberto apoyaba su involucramiento en las protestas y marchas, él nunca participó en ellas directamente. Siempre animó a los seminaristas a involucrarse en ese tipo de actividades como un ejercicio espiritual y pastoral de acompañamiento al pueblo en medio de su sufrimiento, pero sin sucumbir a la política partidista o a las ideologías políticas. En ese sentido, César Piscoya describe la dinámica del activismo social de Robert Prevost en la época del terrorismo y del régimen de Fujimori como equilibrada, a diferencia de otros agustinos en el país, como el padre John Lydon, quien era «el revolucionario», «el de la acción»:

> Roberto era el más pensante. Nosotros marchamos aquí en Trujillo y teníamos una pancarta: «Si quieres la paz, trabaja por la justicia», por ejemplo. Estábamos involucrados en ese momento de acción y llegamos a ir hasta Lima en la Marcha de los Cuatro Suyos. Nosotros estuvimos ahí, pero no Roberto. Ese compromiso social lo tuvimos por el equipo que teníamos de formadores. Roberto era de las personas que decían: «Bueno, sí, si quieren vayan. Juan los acompaña a todos» [...]. En el 99, estaba todavía de prior y tenía que darnos permiso. Éramos jóvenes, iba a hablar con las familias para autorizar que nos moviéramos. Él se preocupaba por eso[88].

César afirma que los sermones del padre Roberto en ese entonces, tanto durante las homilías como en diversas reflexiones, abordaban el contexto social de la época, aunque a menudo de forma indirecta. Sus palabras, sin embargo, siempre eran aplicables a las situaciones diarias que vivían y a las vidas de las personas a quienes servían: «No hubo una homilía que no tocara un hecho de vida. Esa era un poco la lógica que teníamos nosotros. La homilía comenzaba con un hecho de vida y este siempre recogía un acontecimiento, no necesariamente histórico, sino también contextual. ¿Qué es lo que está pasando en la realidad? Y, a partir de ello,

88 César Piscoya, entrevista con la autora, 17 de junio de 2025.

recogía un poco la reflexión del Evangelio. Si nosotros queríamos profundizar algo más, de manera más aguda, buscábamos a Roberto. Cuando profundizamos más en el trabajo pastoral en la diócesis, él era quien más estaba presente detrás de aquello. No te quedes en el hecho, decía»[89].

De manera similar, el padre Ramiro Castillo comenta que, en ese momento, el padre Roberto no escribió nada específicamente sobre la situación o sobre Fujimori en discursos u homilías. Sin embargo, sí fomentaba la reflexión sobre el contexto que se vivía, incluso durante los seminarios teológicos anuales, donde una vez hicieron una dramatización para concientizar sobre abusos del régimen o del Ejército. También se refiere a la decisiva participación de Prevost en la recolección de firmas para la creación de la CVR, de la que incluso conserva alguna foto:

> Un tema que se expuso fue la actitud del presidente Fujimori frente a la expropiación del canal de televisión[90]. Antes del año 2000 ya se hablaba de la situación y la política del Gobierno. Entonces, si se hacían marchas en Trujillo en contra del Gobierno de Fujimori por los abusos que cometía, participábamos, pero siempre el padre Prevost, junto con el padre Juan Lydon, nos decían que teníamos que ir con cuidado, sin mezclarnos ni inmiscuirnos con partidos políticos.
>
> Cuando se formó la Comisión de la Verdad, en 2001, aquí en la casa nos inculcaban que esta era necesaria. Para pedir su creación, lo hicimos a través de firmas. Nosotros fuimos uno de los entes, como vicariato, como casa de formación, que más firmas reunió, por impulso del padre Prevost y del padre Juan Lydon. Ellos nos daban los planillones para que saliéramos a la calle y la gente firmara, porque queríamos que se descubriera la verdad. [...] La enseñanza era que era necesario que se formase la Comisión de la Verdad para

89 César Piscoya, entrevista con la autora, 17 de junio de 2025.

90 En 1997, el Canal 2 / Frecuencia Latina empezó a emitir reportajes críticos al régimen de Alberto Fujimori y a su asesor Vladimiro Montesinos. En represalia, el Gobierno le retiró la nacionalidad peruana al empresario israelí Baruch Ivcher, que presidia el Directorio del canal, una condición necesaria para ejercer como propietario de un medio de comunicación según las leyes del país, despojándolo del control de la televisora. Años después, tras la caída de Fujimori, el Estado peruano fue condenado por la Corte Interamericana de Derechos Humanos y se restituyeron sus derechos. Ver: https://www.corteidh.or.cr/ver_ficha_tecnica.cfm?nId_Ficha=200.

que estudiara los hechos [...] Eso recuerdo yo del padre Prevost, nos inculcaba que los valores, como el de la democracia, sirven para fomentar el bien común y la paz[91].

El «padre Roberto» tuvo una participación decisiva en la recolección de firmas para solicitar la creación de la Comisión de la Verdad y la Reconciliación (CVR) en Trujillo. Con la ayuda de los equipos laicos que dirigían la labor pastoral en sus parroquias, lograron reunir más firmas que cualquier otra jurisdicción en el Perú. Fuente: padre Ramiro Castillo; orden de los agustinos.

Asimismo, Castillo recuerda que asistieron a marchas en Lima, y que el padre Roberto siempre los animaba a ver los problemas del mundo como parte de sus propias vidas y de su propio ministerio, así como parte de lo que oraban. Cuenta cómo estuvo presente en la llamada Marcha de los Cuatro Suyos, convocada contra el régimen de Fujimori que acababa de reelegirse no solo inconstitucionalmente, sino, todo indicaba, fraudulentamente, y que allí estuvieron encabezados por el padre Lydon, aunque «eso ya venía desde atrás con el padre Prevost». Es decir, para Castillo, la casa de formación tenía una suerte de mentalidad, ciertos

91 Padre Ramiro Castillo, entrevistado por la autora, 24 de junio de 2025.

principios, una formación «realmente humana»: «[Para el padre Roberto] los problemas del mundo tienen que ser parte de nosotros. Lo que sucede en el mundo tenemos que llevarlo a la oración. ¿Para qué? Para discernir y ver cuál sería nuestra postura ante esas situaciones, ante esos fenómenos sociales que van en contra de la dignidad de la persona», sostiene Castillo.

Administrador y juez

Además de sus funciones como formador y director espiritual, el padre Roberto también enseñó en el seminario de Trujillo y supervisó proyectos prácticos que le gustaban, como la construcción de la casa de formación y la de las dos parroquias que la orden supervisaba. Esto significaba que estaba a cargo de los planos y diseños de construcción, de la recaudación de fondos, de la asignación de recursos y de la construcción real de los edificios. El padre de Robert, Louis Prevost, incluso hizo una visita a Trujillo, alrededor de 1994, para ver a su hijo agustino y también donó dinero para la construcción de las casas de la comunidad.

El padre Ramiro recuerda haber conocido al padre del papa, cuya visita y donación se conmemora con una placa dentro de la capilla de la casa de Trujillo, donde figura su nombre, las fechas de su nacimiento y muerte, así como la frase: «Bienhechor, amigo y hermano». El padre Castillo describe así a Louis Prevost: «Un hombre muy bueno. Un perfil un poco bajo también, como su hijo. Tranquilo. Así era su papá»[92].

Mientras dirigía la casa de formación de Trujillo y administraba las dos parroquias agustinianas, el padre Roberto también se desempeñó durante varios años como prefecto de Estudios en el seminario arquidiocesano de Trujillo y como juez del Tribunal Eclesiástico Regional, además de ser miembro del Colegio de Consultores en Trujillo. Fue juez del tribunal eclesiástico durante aproximadamente cinco o seis años de los diez que pasó en Trujillo. La mayoría de los casos que recibía consistían en anulaciones matrimoniales o en solicitudes de dimisión del estado clerical, debido a acusaciones de abuso y similares. De esto último se desprende que el ahora papa León XIV esté plenamente familiarizado con este tipo de casos y sus complejidades.

92 Padre Ramiro Castillo, entrevistado por la autora, 24 de junio de 2025.

El padre Adolfo Guevara, vicario general de la Arquidiócesis de Trujillo, describe el trabajo del Tribunal Eclesiástico, incluida la participación de Prevost, como «el brazo de la parte jurídica de gobierno de una diócesis». Esa labor, explica, es básicamente la ayuda del obispo en casos donde lo que importaba no solo era lo normativo, sino también lo relativo a la moral. Eran casos y situaciones que podían venir de la propia parroquia. «Por ejemplo, si se trata de un caso de abusos, entonces se ve el abuso [proveniente] no solamente de clérigos, sino de catequistas, profesores»[93], agrega.

El padre Guevara elogia las habilidades del padre Roberto como líder del seminario arquidiocesano, pero también como un canonista dotado que establecía un orden para ayudar a sus fieles: «El Derecho Canónico no es la ley por la ley, sino el derecho también como ayuda. Por ejemplo, en la administración de la parroquia, en las cercanías de donde provienes. El Derecho Canónico, finalmente, como dice su último inciso, [se trata de] la salvación de las almas. No es solamente la ley de la Iglesia, sino cómo el orden nos lleva a la salvación de las almas»[94].

El padre Guevara destaca además la capacidad de Prevost para colaborar y dialogar, así como sus habilidades organizativas, especialmente en las parroquias que supervisaba. Un estilo serio, aunque fresco, cercano, con una preocupación legítima por estar al pie del cañón, por crear comunidad, por no esperar a que la gente se acerque a la parroquia, sino por llevar la parroquia a la gente:

> Ese es el estilo del padre Roberto: muy sencillo, de mucha cercanía con los jóvenes, de mucha proyección social. Todavía están los comedores populares donde él hacía su servicio. Ahí hay testimonios de otros religiosos que han estado con él. Ese estilo, que no es ningún estilo forzado, sino espontáneo, de colaborar, de estar y comer con ellos. Eso es algo que lleva él en el ADN. El otro aspecto fundamental es su visión pastoral, organizativa. Hay un aspecto muy dialogante, que impulsa mucho la creación de las comunidades. En cada zona, estaban los agentes pastorales, los líderes. Esta metodología permite hacer todo muy cercano. La

93 Padre Adolfo Guevara, entrevista con la autora, 25 de junio de 2025.

94 Padre Adolfo Guevara, entrevista con la autora, 25 de junio de 2025.

> parroquia [física] no es el centro [...], es el momento central, pero están las pequeñas comunidades, donde están los líderes, donde se lleva la liturgia, la catequesis, el encuentro. El padre Roberto siempre estaba con sus estudiantes, con la gente también ahí, tratando de impulsar este estilo[95].

Un enfoque pastoral único: una parroquia que camina sola

Mientras se mantenía ocupado con sus responsabilidades de dirigir la casa de formación agustiniana, de enseñar en el seminario arquidiocesano, de supervisar proyectos de construcción y de servir como juez en el tribunal eclesiástico, el padre Prevost, durante su década en Trujillo, también supervisó la atención pastoral de las dos parroquias que los agustinos administraban y a sus numerosos feligreses.

Los agustinos rápidamente se hicieron conocidos por el plan pastoral único que implementaron. Este hacía énfasis en la participación y liderazgo de los laicos, así como en el rol de las mujeres, a quienes se les asignaban puestos claves de coordinación y se les confiaba algunas de las responsabilidades más importantes en la vida parroquial y en la extensión pastoral. Esto último da una idea de cómo el papa ha tenido una historia referida a promover la participación de las mujeres y darles responsabilidades importantes de liderazgo.

Según el padre John Lydon, este plan pastoral fue un resultado concreto de la asamblea de Medellín de 1968 y tiene un impacto directo en la formación de quien hoy es el pontífice de la Iglesia católica, pues «hay un cambio en la metodología de ser misionero. Creo que esto es fundamental para la identidad pastoral del papa León y de la mía, porque llegamos allí cuando todo esto ya estaba funcionando»[96].

En ese momento, tras la conclusión del Concilio Vaticano II, y mientras la Iglesia buscaba implementar sus reformas en todo el mundo, incluido un nuevo énfasis en la participación y protagonismo de los laicos, el grupo llamado Movimiento por un Mundo Mejor estaba promoviendo un proyecto destinado a renovar la vida parroquial,

95 Padre Adolfo Guevara, entrevista con la autora, 25 de junio de 2025.

96 Padre John Lydon, entrevista con la autora, 4 de junio de 2025.

denominado «Nueva Imagen de la Parroquia». Este estaba diseñado para ayudar a construir estructuras comunitarias en las parroquias, edificando una iglesia en torno a los laicos: en lugar de que el edificio físico de la parroquia fuera el centro de la comunidad, la parroquia era la comunidad misma, construida por sus parroquianos, quienes se reunían para celebrar los sacramentos.

El Movimiento por un Mundo Mejor fue establecido en Roma como respuesta al llamado a la renovación dirigido por el papa Pío XII a la Iglesia en un mensaje radiofónico el 10 de febrero 1952, que luego fue conocido como *Proclama por un mundo mejor*. Posteriormente, Pío XII le encargó al padre jesuita Ricardo Lombardi animar una experiencia para renovar la Iglesia y construir un «mundo mejor», quien articuló aquello en un escrito titulado *Ejercitaciones para un mundo mejor*, basado en los ejercicios espirituales de san Ignacio de Loyola, transformándolos de individuales a comunitarios[97]. En los años setenta, el Movimiento desarrolló estudios sobre temas como el cambio, el diálogo, la secularización, la Iglesia-pueblo de Dios o el mundo, y, también, lanzó el proyecto «Nueva Imagen de la Parroquia».

La idea central del plan, según John Lydon, era basar la vida parroquial:

> en la construcción del liderazgo laico y la participación laica, dividiendo las parroquias en zonas para desglosarlas en estructuras más pequeñas y así poder tener una experiencia más comunitaria, formando en cada zona un equipo de laicos. [...] Cada una de estas zonas debe tener un equipo pastoral de laicos que dirija la vida de la Iglesia allí. Hablamos de miles de laicos que forman estos equipos en toda la diócesis. Esa visión de la Iglesia ya estaba establecida en la segunda mitad de los años setenta en nuestra misión[98].

97 Los *Ejercicios espirituales* (1548) de san Ignacio de Loyola están compuestos por meditaciones, oraciones y ejercicios mentales, pensados para realizarse durante un período de aproximadamente un mes. Esta obra fue creada con el propósito de guiar a la persona en su camino hacia Dios, dentro de la fe católica. Muchas parroquias hacen versiones modificadas de los ejercicios de san Ignacio, por lo que no todos son necesariamente para un mes.

98 Padre John Lydon, entrevista con la autora, 4 de junio de 2025.

Esto formó la base para que los agustinos organizaran, bajo la guía y el liderazgo del padre Roberto en los años noventa, las parroquias de Santa Rita de Cascia y de Nuestra Señora de Montserrat.

El padre Prevost promovió esta visión y estrategia pastoral cuando se unió a los agustinos en su visita de 1985. Más tarde, buscó implementarlo mientras supervisaba las dos parroquias agustinianas en Trujillo, tanto lo que quería promover como lo que no. Así lo recuerda César Piscoya:

> Él nos comparte su experiencia sobre cómo debe ser la misión y también algunos criterios que él no compartía. Por ejemplo, uno de ellos es el de saber acoger lo que se nos ofrece. [...] Por ejemplo, invitar a todos y una cercanía total con la gente, con el pueblo. La sencillez de alguien que se pone en el mismo nivel tuyo, si quieres decirlo así. Porque si estás sentado, él se sienta. Si estás parado, él se para; si estás jugando, él se involucra. Se sentaba con la gente y nos invitaba a nosotros a hacerlo. Cuando veía que algún hermano tomaba otra postura, él con la mirada ya le estaba diciendo que lo que estaba haciendo no era correcto[99].

Sobre este enfoque pastoral particular, la Nueva Imagen de Parroquia, surgida del Movimiento por un Mundo Mejor, León XIV explica —destacando, una vez más, el legado del obispo John McNabb— por qué resultó un modelo tan atractivo para ellos, los agustinos, en sus diócesis, y por qué lo implementaron cuando, al parecer, nadie más lo hacía en ese momento:

> El obispo John McNabb solía describírmelo así: decía que, en nuestros primeros años aquí en Perú celebrábamos una misa aquí, íbamos a la fiesta del pueblo allá, y luego regresábamos a casa y nos mirábamos el uno al otro diciendo: «Bueno, ¿y ahora qué vamos a hacer?». Él tenía la sensación de que construir la Iglesia tenía que ser mucho más que solo atender celebraciones individuales aquí y allá, y que ser Iglesia significa mucho más. Él había participado en la última sesión del Concilio Vaticano II y tenía el sentido de querer promover realmente un espíritu muy diferente

99 César Piscoya, entrevista con la autora, 17 de junio de 2025.

> de lo que significa ser Iglesia. Sé que buscaron diferentes modelos, si se quiere, o diferentes formas de hacer el trabajo pastoral. [...] Cuando encontraron este programa, fue algo que no solo tuvo sentido para los agustinos, sino que él tuvo la clara visión de invitar a otros a unirse. No era que solo participaran los agustinos, o solo cierta orden religiosa trabajando en esta área en particular. John McNabb, desde muy temprano, vio que las necesidades de la Iglesia eran mucho más grandes. Él invitó a sacerdotes diocesanos de otras diócesis. Invitó a otras órdenes religiosas a unirse. Hizo que comunidades religiosas femeninas vinieran y participaran, y desde el principio comenzó a promover vocaciones locales, no para los agustinos, sino para la Iglesia diocesana, porque decía que una señal de la salud de la Iglesia local es que también haya vocaciones. [...] Fue una forma de construir realmente la experiencia de comunidad[100].

La ejecución de este enfoque pastoral fue implementándose de manera gradual, recuerda el papa:

> Comienza con grupos más grandes a nivel de la parroquia en su conjunto y luego se divide la parroquia en zonas, y dentro de las zonas se crean comunidades más pequeñas. Era un tipo de proceso gradual que permitiría la construcción de la Iglesia en el sentido no de que la Iglesia está aquí para servirte, sino de que nosotros somos la Iglesia y juntos serviremos, juntos seremos esta comunidad en el espíritu. Simplemente encajó, tuvo sentido y funcionó realmente bien. Es mucho trabajo, por eso a algunas personas no les gustó, pero él [McNabb] tenía una mente muy clara, y realmente creo que fue profético. Estaba muy comprometido y él mismo caminó con la gente para que esto avanzara[101].

Esto último, explica el papa desde Villa Barberini, en Castel Gandolfo, «fue una contribución muy hermosa a la construcción de la Iglesia en el norte de Perú».

100 Papa León XIV, entrevista con la autora, 10 de julio de 2025.

101 Papa León XIV, entrevista con la autora, 10 de julio de 2025.

Viviendo la sinodalidad antes de la sinodalidad

Uno de los mayores legados del papa Francisco, que sin duda pasará a la historia, es su visión de lo que él llamó una «iglesia sinodal»: una que camina junta, en comunión, dando prioridad a los pobres, a los vulnerables y a los marginados. Un lugar donde todos son bienvenidos e invitados a vivir un sentido de pertenencia, y que se basa en un estilo colaborativo de liderazgo entre el pastor y sus fieles. En esta sinodalidad los laicos son protagonistas, los pastores dependen de su activismo e implicación, y las mujeres, en particular, son promovidas y se les confía una mayor responsabilidad.

Siguiendo este legado de Francisco, el papa León XIV, en su primer discurso tras salir al balcón de la Basílica de San Pedro después de su elección, indicó su intención de llevar adelante esta visión, diciendo a la multitud reunida abajo: «A todos ustedes, hermanos y hermanas de Roma, de Italia, de todo el mundo: queremos ser una Iglesia sinodal, una Iglesia que camina, una Iglesia que busca siempre la paz, que busca siempre la caridad, que busca siempre estar cerca especialmente de aquellos que sufren».

Para muchos de quienes conocieron al padre Roberto durante los años ochenta y noventa, este modelo de Iglesia sinodal es algo que ya venía tomando forma en América Latina mucho antes de que el papa Francisco lo llevara al escenario global. Era el *modus operandi* estándar de los agustinos en sus diversos proyectos, especialmente en la gestión de sus parroquias, donde la mayoría de los ministerios y de las actividades pastorales eran dirigidos por equipos de laicos. La mayoría de ellos, además, eran coordinados por mujeres jóvenes que organizaban y llevaban adelante la vida parroquial, en estrecha colaboración con los agustinos, quienes servían como mentores y guías espirituales.

Los laicos, y específicamente las mujeres, a quienes el padre Roberto confió la mayor parte de la responsabilidad en las parroquias de Santa Rita y de Montserrat, han elogiado el estilo sinodal de los agustinos bajo el liderazgo del padre Prevost, señalando que esto es algo que se ha venido haciendo ya durante décadas. Describen al Prevost que conocieron en los años noventa como un pastor atento, involucrado, cercano a ellos y a sus familias personalmente, así como a la gente a la que servían como equipo. Hoy se jactan con orgullo del plan pastoral de los agustinos por ser único en el Perú. No solo por ser altamente eficaz en la gestión de la vida parroquial a nivel organizacional, donde la proporción de sacerdotes por fieles puede ser a veces de uno por cada siete mil —o más en las zonas rurales—, sino también clave para fomentar un sentido de verdadera comunidad entre los feligreses, involucrándolos a todos y animándolos a celebrar juntos las fiestas y los hitos parroquiales o personales.

Parte fundamental del rol pastoral y el estilo de Robert Prevost durante aquellos primeros años en el Perú fue, entonces, la promoción del laicado y el empoderamiento femenino. Alicia Azabache Arroyo conoció al padre Roberto apenas dos años después de su regreso a Perú, en 1990. Su madre le pidió que asistiera a misa en lo que entonces era la parroquia de San Martín de Porres, ahora Santa Rita de Cascia, en Trujillo, desde donde cuenta sus recuerdos con el padre Prevost. Ambas, Alicia y su madre, comenzaron a asistir a aquellas liturgias matutinas, donde conocieron a los frailes agustinos que dirigían la parroquia. Alicia recuerda que el padre Prevost hacía una celebración de la misa totalmente diferente a lo que ella estaba acostumbrada en otras iglesias, que la comunidad era como una familia, que eso fue lo que él les enseñó a ser. «Me inspiró confianza, tranquilidad, seguridad», cuenta Alicia, y explica que, a partir de ese primer contacto, comenzó a involucrarse más en la vida parroquial. A pesar de tener solo veintitrés años en aquel momento, y de haber terminado recientemente sus estudios universitarios, el padre Roberto le pidió que se hiciera cargo de la pastoral de la parroquia y coordinara los equipos de laicos que liderarían las actividades en cada una de las zonas parroquiales.

> Este plan pastoral, esta nueva imagen de parroquia, era lo que nos integraba a todos. Y nos hacía más familia. Era diferente a toda la Iglesia. La Iglesia sinodal del papa Francisco nosotros ya la habíamos empezado hace tiempo. [...] La idea del padre Roberto era siempre esa, unir a todos con mucho respeto. Era muy paciente, ese don es bien difícil tenerlo, ser paciente y llevar a todos de la misma manera, sonriente con cada uno, y con mucho respeto[102].

102 Alicia Azabache Arroyo, entrevista con la autora, 24 de junio de 2025.

Alicia también recuerda que el padre Roberto era alguien que siempre priorizaba las periferias y no solo la centralidad del edificio parroquial o de la ciudad, y que salía al encuentro de los más necesitados. «Él salió en busca de los más necesitados. Iniciamos con cinco zonas, con gente más pobre, porque aquí, en la parroquia, es urbanización. Entonces, empezó en las zonas de afuera. A cada sitio donde íbamos, me decía: "Alicia, vamos a tocar las puertas"», cuenta Alicia, quien explica que los equipos de laicos, bajo el liderazgo de los agustinos, salían a cada una de las dieciocho zonas parroquiales para llevar alimentos, ropa y juguetes en Navidad. Además, dirigían campañas médicas y realizaban trabajo social. También se dedicaban a la alfabetización, enseñando a la gente a leer y a escribir, e impartían catequesis, así como otras materias, como Matemáticas. El padre Prevost, según ella, participaba activamente, cantando y bailando con el resto de la gente: «Bailaba toda clase de música, de todo, incluso la música de Natusha [y su éxito bailable, *El meneíto*]».

Esta clase de enfoque sinodal, este empoderamiento de la comunidad y especialmente de las laicas, generó un impacto y ha dejado un legado que aún vive. «Hoy yo digo: "Yo estaba aquí y ahora estoy encargada"», dice, orgullosa. Cuenta también que iban a esa labor pastoral y social con el padre Roberto, y la enseñanza se daba en todas partes:

> Nos llevaba a los parques más cercanos y ahí nos capacitaba. Y en cada zona a la que íbamos, él daba mucha prioridad a los laicos, a nosotros. [...] Él nos dio oportunidades para participar. [...] Cuando empezamos, había gente que no sabía leer ni escribir, y el padre los entusiasmaba: «No hay necesidad de que ustedes sepan escribir. Poco a poco, van a aprender, pero sí es necesario que ustedes tengan aquí un coordinador, un vicecoordinador, con este liturgista». Cuando se celebraban las misas en la zona, cada uno ya tenía su equipo, un mensajero, y tocábamos las puertas[103].

Alicia explica que el padre Roberto confió muchas responsabilidades a las mujeres, ya que, en última instancia, eran ellas quienes más se involucraban. Por eso, dice, era natural ponerlas en puestos de liderazgo.

103 Alicia Azabache Arroyo, entrevista con la autora, 24 de junio de 2025.

Comenta que Prevost, incluso, la animó a dar reflexiones durante las liturgias eucarísticas cuando ningún sacerdote podía asistir, ya que ella era la coordinadora de la zona. Es decir, un referente para su comunidad.

Las mujeres, explica Azabache, tenían para el padre Roberto mucha importancia. Y se pone a sí misma como ejemplo, así como a otras coordinadoras. El empoderamiento era a todo nivel: ser un nexo entre la gente y su párroco, ser representantes autónomas, vivir el ministerio del sacerdocio como laicas bautizadas[104]. Una gran responsabilidad, pero que Prevost sabía administrar, con confianza y calidez:

> De repente, un domingo en misa, me dice: «¿Vas a decir la homilía?». ¿Yo cómo voy a hacer la homilía si yo venía de una iglesia tradicional? Pero no era que yo tenía que decir la homilía, pero él lo llamaba de esa manera. ¿Será una reflexión? ¿Y ahora qué voy a decir? Roberto me dice: «Tú tienes que hablar, acá vas a animar». [...] Él me dijo una vez: «Alicia, en esta iglesia los padres son los únicos que tienen autoridad, pero ustedes también, porque ustedes son laicos bautizados y reciben el ministerio del sacerdocio, de ser profeta y también rey. Entonces, eso tenemos que hacerlo. ¿Y tú estás dispuesta a hacer ese servicio? Porque yo te veo que lo haces y lo vamos a hacer entre todos»[105].

Además de ser un buen organizador y un pastor atento a las necesidades de sus feligreses, Roberto también era un amigo cercano y estaba comprometido personalmente con sus equipos de laicos y con quienes los dirigían. Alicia cuenta que fue particularmente cercano a ella durante un período de enfermedad en 1993, apenas tres años después de conocer a los agustinos. Prevost iba a visitarla todos los días cuando tuvo problemas de espalda y debió someterse a una operación tras quedar parcialmente paralizada por un tiempo. «El padre, sentado al pie de mi cama, me decía: "Tranquila, Alicia, esto va a pasar, vas a ver"», recuerda.

104 Sobre el «sacerdocio» de los bautizados, la Iglesia enseña que todos ellos participan del sacerdocio común de Cristo, siendo llamados a ser «sacerdotes, profetas y reyes». Sin embargo, el sacerdocio ministerial como tal (ordenación) es esencialmente distinto y propio de quienes han recibido las órdenes sagradas.

105 Alicia Azabache Arroyo, entrevista con la autora, 24 de junio de 2025.

De manera similar, las mujeres que asistían a la parroquia de Nuestra Señora de Montserrat, en Trujillo, como Alicia Chang y Socorro Cassaro, cuentan que tuvieron una experiencia parecida a la de Alicia Azabache y elogian la «Nueva Imagen de Parroquia» como un modelo inspirado y eficaz de vida y de organización comunitaria. Ellas también ven en este enfoque a un precursor de la visión de sinodalidad del papa Francisco. Alicia y Socorro fueron designadas como encargadas de las tareas parroquiales más importantes, incluida la coordinación pastoral, la liturgia y la sacristía.

Desde la parroquia de Montserrat, Socorro explica que los agustinos comenzaron celebrando la misa todas las mañanas a las seis y media. Como aún no estaba listo el edificio parroquial, los feligreses traían sillas de sus casas y una mesa para el altar, que alguien cubría con un mantel blanco. Poco a poco, empezaron a implementar el mismo plan pastoral en la entonces parroquia de San Martín, donde los agustinos tenían su propio plan pastoral, el de la «Nueva Imagen de Parroquia». Y, con ello, también la figura de la autonomía de cada zona parroquial, empoderando a cada quien, como parte de una sola Iglesia, una sola comunidad.

Socorro reafirma que los agustinos también pusieron un fuerte énfasis en la participación de los laicos y en el papel de la mujer en Montserrat. El rol de las mujeres en su plan pastoral, dice, es activo, teniendo como norte siempre la familia, una visión que se ha ido heredando a las siguientes generaciones, de la mano de lo que consolidó el padre Prevost: un legado imperecedero. Y agrega: «No podemos decir que las mujeres estamos solas, también hay hombres trabajando, pero lo importante es que participe la familia. Esa es la idea general, porque de nuestras familias han salido nuestros hijos, que han hecho lo mismo. Mi hijo estuvo en el grupo de jóvenes. Igual [sucede] con Alicia [Chang], su nieta ahora está dentro de la catequesis de la parroquia. Todo el mundo va creciendo en ese ritmo. Esto nunca va a morir. Nos han dejado un buen legado que para nosotros es maravilloso»[106].

Cassaro, quien con Alicia Chang comparten anécdotas y fotos del padre Roberto con sus feligreses, explica que tuvo un papel activo desde el principio. Casi de inmediato fue puesta a cargo del grupo de animación, que es quien se encarga de promover esas pequeñas iglesias en cada zona,

106 Socorro Cassaro, entrevista con la autora, 25 de junio de 2025.

de buscar a los coordinadores y a su equipo, y, finalmente, de llevar el mensaje parroquial. Chang explica, por su parte, que a ella también se le asignaron tareas importantes y que fue puesta a cargo de la preparación litúrgica y de la formación de lectores para las misas y de ministros de la eucaristía para la distribución de la comunión. Entre otras cosas, se le encomendó formar el grupo del Ministerio Extraordinario de la Sagrada Comunión, al que sigue perteneciendo. También ha sido tesorera, labor en la que su esposo, que es contador, la ha apoyado, ocupándose de los informes económicos de la parroquia mes a mes. Se transparentaba, por ejemplo, el resumen de ingresos y gastos, cuenta Alicia, para que la gente estuviera actualizada y supiera cómo se administraba el dinero que cada uno había dado en colaboración. Este tipo de detalles institucionales, puestos en manos de los propios feligreses, especialmente los relacionados a la transparencia, en un período histórico plagado de corrupción, es parte de lo que se vivió en esas parroquias.

Tanto Alicia Chang como Socorro Cassaro resaltan el plan pastoral de los agustinos, llevado adelante con pericia y cercanía por Robert Prevost. Lo califican como algo único que permite a cada persona tener un rol y que las parroquias sean lo que Socorro describe como «una parroquia que camina sola».

Socorro comenta también que los líderes laicos de la parroquia, incluso ella, fueron en una ocasión al Arzobispado de Trujillo para explicar este plan pastoral a otros párrocos. Si bien algunos de los sacerdotes parecían desinteresados, y se mostraban reacios a recibir instrucción en actividad pastoral de parte de laicos, otros sí se interesaron, ya que muchas parroquias carecen de curas y, por lo tanto, tienen acceso limitado a los sacramentos. Esa mirada agustina, que consolidó Prevost en sus parroquias, y que tuvo cierta resistencia en algunos sacerdotes, llamó la atención de otros feligreses, incluso en otras regiones, basándose mucho en la planificación y la participación:

> Querían que nosotros fuéramos a capacitar a los padres de las otras parroquias en la Nueva Imagen de Parroquia. Formaron sectores de parroquias para que nosotros fuéramos a darles las pequeñas charlas. No nos sentíamos muy cómodas aquí en Trujillo, porque los padres se sentaban a escuchar y parecía como que no nos

> escuchaban. No había participación, no había mucho interés. [...] Luego, nos invitan a tener una reunión en Cusco, con los padres de ese sector. El milagro sucedió. Nos entendieron más las personas que los sacerdotes, que muchas veces parecían decir: «¿Un laico que nos venga a preparar a nosotros? Imposible». Pero la gente sí, interesadísima. ¿Por qué? Porque en la sierra, como no hay sacerdotes, la mayoría de las personas hace su propia iglesia[107].

Para el padre John Lydon, esta experiencia de organizar la actividad pastoral fue esencial tanto para él mismo como, según cree, para el «padre Bob», ya que constituyó su propia experiencia formativa como jóvenes pastores. Él también, al igual que Socorro, Alicia Chang y Alicia Azabache, cree que la «Iglesia sinodal» y el énfasis en los laicos, y especialmente en las mujeres, tan frecuentemente promovida por el papa Francisco, ya se vivía e implementaba desde hacía años en sus parroquias, mucho antes de que el argentino Jorge Mario Bergoglio fuera siquiera candidato al papado. Algo que le agradece al Perú, de paso:

> El padre Bob y yo somos de la misma edad, éramos sacerdotes muy jóvenes. Nuestras experiencias pastorales fueron primero en Chulucanas y luego en Trujillo. Así que el pueblo peruano y ese camino del plan modelaron nuestro sacerdocio. Creo que por eso nos sentimos muy cercanos al pueblo peruano, porque ellos son quienes nos formaron como sacerdotes en esa temprana experiencia ministerial. Promovimos el plan pastoral, que la Arquidiócesis de Trujillo no tenía en absoluto, y nosotros lo hicimos en nuestras dos parroquias. [...] Había muchísimos laicos involucrados. Esto fue en la década de 1990, así que éramos una Iglesia sinodal antes de que siquiera se acuñara el término «Iglesia sinodal» con el papa Francisco[108].

Por eso, cree Lydon, cuando el papa León XIV habló por primera vez desde el balcón, aquel día de su ungimiento como pontífice, mencionó específicamente la Iglesia sinodal como una continuación de lo

107 Socorro Cassaro, entrevista con la autora, 25 de junio de 2025.

108 Padre John Lydon, entrevista con la autora, 4 de junio de 2025.

dicho por Francisco, pero, aún más, como una convicción de que fue lo que lo formó a él mismo y a su sacerdocio. «Él pensaba así veinte años antes. Esto es 1990, así que fue veinte años antes de que el papa Francisco viniera y hablara de ello. En Estados Unidos, la gente cree que es algo nuevo. En nuestra parte de América Latina, desde Medellín, estábamos haciendo lo que llegó a conocerse como la "Iglesia sinodal". Es una Iglesia basada en la participación laica, así que esas son las cosas que creo que formaron el ministerio pastoral [del papa León XIV]», explica el padre agustino.

Sobre cómo su programa pastoral ha sido descrito por algunos como «sinodalidad antes de la sinodalidad», y si esto fue una decisión bien pensada o simplemente algo instintivo sobre quiénes serían los mejores para liderar, el papa León XIV explica desde Castel Gandolfo:

> Probablemente sea un poco de cada cosa. Hay algunas diferencias culturales dependiendo de dónde estés en el Perú. En algunas de las zonas costeras podrías encontrar un liderazgo más comprometido y claro entre las mujeres. Cuando estás en las montañas, puedes encontrar más a menudo hombres que sean los líderes. Las mujeres, tradicionalmente, han sido, en apariencia, más pasivas y no tan fácilmente visibles e identificadas cuando se trabaja en parroquias de montaña. En mi caso, cuando estaba en Trujillo, uno trabaja con la gente que dice que quiere ser parte de esto. Así que mi propia experiencia no es tanto «Necesito tres hombres y tres mujeres», sino «¿Quiénes son las personas que realmente quieren comprometerse?», sin distinción, simplemente identificando a las personas, sus dones, su disposición y su esperanza de participar.
>
> Eso fue lo que tuvo sentido para mí. [...] A menudo varias de las mujeres eran quienes estaban dispuestas a asumir las responsabilidades. Los hombres estaban trabajando jornadas muy largas a veces, y ellas estaban más disponibles. O típicamente, las mujeres son más expresivas en la vivencia de su fe, y los hombres tienden a quedarse en la parte de atrás. Aunque se les puede involucrar, y algunos de ellos también fueron excelentes líderes de grupo de diferentes tipos. Así que, de nuevo, no es algo exclusivo, pero intentas ayudar a las personas a identificar los dones que todos tienen y a

> decir hagamos esto todos juntos. Usaríamos esta frase, si se quiere: «Todos tienen algo que dar». Nadie es demasiado pobre como para no poder hacer algo o dar algo, y no solo en el sentido financiero, sino los dones que poseen. Involucrar a todos los que estén dispuestos a venir[109].

Inspirando a través de generaciones

Hasta el día de hoy, Robert Prevost, ahora papa León XIV —pero aún «padre Roberto» para quienes lo conocieron en sus primeros años en Perú—, se ha mantenido en contacto con muchas de las personas que conoció en ese tiempo, incluyendo a Héctor Camacho, Socorro Cassaro y las Alicias. Sin embargo, el impacto que tuvo y la forma en que inspiró no se limitan solo a aquellos que lo conocieron y pasaron más tiempo con él, sino que se extiende a las nuevas generaciones, allá en el norte peruano.

Entre esos jóvenes se encuentra Mildred Camacho, hija de Héctor y ahijada del papa, quien lleva el nombre de la madre de Robert. Esto ocurrió, según Héctor, después de que él y el padre Roberto se reencontraran en Trujillo. Luego de su primera visita al país, Prevost había dejado Chulucanas para ir a Estados Unidos, pero regresó para establecer la casa de formación. Tras reencontrarse con él, Héctor, quien para entonces tenía unos veinte años y una joven esposa, comenzó a ayudarlo en diversas actividades cuando estaba en la ciudad, y asistía a misa cuando podía. Una vez, cuenta Héctor, fue a visitar el seminario en Trujillo y vio que el padre Roberto estaba haciendo su maleta. Al preguntarle a dónde iba, este le dijo que se dirigía a Estados Unidos, pues su madre, Mildred, acababa de fallecer. Héctor le preguntó inmediatamente si podía nombrar a su hija por nacer en honor a su madre, y el padre Prevost aceptó. Más tarde, una vez que nació la pequeña Mildred, Héctor le pidió que fuera su padrino de bautizo.

Mujer inteligente y madura, hoy Mildred tiene dos hijas pequeñas. A pesar de haber visto a su padrino solo en contadas ocasiones mientras crecía, debido en parte a su partida de Perú en 1999 para dirigir la

109 Papa León XIV, entrevista con la autora, 10 de julio de 2025.

provincia agustiniana de Nuestra Madre del Buen Consejo, en Estados Unidos, ella afirma que siempre se ha sentido inspirada por él, y ambos han mantenido el contacto. Aún conserva fotos de su bautizo y las muestra sin poder dejar de sonreír; en algunas, el padre Roberto traza la señal de la cruz en su frente y, en otras, hace caras graciosas y juguetonas para divertirla.

«Es una sensación muy bonita, una experiencia que nunca pensé vivirla, una alegría demasiado grande. El proceso de estar ahí, de escucharlo, de verlo... Es una persona conocida, que yo siento cercana. Se me infla el pecho de orgullo, de alegría, de sentimientos. He llegado incluso al punto de sentirme un poco ingrata. Una no se siente digna, por así decirlo. Es algo grande y toda la vida lo he admirado. Sé la labor que hace, sé dónde ha estado, sé con quiénes ha trabajado. Y ese respeto se lo tengo siempre. Ahora imagínense que es el papa. Yo igual siento que debería hacer algo para merecerlo. Soy su ahijada, pero debería hacer algo», cuenta,

Mildred Camacho, la ahijada del papa, siendo bautizada. El padre Roberto, su padrino, la mira con una mueca de cariño. Fuente: Mildred Camacho.

emocionada, Mildred, en el jardín de su casa en Chulucanas, segura del legado de su padrino, tanto en su comunidad como en la vida de quienes lo conocen de cerca, como su padre y ella misma. «Es como si mi corazón estuviera en dos pedacitos: una niña de toda la vida que admiraba a su padrino y una católica que sabe que hay un papa que es humano, cercano. Veo a personas que sacan imágenes, videos, recuerdos de él, y yo digo: "*Wow*, qué calidad de persona". Una se siente orgullosa por eso. La católica se siente orgullosa de tener un papa humano. Y yo como niña [me digo]: "Qué bueno que también lo aprecien, lo valoren, lo quieran, lo reciban con cariño"», dice la ahijada peruana del papa, orgullosa de su padrino[110].

Mildred cuenta que mantuvo contacto con el padre Roberto, y luego con monseñor Prevost, durante toda su juventud. Cada vez que lo veía en una misa o en una liturgia se detenía a saludarlo y a conversar con él por unos minutos. Su padrino, siempre amoroso, ha mantenido el contacto con ella, afirma Mildred, y a menudo le enviaba correos electrónicos con fotos adjuntas de sus viajes. «Su primera muestra de afecto para mí ha sido dejar que me llamen como su mamá, y en el transcurso de mi vida, el que me reciba ya también es otra muestra de afecto muy grande, porque fácilmente podría decir: "Ah, hola, sí, estoy ocupado, nos vemos luego", y continuar. Pero [siempre tiene] aunque sea unos minutos para conversar. Incluso cuando era más pequeña y usaba mi Hotmail. Lo estoy tratando de recuperar. Tengo las cartas que él me mandaba cuando trabajaba. "Hola, Mildred. Se acerca tu cumpleaños. Espero que estés muy bien y ahí te mando unas fotos", me ponía. Y me adjuntaba sus fotos de la parte del mundo donde estaba y yo feliz. Ese cariño yo lo he sentido»[111].

Mildred afirma que su respeto por su padrino no ha cambiado con su papado, y que este no depende del título que tenga, sino de la persona que es: «Ese respeto ya me viene inculcado desde siempre. No es porque ahora sea el papa. Ese respeto se lo tengo desde siempre. Mi papá me ha hablado maravillas de él, siempre me ha dicho dirígete a él con respeto. La admiración por mi padrino no es de ahora, eso que quede bien claro, es de siempre».

110 Mildred Camacho, entrevista con la autora, 18 de junio de 2025.

111 Mildred Camacho, entrevista con la autora, 18 de junio de 2025.

Fue esta combinación de dones —ser un administrador fuerte, un organizador y canonista dotado, un pastor capaz y atento, y un guía espiritual cercano y personalmente comprometido— lo que dejó una impresión tan profunda de Robert Prevost en su comunidad en el norte del Perú, desde su primera visita, en 1985, así como en la segunda y los diez años que le siguieron, en Trujillo, sin contar los años que más adelante pasaría en Chiclayo como obispo. Estas cualidades hicieron que el padre Roberto destacara de tal manera que, como parecía destinado a hacer, se le confiaron roles cada vez más importantes y de alto perfil, incluido el liderazgo de su provincia agustiniana, en el Medio Oeste estadounidense, y, poco después, de la propia orden en todo el mundo.

CAPÍTULO 4

Prevost, el prior. Un líder con una mirada global

¿Por qué Robert Francis Prevost es considerado un buen líder? ¿Por qué sus colaboradores más cercanos y los fieles de sus parroquias y circunscripciones lo describen como un padre cercano y un prelado eficiente? El propio León XIV, en entrevista para este libro, trata de responder por qué cree que es apreciado en ese sentido: «Desde mi propia perspectiva, ciertamente pienso que algunas personas aprecian el estilo de liderazgo que tengo, que no es primordialmente jerárquico, sino que más bien tiende a buscar la manera de unir a la gente y hacer las cosas juntos, de modo que las personas se sientan escuchadas. Eso es muy importante para mí».

El «estilo Prevost» se fue manifestando desde la llegada del padre Roberto al Perú: sus habilidades administrativas y sus instintos pastorales, que ya había demostrado desde joven, así como su destacado rol como canciller de la Prelatura de Chulucanas y, luego, como director de la casa de formación agustiniana en Trujillo.

Estos roles fueron seguidos por su elección en 1998 como prior de su provincia agustiniana, Nuestra Madre del Buen Consejo, para lo que tuvo que regresar a los Estados Unidos, donde asumió formalmente la tarea en 1999. Sin embargo, estuvo en el cargo brevemente, pues fue elegido nada menos que prior general de la Orden de San Agustín a nivel mundial en la reunión del Capítulo General Ordinario, apenas tres años después, en 2001. Posteriormente, fue reelegido para un segundo mandato en 2007, por lo que en total pasó doce años en Roma dirigiendo la orden en todo el mundo, hasta septiembre de 2013. Esto significa que los meses finales de su tiempo como prior general coincidieron con los primeros del pontificado del papa Francisco.

Su rol como prior general fue seguido, en 2014, por su nombramiento como administrador apostólico de Chiclayo, en Perú, al mismo tiempo que fue elevado al rango de obispo con sede titular en Sufar[112]. Luego, fue designado obispo de Chiclayo en 2015, año en el que también se nacionalizó peruano. Su llegada al Vaticano se dio en 2023, como jefe de uno de los dicasterios más poderosos de la Curia Romana, el Dicasterio para los Obispos, así como su elevación a cardenal. El papado le seguiría en 2025.

Es evidente que, al igual que sus compañeros de escuela y vecinos en sus primeros años de vida, sus hermanos agustinos, y más tarde el papa Francisco, vieron algo especial en Robert Prevost. Parecía destinado al liderazgo desde el comienzo de su carrera sacerdotal, y a lo largo de su vida se forjó una reputación por su inteligencia, su claridad mental, su disposición a escuchar, su aprecio por los diferentes puntos de vista y su capacidad para tomar decisiones e identificar soluciones a problemas o situaciones difíciles o delicadas a través del diálogo y del compromiso. Estas habilidades, además, le sirvieron a lo largo de los años para lograr de alguna manera la unidad, o al menos un sentido de acuerdo, en la confluencia de una variedad de opiniones y perspectivas.

Desde la Villa Barberini de Castel Gandolfo, en un gran salón con una suave brisa de fondo, el propio León XIV reflexiona sobre esta diversidad de roles, desde la casa de formación en Trujillo hasta lo más alto de la jerarquía de su propia orden, hasta llegar al trono de Pedro. ¿Qué hace de Robert Prevost alguien tan respetado como líder? Su capacidad de escucha y de tomar decisiones son dos puntos que destaca:

> Sé escuchar, creo, bastante bien. Cuando estoy con la gente, tengo respeto por el punto de vista de todos, pero luego también llego a un punto con ellos, cuando es posible, de decir: «Tenemos que tomar una decisión aquí, amigos. De alguna manera, intentemos unir las ideas de todos». No se trata solo de un compromiso. No

112 La Diócesis de Sufar fue una antigua sede episcopal de la Iglesia católica situada en lo que hoy es el norte de Argelia. Desde 1933, Sufar se usa como una sede titular, un título simbólico que se asigna a ciertos obispos, como los auxiliares o los vicarios apostólicos. Esta costumbre refleja el deseo de recordar honoríficamente antiguas diócesis y otorgarles un lugar dentro de la estructura eclesial.

> es solo encontrar el mínimo común denominador. Se trata de mirar hacia adelante y llevar a la gente contigo mientras lo haces. No soy un llanero solitario, nunca lo he sido. Es la forma de construir este sentido de «hagamos esto juntos» y, de nuevo, el respeto por cada uno de los miembros del grupo, de la Iglesia, de la comunidad... [Eso está presente] en mi propia formación, ciertamente basada en el sentido de la Iglesia del Concilio Vaticano II, intentar ser parte de la construcción de ese tipo de Iglesia, que realmente invita a la participación de todos los miembros.
>
> Estoy seguro de que hay otros aspectos. Soy aventurero. Algunas personas usarían la palabra valiente, otras dirían «loco», pero estoy dispuesto a seguir adelante. Soy capaz de ser decisivo cuando se necesita ser decisivo, que es otro aspecto del liderazgo que a veces falta en la gente. No puedes quedarte dando vueltas en «pensemos en esto y hablemos de ello para siempre». Tienes que tomar decisiones para poder seguir adelante. Soy capaz de hacer eso, y no tengo miedo de hacerlo. No siempre tomas la decisión correcta, a veces cometes errores, pero supongo que la gente tiene la sensación de que se siente invitada, se siente escuchada y sabe que habrá avances en algo[113].

El liderazgo del actual papa propone, entonces, mucho diálogo, búsqueda de puntos en común, pero también acción, sin temor ni parálisis. Es la única manera, parece decir, de seguir avanzando: invitar a todos, escuchar y actuar en consecuencia. ¿Cuál es, entonces, la aproximación de León XIV para resolver problemas concretos? El pontífice dice:

> Varía dependiendo de la naturaleza del problema. Me he reído entre dientes con algunas de las cosas que, a lo largo de los años, me decían personas mayores que yo al compartir sus experiencias. Recuerdo a un arzobispo diciéndome: «Hay tres tipos de problemas. Algunos problemas no tienen solución, así que no te preocupes demasiado por ellos. Algunos problemas tienen solución, trabaja en ello y encontrarás la solución y seguirás adelante. Y hay otros problemas que se resolverán por sí mismos». Así que para darte esta

113 Papa León XIV, entrevista con la autora, 10 de julio de 2025.

perspectiva filosófica: no te angusties demasiado por los problemas, pero busca soluciones cuando haya soluciones por encontrar, y seguirás adelante. Entonces, hay, no diría que un sentido estoico, pero sí una capacidad de mirar los problemas y decir, bien, tenemos que trabajar en esto. Encontraremos diferentes opciones, tomaremos una decisión y seguiremos adelante.

No les temo a los problemas. Algunas veces tienes una noche sin dormir pensando en ciertos asuntos, pero, en general, trabajamos junto a la gente, intentando resolver los problemas en ese sentido. No tengo la sensación de que yo debo resolver todos los problemas de la orden en el pasado o la Iglesia hoy. Más bien, digo: unámonos y busquemos formas de resolver estos problemas[114].

Potenciando la visión agustiniana

Este hábito del actual papa León XIV de buscar puntos en común en medio de las diferencias y de fomentar un sentido de unidad entre un grupo diverso de personas que representan una variedad de orígenes y perspectivas es distintivo del estilo agustiniano, ya que el núcleo de la orden misma es la búsqueda de la comunión. Esta fue la tarea principal del padre Robert Prevost en su nueva etapa como prior agustino: conocer a sus hermanos y la realidad donde la orden estaba presente, guiarlos en la formación y en el fomento de la unidad, poner orden y resolver problemas cuando surgían, así como promover un sentido general de fraternidad.

El padre español Alejandro Moral, actual prior general de la Orden de San Agustín, sirvió como vicario general, o segundo al mando, durante todo el período de doce años en que Robert Prevost ocupó dicho cargo. Ambos trabajaron estrechamente. Él mismo fue elegido como su sucesor, justo después de su partida en 2013: al momento de la publicación de este libro, está concluyendo su segundo mandato. Desde la Curia Central de los agustinos en Roma, muy cerca al Vaticano, Moral, de barba y anteojos, describe el rol del prior general agustiniano como «el superior de la orden», que su antecesor cumplió por más de una

114 Papa León XIV, entrevista con la autora, 10 de julio de 2025.

década antes de convertirse en obispo y luego en cardenal y papa. El prior general, dice Moral, «[lo que] debe tratar de mantener es la unidad, la comunión de los religiosos que llevamos nuestro carisma, animar a los religiosos a vivir»:

> A todos los hermanos hay que visitarlos durante los seis años y hablar con ellos. Por eso, el prior general viaja mucho. Está, pues, una vez en Indonesia, otra vez en África, otra vez en América del Sur, otra vez en Europa. Y también trata de mantener la unidad con cartas, con mensajes. Y otro tema que debe cuidar es ayudar a las circunscripciones a trabajar las vocaciones. [Por eso] debe ser una persona que anima a los encargados de las vocaciones y a quienes son formadores. Animarlos y ayudarlos[115].

Para Moral, existen varios conceptos fundamentales en el corazón de la vocación agustiniana, y que Robert Prevost trató de inculcar en los jóvenes bajo su cuidado, primero durante su tiempo en Trujillo y, luego, en sus programas de formación para toda la orden agustiniana en el mundo. Estos conceptos, explica, son la búsqueda de la unidad y de la comunión, así como un énfasis en el estudio y un compromiso de servir a la Iglesia. Esas son las características que han marcado el camino del nuevo pontífice de la Iglesia católica:

> Nuestro carisma tiene una parte del carisma de san Agustín, de lo que san Agustín nos pide vivir, y también como mendicantes que nacimos en el siglo XIII, lo que conlleva unas características. ¿Cuáles son? San Agustín nos insiste mucho en la comunión, en la unidad, en la fraternidad, en ser amigos. Por eso, nos dice: «Tenéis una sola alma y un solo corazón hacia Dios», porque sin Dios, sin la caridad, no podemos vivir el carisma de la comunión y de la unidad, la fraternidad[116].

Por otra parte, dice Moral, para san Agustín era muy importante la búsqueda de la verdad, que es de todos. Y también la interioridad, que

115 Padre Alejandro Moral, entrevista con la autora, 3 de julio de 2025.

116 Padre Alejandro Moral, entrevista con la autora, 3 de julio de 2025.

uno debe entrar en sí mismo para encontrar a Dios. Para él, quien sigue siendo un amigo cercano del papa León XIV hasta hoy, estas características de la orden agustiniana son claramente visibles todavía en el pontífice, en sus modales y en lo que ha dicho y hecho hasta ahora:

> Él nos ha dicho alguna vez, bueno, «yo quiero continuar siendo agustino en mi corazón. Soy el papa para todos, porque el papa es para toda la Iglesia». Es de todos, pero al mismo tiempo su corazón como agustino tiene estas características y él está insistiendo mucho en la comunión, en la unidad. Ya el primer día dijo: «Crear puentes». Hay que crear puentes de unión, de amistad, de relación, de comunión. Yo creo que él está insistiendo en eso.

Moral destaca también que el papa habla de la paz, de los pobres, de la comunión, todos temas muy agustinianos. Un ejemplo de la relevancia de la comunidad para el papa León XIV es precisamente su amistad con el actual prior general agustino. Ambos, de edades similares —sus cumpleaños solo se llevan unos meses—, se conocieron como estudiantes en Roma, en 1981, aunque Moral solo estuvo en la capital italiana un año y medio antes de irse. Más tarde, el español sirvió como vicario general de los agustinos bajo el mando de Prevost, lo que significa que trabajaron estrechamente, codo a codo, durante más de una década en Roma, un período que Moral describe como «muy agradable». Y añade: «A mí siempre me apoyó, siempre me respetó, siempre me animó. En ese sentido, yo creo que nunca hemos discutido. Hemos hecho todo con normalidad, como personas que se quieren, que trabajan juntas y que buscan un bien común»[117].

Moral y Prevost mantuvieron su amistad incluso después de que el estadounidense regresara al Perú, y han permanecido tan unidos que, poco después del cónclave, el papa León XIV visitó la curia agustiniana en Roma, situada justo en frente del Vaticano, para unirse a las celebraciones del cumpleaños de Moral, quien cumplió setenta años el 1 de junio de 2025. El gesto fue una indicación no solo de la cercanía entre ambos, sino también de la importancia de la amistad y de la comunión para el nuevo papa y líder de la Iglesia universal.

117 Padre Alejandro Moral, entrevista con la autora, 3 de julio de 2025.

La tarea a la que Moral hizo referencia —la de promover la unidad y la comunión, impulsar vocaciones, visitar casas comunitarias en todo el mundo e invertir en la formación dentro de la orden— fue la principal labor de Robert Prevost cuando asumió el liderazgo de la orden agustiniana global en 2001. Quienes lo conocieron y vivieron con él durante sus dos mandatos como prior general lo describen como alguien con una clara visión para la formación, con un fuerte énfasis en los viajes, y algunos incluso afirman que aportó una perspectiva más internacional al rol, visitando las diversas casas comunitarias agustinianas por todo el mundo, incluso más que algunos de sus predecesores.

Líder y hermano agustino

Al preguntársele por Robert Prevost como jefe y como trabajador, el padre Moral dice que, como prior general, siendo él su vicario, fue una experiencia positiva. Por ejemplo, recuerda la generosidad del entonces padre Prevost cuando sus padres enfermaron: «Mis papás tuvieron una enfermedad. De hecho, mi papá murió en 2011. Él [Prevost] era el prior general, y [mi padre] había sido operado de un aneurisma... Estuve en el hospital mucho tiempo, y él me dijo: "Tú estate con tu padre, con él, y cuando esté bien, regresas". Estuve un mes con él. O sea, fue muy agradable todo, me dejaba mucha iniciativa personal, y yo le comunicaba cómo habían ido las cosas, sin ningún problema».

Moral, al igual que otros que lo conocieron, describe a Prevost como un trabajador muy esforzado y dedicado: «Es muy constante y trabaja mucho. Tiene una formación muy amplia, con lo cual puede sintetizar y elegir lo que quiere en un momento, lo que quiere en otro. Fíjese, nosotros hemos publicado nuestro propio[118] de la orden, que son las oraciones que rezamos de nuestros santos. Y él lo tradujo todo al inglés. Es una persona muy trabajadora»[119].

118 Las «oraciones propias» de los agustinos son oraciones y lecturas que son propias de la Orden de San Agustín y que se utilizan en sus celebraciones litúrgicas. El «propio» al que se hace referencia es la publicación de un libro de las oraciones específicas de la orden.

119 Padre Alejandro Moral, entrevista con la autora, 3 de julio de 2025.

De manera similar, el padre agustino Elías Neira, coordinador de la Comisión de Educación de los agustinos de Latinoamérica, quien conoce al papa León XIV desde 1995, también describió al «padre Roberto» como un hombre de oración y un trabajador incansable, al punto de llamarlo «trabajólico», o lo que en inglés se conoce como «*workaholic*». Neira afirma que Prevost tenía un impulso impresionante, especialmente como prior general. Jamás vio, dice, a alguien trabajar como al padre Roberto, una persona que está activa «mañana, tarde y noche». Por las mañanas, cuenta Neira, el padre Roberto, a quien considera «una persona de mucha oración», se despertaba muy temprano a rezar y, después, «trabajaba, trabajaba y trabajaba». Neira considera a Prevost, también, como alguien «obsesivo, en el buen sentido del término», pues es «bien ordenado, bien estructurado [...] Es exigente consigo mismo, pero muy misericordioso con todo lo demás. Muy sencillo, muy humilde al aceptar críticas, alguien que escucha»[120].

En cuanto a su sentido de humor, el agustino señala que «no era tan peruano». Y agrega: «Tenía su propio humor, pero igual hacía bromas para todo». Según el padre Elías, el padre Roberto también es muy leído, y alguien a quien le gustan mucho teólogos como el cardenal francés Yves Congar y el cardenal alemán Walter Kasper. «Teólogos posconciliares, que han trabajado mucho en temas con una visión más abierta también de Jesucristo en la Iglesia», explica[121].

Por su parte, el psicólogo Antonio Coquis, un exagustino peruano que vivió en Roma mientras Prevost era prior general, y que más tarde lo asistió en la elaboración de la visión de formación para la orden, cuenta que conoció al «padre Roberto» en 2006, cuando se mudó a la casa comunitaria adjunta a la sede de la curia agustiniana y comenzó a estudiar Psicología en la Pontificia Universidad Gregoriana. En ese momento, Prevost ya vivía allí. Describe su interacción con él como muy amigable y fraternal, y dice que Prevost, a pesar de su posición de autoridad, era muy normal: «Al tener esa conexión común con Perú, yo empiezo a acercarme... La verdad es que siempre he encontrado en Roberto a un hermano más. Ni siquiera a un superior, sino a un hermano más. Cálido,

120 Padre Elías Neira, entrevista con la autora, 22 de junio de 2025.

121 Padre Elías Neira, entrevista con la autora, 22 de junio de 2025.

de pocas palabras, pero sí se puede pegar una carcajada tranquilamente, es muy dicharachero»[122].

Desde su casa en Lima, Antonio cuenta también que, incluso como prior general, el padre Roberto los recogía a él y a otros hermanos del aeropuerto, algo que recuerda a las historias como chofer en la casa de formación de Trujillo a mediados de los años noventa, rememoradas por el padre Ramiro Castillo. Del mismo modo, cuando hacían una fiesta en la casa de la comunidad por algún cumpleaños u otras ocasiones especiales, Prevost siempre estaba feliz de unirse a la celebración:

> Caía Roberto [...] y ahí nos juntábamos, conversábamos, tocábamos guitarra muchas veces, y otras yo iba para allá. Roberto me decía: «Oye, vente para almorzar por tu cumpleaños».Y almorzábamos en la curia.Yo me quedaba sorprendido, porque un día, creo que había fallecido mi papá, y me vine para acá [Perú]. [...] Entonces, pedí permiso para quedarme un mes más. Regreso y el que me recoge en el aeropuerto es Roberto, siendo mi prior general. Estaba esperándome.Y yo decía: «¡El padre general me ha venido a recoger!»[123].

El padre Elías Neira, por su parte, tuvo una impresión similar. Recuerda que conoció al padre Roberto por primera vez en 1995, cuando este aún estaba en Trujillo y él mismo se estaba formando, pero en una casa diferente, en Lima. En ese momento, aunque el padre Roberto no era su formador, Elías señala que, incluso entonces, el futuro pontífice lo impresionó, especialmente por su respeto hacia los demás, por lo mucho que valoraba la libertad de cada quien:

> Lo que recuerdo de él [es que] era alguien a quien le interesaba mucho la pastoral juvenil, los jóvenes con el tema vocacional, los pobres y la misión... Él siempre respetó mucho la libertad.Yo lo que he visto de él es que pedía, respaldaba y apreciaba que los seminaristas tuvieran una visión social, y [estuvieran atentos a] la

122 Antonio Coquis, entrevista con la autora, 23 de junio de 2025.

123 Antonio Coquis, entrevista con la autora, 23 de junio de 2025.

realidad social. Él, como extranjero, no quería imponer su visión sobre los demás, era muy respetuoso y se cuidaba mucho de dar su opinión. Pero sí daba la libertad para que cada uno, según su conciencia, pudiera pronunciarse[124].

El padre Elías, quien ha mantenido contacto con el padre Roberto a lo largo de los años, refiere que, incluso como cardenal, mientras trabajaba en la Curia en Roma, Prevost todavía llamaba y quería actualizaciones sobre el Perú y el resto del mundo, pero siempre expresaba interés en la persona con quien hablaba primero: «Lo primero era qué tal, cómo estás, cómo te sientes». Otra muestra de su nivel de preocupación es, por ejemplo, cuando un compañero hermano agustino experimentaba una crisis personal. En esos casos, Prevost, cuenta Elías, llamaba todos los días desde Roma a primera hora de la mañana, y a veces hablaba con la persona durante dos horas, para ofrecerle su ayuda y solidaridad: «A pesar de la cantidad de trabajo, siempre se preocupa mucho por la persona, y eso lo sabe todo el mundo que lo conoce». También describe al padre Roberto como «un hermano más», alguien que ayudaba en casa, lavando platos y limpiando después de las celebraciones, y quien, a pesar de su posición de liderazgo, le gustaba conducir y siguió enseñando a otros a hacerlo incluso durante sus años en Roma. Además, lo recuerda como un chef aficionado a quien le gustaba hacer pizzas y que comía todo lo que le daban: «A nosotros nos llamaba mucho la atención, porque estábamos acostumbrados a los padres españoles, a quienes no los sacabas de su paella, o no te comían ceviche»[125].

Pero el padre Roberto era diferente, explica el padre Elías, y se sentía en casa en donde estuviera, pero, especialmente, en el Perú. Según Neira, el padre Prevost sentía que siempre estuvo destinado a terminar allí, en ese país: desde el hecho de que el cumpleaños de su padre, Louis Prevost, fuera el 28 de julio, el Día de la Independencia del Perú, hasta otros detalles a lo largo de su vida. «Él sentía que había sido predestinado para Perú. Tenía varias historias que conectaba de su infancia. Dice que un tío suyo trabajó en Perú. Entonces, cuando era niño, su tío le regaló un

124 Padre Elías Neira, entrevista con la autora, 22 de junio de 2025.

125 Padre Elías Neira, entrevista con la autora, 22 de junio de 2025.

chullo [...]. Y esto fue lo primero que le llega del Perú. Él siempre conectaba esa historia con que desde siempre Dios le había dicho Perú»[126].

Una visión global

A pesar de sentir una conexión especial con el Perú, y de tener que irse del país que tantos años lo acogió, el padre Prevost, como prior provincial de la Orden de San Agustín, en Estados Unidos, y más tarde como prior general, en Roma, mostró un gran interés en la tarea que tenía entre manos. Se entregó a cada nuevo puesto a medida que llegaba, demostrando el mismo deseo de comprender la situación y la realidad que tenía delante, y la misma capacidad de adaptarse a la gente y a las circunstancias que lo rodeaban.

Esto es particularmente cierto para quienes lo conocieron y trabajaron a su lado durante esta nueva época, es decir, entre 1999 y 2013, en lo que respecta a los viajes y a las visitas a las diversas casas comunitarias agustinas por todo el mundo. Esta apertura de mente y visión, y esta capacidad de adaptarse a nuevas culturas y contextos sociales, provienen en parte del propio origen cultural y lingüístico diverso del pontífice, que el propio León XIV ha descrito como una constante a lo largo de su infancia y más allá, como algo que fue parte de su crianza.

En ese sentido, el padre Moral, actual prior general de los agustinos, describe al papa como «una persona internacional», alguien «abierto a todo el mundo», incluso un hombre que «se siente hijo del mundo»:

> Es una persona que mantiene una unidad, mantiene un equilibrio, pero con muchas riquezas: ganadas en el Perú, como americano, como quien ha estado mucho tiempo en Roma, como estudiante y luego como prior general. Es decir, es una persona que tiene aspectos muy ricos y creo que él se siente hijo del mundo. Se siente peruano, porque ha estado en Perú muchos años, y quiere a la gente como quiere a la Orden de San Agustín. Pero, sobre todo, él se siente, y más ahora como papa, pues un hijo del mundo para toda la gente[127].

126 Padre Elías Neira, entrevista con la autora, 22 de junio de 2025.

127 Padre Alejandro Moral, entrevista con la autora, 3 de julio de 2025.

En cuanto a los viajes, el padre Moral explica que, actualmente, la mayoría de los agustinos se encuentran en Europa, pero que la orden también está creciendo en países emergentes, con más vocaciones procedentes de África y Asia. Entre las provincias más grandes de la orden se encuentran dos en Nigeria y una en Cebú, Filipinas, cada una con alrededor de ciento cincuenta frailes. La provincia más grande es actualmente San Juan de Sahagún, en España, con unos trescientos cincuenta frailes o más.

Además de Perú y de Estados Unidos, el padre Roberto, como prior general, visitó cerca de cuatro docenas de países donde la orden también está presente, con excepción de uno. Entre ellos se encuentran la República Democrática del Congo, Australia (al menos dos veces, en 2002 y 2005), India (dos veces, en 2004 y 2006, a las comunidades agustinianas de Kerala y de Tamil Nadu), Indonesia, Kenia (varias veces), Nigeria (al menos nueve veces para asuntos rutinarios y una vez, en 2007, para una visita canónica a nivel nacional, con el objetivo de ver por qué la orden estaba creciendo tanto y tan provechosamente en ese país), Filipinas (varias veces, incluyendo visitas en 2002, 2010 y 2012) y Corea del Sur. También visitó Tanzania. Dada la rápida expansión de la orden en el continente, África fue una prioridad en sus viajes. En 2009, se desplazó al Congo específicamente para inaugurar la Universidad Agustiniana en Kinshasa, así como para visitar comunidades en la provincia de Bas-Uélé.

Este roce y trabajo arduo a nivel internacional lo fue afianzando como un ciudadano global, nacido en una nación poderosa occidental, formado como canonista y misionero en Roma y Sudamérica, respectivamente, y forjado como líder global también en Asia y África. Pero con esto también se fueron consolidando sus argumentos, acaso, como un excelente candidato al papado cuando esta ocasión llegara, especialmente luego de ser ungido como obispo, primero, y cardenal, después, sin olvidar su último encargo como líder del Dicasterio de los Obispos, nada menos.

Antonio Coquis comenta que la rica formación cultural del padre Roberto le otorgó una visión única para la orden y, piensa, ahora esta le confiere una perspectiva singular como pontífice: «El *background* del papa creo que difícilmente lo ha tenido alguno en la historia, porque ha sido misionero, formador, párroco, profesor en la universidad. Y, además, prior general de una orden que tiene muchas misiones y está en un montón de sitios del mundo». Antonio, quien vivió con el padre Prevost en Roma a principios de la década de 2000, y quien más tarde fue invitado a unirse a la Comisión Internacional de Formación de la orden, opina que lo que hizo al padre Roberto único como prior, y lo que hace ahora al papa León XIV único también, es «esa apertura internacional para ver situaciones y problemas a nivel global tan diferentes como los de una comunidad en Kenia o de la comunidad naciente de Benín, de Filipinas, que tiene una religiosidad católica muy fuerte, muy establecida, aunque con sus problemas, como también poder ver a los mexicanos, o la crisis vocacional que tiene España, o los intentos fallidos de formar comunidades en Francia. O, por ejemplo —agrega Coquis—, las comunidades en Papúa Nueva Guinea. Él vivió con papuanos. Era gente muy amable, muy simpática, pero muy diferente también a situaciones de Australia, de Japón [...] y todo eso lo he abordado [con él] durante doce años»[128].

Finalmente, para Antonio Coquis estas experiencias han curtido a Prevost como un líder global y le han permitido «imbuirse en todas estas situaciones de la bondad y de la maldad de la gente de diferentes lados del mundo, en distintos contextos. [...] Es un ciudadano del mundo, totalmente».

De manera similar, el padre Elías Neira afirma que también vio una fuerte perspectiva internacional en el padre Roberto, y cree que, en esa medida, viajó más que los anteriores superiores generales de su orden, lo que le permite tener «una mirada muy global», que además es producto de su voluntad por estar siempre cerca de la gente a la que dirige. De esta manera, por ejemplo, les hacía ver, cuenta Neira, que la perspectiva de alguien de Perú era muy distinta a la que podían tener en Filipinas o Corea. «Como la orden está en los cinco continentes, tenía una mirada muy global, viajaba a todos lados. Yo no he visto a ningún general viajar tanto, la mayoría mandaba un delegado por el mundo. Él no, él siempre preferiría estar presente».

El padre Moral, por su parte, como actual prior de los agustinos, tiene una impresión ligeramente diferente. Explica que todos los priores

128 Antonio Coquis, entrevista con la autora, 23 de junio de 2025.

generales recientes, incluso él mismo, han viajado mucho, pero está de acuerdo en que los frecuentes viajes del padre Prevost por todo el mundo le dieron una perspectiva única sobre la orden, así como sobre la Iglesia en general: «Lo que sí hacía él, y yo lo admiraba mucho en eso, es que iba muchas veces por Chicago y, luego, desde allá, organizaba la visita, por ejemplo, a Perú»[129].

Priorizar la formación

Durante su tiempo como prior general en Roma, el padre Prevost buscó implementar la misma visión que aplicó cuando estuvo a cargo de la casa de formación de Trujillo: un enfoque personalizado de acompañamiento dirigido a asegurar, como él mismo ha descrito, que primero hubiera una formación humana saludable, que los hermanos fueran personas sanas, para recién adentrarse, después, en la formación teológica y filosófica. Es decir, para él, un hermano debe ser una persona buena y sana antes de poder ser un religioso bueno y sano.

Antonio Coquis, tras haber vivido con el padre Roberto durante varios años en Roma, y de haber sido invitado a unirse a la Comisión de Formación de la orden agustiniana a mediados de la década de 2000, hace eco de las palabras del papa y dice que cree que fue llamado a este último rol debido a su propio desarrollo educativo en la formación humana, legado de sus estudios de Psicología. El padre Roberto, dice, buscó implementar a nivel global el modelo que usó en Trujillo con los agustinos: «Cuando me llama para el equipo de formación internacional, [me pregunta] cómo podemos ayudar para hacer una formación mucho más humanista. [Es decir] todo el mundo interior de su vida cotidiana, los valores no solamente proclamados, sino los valores vividos»[130].

Se trata de un enfoque que ha seguido el padre Prevost hasta el papado. Es evidente, incluso, en las primeras semanas de su pontificado, y es probable que siga siendo un aspecto importante de su tono y estilo en el futuro. Así, en su catequesis de la audiencia general del 28 de mayo

129 Padre Alejandro Moral, entrevista con la autora, 3 de julio de 2025.

130 Antonio Coquis, entrevista con la autora, 23 de junio de 2025.

de 2025, describió la virtud de la compasión como necesaria a un nivel humano incluso más básico que a un nivel religioso:

> La vida está hecha de encuentros, y en estos encuentros nos revelamos tal y como somos. Nos encontramos frente al otro, frente a su fragilidad y su debilidad, y podemos decidir qué hacer: cuidar de él o hacer como si nada. Un sacerdote y un levita bajan por ese mismo camino. Son personas que prestan servicio en el Templo de Jerusalén, que viven en el espacio sagrado. Sin embargo, la práctica del culto no lleva automáticamente a ser compasivos. De hecho, antes que una cuestión religiosa, ¡la compasión es una cuestión de humanidad! Antes de ser creyentes, estamos llamados a ser humanos.

Coquis cuenta que, en su papel en la Comisión de Formación de los agustinos, viajó por el mundo con el padre Roberto para conocer cada contexto local donde la orden estaba presente, así como para asegurar que esta visión se implementara consistentemente en todo el mundo, de Perú a Filipinas, de Italia a Kenia. Parte de esa experiencia fue un compromiso con las cuestiones sociales, que también eran vistas como cuestiones humanas, explica Coquis. De manera similar a sus primeros años en Perú, agrega, el padre Roberto, aun como prior general, apoyaba los esfuerzos para promover los derechos humanos y sociales. Él y el padre Roberto compartían una pasión por los temas de justicia y de paz. Como prior general, el padre Prevost incluso apoyó las campañas de las monjas agustinas contra la mutilación genital femenina en África:

> Logramos ir también a los proyectos que hacía la orden en Nigeria. Esa experiencia que él supervisaba de primera mano me encantó. [...] Él acompañaba cosas como las escuelas agustinianas, las compañías de las monjas de Nigeria. Una experiencia muy interesante fue ver a las monjas nigerianas haciendo campaña contra la ablación en Nigeria. Y no eran monjas extranjeras, no eran europeas las que estaban ahí, eran nigerianas. Probablemente, ellas habían sufrido la ablación[131].

131 Antonio Coquis, entrevista con la autora, 23 de junio de 2025.

Coquis también describe al padre Roberto como una persona cautelosa, un prior general que priorizaba el diálogo, incluso en situaciones complejas para la orden, cuando las relaciones interreligiosas en algunas áreas eran a veces tensas. Por ejemplo, en Nigeria, los agustinos tenían una escuela para niños, por lo general cristianos, protestantes y católicos, cuenta Antonio, pero algunos musulmanes ya no solamente mandaban a los niños a la mezquita, donde solo aprendían el Corán, sino que los comenzaron a mandar a la escuela agustina. «Yo decía: eso es alucinante», cuenta[132].

Sin embargo, aún tenían que ser cautelosos, advierte Coquis, y explica que cuando los agustinos iban al barrio donde estaba la escuela, se les aconsejaba ir sin sus hábitos, ya que el grupo militante islámico Boko Haram estaba activo y un sacerdote católico había sido secuestrado en algún momento durante una de sus visitas. El padre Roberto, dice, era consciente de esto y era sensible a estos matices sobre el terreno en todo el mundo. Por eso, siempre ejerció la prudencia. Coquis espera que la preocupación del padre Roberto por los problemas sociales, incluida la situación de los pobres y ahora también el tema de la inteligencia artificial, continúe a lo largo de su papado:

> Yo lo vi a él muy aterrizado en la realidad, muy conectado con ella. Con una concepción de querer hacer el bien a la gente, principalmente a la más humilde… [Como papa] va a estar muy metido en justicia y paz, y con el tema de la inteligencia artificial y las nuevas tecnologías, porque eso va a transformar la sociedad. Y creo que él va a dar una respuesta a esa transformación de la sociedad desde la Iglesia. Quizá por ahí puede ir su camino[133].

Hitos agustinianos

Mientras fue prior general, Robert Prevost llevó a cabo el mantenimiento rutinario de la orden agustiniana, viajando por todo el mundo no solo para conocer las realidades locales donde esta estaba presente, sino también

132 Antonio Coquis, entrevista con la autora, 23 de junio de 2025.

133 Antonio Coquis, entrevista con la autora, 23 de junio de 2025.

para celebrar misas, dirigir reuniones, ordenar sacerdotes y liderar conferencias. Durante su primer mandato, supervisó varios hitos significativos para la orden, que fueron agrupados en los llamados «Años Jubilares Agustinianos» de 2004, 2005 y 2006.

El primer hito fue la celebración del aniversario 1650 del nacimiento de san Agustín, en 2004. Un año después, la orden conmemoró tanto el aniversario cuatrocientos cincuenta de la muerte de santo Tomás de Villanueva, conocido por su promoción de los estudios académicos y de las misiones agustinianas, como el aniversario setecientos de la muerte de san Nicolás de Tolentino, un fraile y sacerdote agustino que había ganado reputación por su compasión, predicación y devoción a los pobres. En 2006, finalmente, los agustinos conmemoraron el aniversario setecientos cincuenta de la Gran Unión, a la que se refirió anteriormente el padre Alejandro Moral. Esta fue la fusión, a petición del papa de la época, de cinco grandes grupos de ermitaños que formaron la actual Orden de San Agustín, de la cual más tarde surgió una rama separada, los agustinos recoletos[134]. Estas celebraciones culminaron con una ceremonia de clausura de los Años Jubilares Agustinianos, que se celebró en la parroquia de Santa Rita, en Madrid, en 2006. La ceremonia fue presidida por el entonces padre Robert Prevost en su papel de prior general. El mensaje del evento enfatizó la unidad y la misión evangelizadora de la familia agustiniana bajo el lema «Recordar, celebrar y crecer».

Más tarde, como parte de su trabajo regular para la orden, el padre Prevost, entre otras cosas, presidió conferencias anuales para la orden. Estas incluyeron la X Conferencia Agustiniana, en 2007, dedicada a los jóvenes como agentes teológicos y de evangelización, y la XV Conferencia, en 2012, que se centró en el libro de san Agustín, *La ciudad de Dios*. Durante su tiempo como prior general, el padre Prevost fue visto como alguien que gozaba de una buena relación de fraternidad y colaboración con los agustinos recoletos, manteniendo la unidad dentro de su propia orden, así como con ellos.

134 Los recoletos son una orden religiosa católica compuesta por frailes y monjas que siguen la Regla de san Agustín. Se les considera una rama reformista de los agustinos que enfatiza una observancia más estricta (prácticas religiosas, oración, ayuno, austeridad, etc.) y un retorno a los ideales eremíticos de soledad y contemplación.

El padre Moral afirma que el padre Prevost dedicó parte de su tiempo a renovar los primeros nueve capítulos de las Constituciones Agustinianas, que tratan sobre la vida espiritual de la orden: «Realizó cosas aparte de gobernar, de tomar decisiones, de publicar». Moral comenta también que el prior Prevost volvió a utilizar sus talentos canónicos y matemáticos en la construcción, como hizo en Trujillo, al supervisar la edificación de la nueva curia agustiniana en Roma, mostrando un buen ojo para la distribución y el diseño en particular.

Asimismo, ayudó, según sus colaboradores de la época, a modernizar la orden, introduciéndola en la era digital y priorizando el aspecto de la información y de las comunicaciones. Para Moral, con él la orden se abrió más al mundo moderno, siendo el mismo padre Roberto «muy aficionado a los temas de información y de comunicación». De hecho, cuenta Moral, Prevost desarrolló la página web de la orden, con la participación del actual ecónomo general, sin ayuda de técnicos, solo los dos. «Y ahí hubo una comunicación más grande con nuestro mundo y, al mismo tiempo, claro, al viajar mucho, se abrió a las circunscripciones, estuvo muy presente, y el mundo ha ido cambiando mucho», refiere Moral, quien reconoce el impacto de Prevost al decir que desde 2001, cuando entró como prior, hasta 2013, cuando terminó su segundo mandato, «hubo un cambio grande en la orden, fueron apagándose las circunscripciones de Europa y han nacido las de África y las de Asia. Entonces, ha habido una transformación evidente». El actual prior general de los agustinos es claro: todo aquello, así como el avance del mundo, promovió acaso un mayor conocimiento entre toda la orden, pues las circunstancias de la comunicación, de los medios, del transporte, «son mejores». «Todo esto ha ayudado, pero él ha sido una persona que ha abierto la orden al mundo», opina[135].

En este sentido, al igual que Antonio Coquis, y como el propio papa León XIV ha dicho al describir por qué eligió su nombre papal, Moral afirma que el padre Prevost siempre estuvo interesado en el tema de la inteligencia artificial, y cree que esto seguirá siendo así en el futuro: «Se ha preocupado mucho por la tecnología. Él es un hombre que maneja muy bien los medios. De hecho, incluso hoy, cuando le mandan *mails*, mensajes de WhatsApp, él responde. Es una persona que está muy metida

135 Padre Alejandro Moral, entrevista con la autora, 3 de julio de 2025.

en estos temas. Estaba siempre en su mente matemática actuar de esa manera. Pero muy prudente».

Además, como ya se ha hecho notar apenas fue elegido papa, León XIV es el primer pontífice con historial en redes sociales previo a su papado, con cuentas de Facebook y especialmente de X (antes Twitter), donde incluso ha comentado activamente sobre temas sociales, políticos y contemporáneos.

Un solucionador de problemas

Esta prudencia de la que habla el padre Moral es lo que ayudó al padre Prevost a ser un solucionador de problemas dentro de la orden. A ello se sumaba su autoproclamada capacidad para tomar decisiones y lo que otros han descrito como un cuidadoso equilibrio entre la compasión y la mano firme, de ser necesaria.

Según el padre Elías Neira, fue en su segundo mandato cuando el padre Roberto comenzó a intervenir más directamente en circunstancias difíciles o problemáticas, y lo hizo de manera eficiente. Para él, Prevost se vuelve «más ejecutivo» y «más exigente» cuando «las cosas no funcionan mucho». El padre Roberto, dice Neira, «es muy bueno porque es muy eficiente» para resolver problemas. «Roberto además es gringo, trabajólico, es dale que dale y ejecute. Es un hombre muy práctico para muchas cosas. Él solucionaba muchos temas en Trujillo y esto daba mucha confianza. [...] Es alguien que también busca mucho la unidad, entonces no se molesta en casos tan tribales, sino que es muy práctico, concreto, sin entrar en desafíos. Pero cuando los problemas se le presentan, no tiene miedo de actuar», afirma[136].

Como ejemplo, Elías recuerda cuando estaba a punto de hacer sus votos solemnes, es decir, su profesión final y perpetua con la orden, a principios de la década de 2000, cuando el padre Roberto aún estaba en su primer mandato como prior general de los agustinos. Cuenta que el padre Roberto intervino directamente cuando se intentó bloquear su profesión final, al igual que a los demás religiosos de su promoción, después de que él presentara quejas contra el superior provincial de la

136 Padre Elías Neira, entrevista con la autora, 22 de junio de 2025.

época, específicamente por irregularidades en la gestión de la provincia y su manejo «por intereses políticos» para reelegirse, impidiendo que votasen en las próximas elecciones provinciales. Si profesaban de solemnes, ya podían votar. Elías afirma que negar a un hermano su profesión perpetua, sin ningún motivo, incluso impedir que pidieran sus votos de manera reiterada, era equivalente a expulsarlo de la orden. Como no sabía qué hacer, le escribió un correo al padre Roberto, en su calidad de prior general agustino. Ante esta situación, Prevost le propuso reunirse en lo que ahora es la Parroquia San Agustín, en La Encantada de Villa, en Lima, aprovechando su paso por Lima. Estuvieron juntos varias horas. En esa reunión, el padre Roberto le dijo que no dependía de él que le permitieran hacer los votos solemnes en la provincia del Perú, pero que si no pudiera hacerlo, él mismo lo llevaría a Roma para que hiciera sus votos solemnes allá, que confiara en Dios y que siguiera adelante.

Con información de primera mano, Prevost se involucró directamente en el problema, le pidió al prior provincial del Santísimo Nombre de Jesús de Filipinas, provincia española de la cual dependía en ese entonces la provincia de Perú, que llevara a cabo una investigación exhaustiva, al tiempo que allanó el camino para que estos hermanos hicieran sus votos solemnes por los conductos regulares. Dos años después de hacer sus votos solemnes, Neira dice que el entonces padre Prevost, como prior general, lo nombró miembro de la Comisión Internacional de Educación de la Orden, siendo el representante de Latinoamérica. Por todo ello, el padre Roberto, afirma el padre Elías, «es una persona que realmente toma cartas en el asunto. Escucha mucho. Es muy compasivo con la gente que lo necesita, pero también es alguien "de armas tomar", como decimos. Es decir, alguien que toma decisiones y que actúa cuando es necesario»[137]. Esto último es un rasgo que podría ser de suma importancia ahora que el padre Prevost es el papa León XIV.

Veamos otro ejemplo de esto último. A fines de 2010, el padre Neira fue nombrado director general del colegio San Agustín de Lima. Fue entonces cuando descubrió problemas éticos graves, pedagógicos y financieros en la escuela, provenientes de su anterior administración y un clima institucional muy deteriorado. Debido a la delicada situación del colegio, tuvieron que despedir a mucho personal y hacer una

137 Padre Elías Neira, entrevista con la autora, 22 de junio de 2025.

reingeniería de la institución. Esto generó que un grupo de religiosos, directivos y profesores, que fueron retirados de la escuela, enviaran una carta con sus firmas al padre Roberto y a su Consejo General en Roma, pidiendo la destitución de las nuevas personas a cargo. Prevost pidió las explicaciones del caso, y se le mostraron todas las evidencias de la delicada situación del colegio. Ante ello, dice Neira, el padre Roberto de nuevo se involucró directamente para ayudar a resolver todo y respaldó su gestión:

> Recuperamos el colegio, había muchos temas de corrupción, varios temas muy delicados. [...] Y, como dicen, «no se hacen tortillas sin romper huevos». Afectamos muchos intereses creados, por lo que nos abrían procesos en la UGEL [Unidad de Gestión Educativa Local del Estado peruano] que supervisa los colegios privados y públicos, y enviaron hasta cuatro cartas anónimas. Ante ello, el respaldo del padre Roberto como prior general fue fundamental para el éxito de la transformación del colegio San Agustín de Lima. Parte de ese respaldo fue la decisión de realizar, en julio de 2012, el Encuentro Mundial de Educación Agustiniana en el colegio. Él mismo participó en este evento y con sus palabras, muy sentidas, tanto en público como en privado, al equipo directivo, respaldó la transformación realizada y nos dijo que «sigamos adelante»[138].

Además de los problemas en Perú, un contexto con el que el padre Roberto ha estado más familiarizado, un agustino que lo conoce y que trabajó con él por varios años durante su tiempo como prior general, y quien ha preferido mantener su identidad en reserva, cuenta que también ayudó a resolver problemas en México, cuando se descubrió que había irregularidades financieras y problemas de conducta sexual inapropiada. En este caso, el padre Prevost adoptó un enfoque más firme para «limpiar la casa», lo cual, según dicha fuente, escuchó directamente de miembros de la provincia. Su accionar en este caso tan delicado lo hizo respetar aún más a su prior general, el padre Robert Prevost. Según cuenta este agustino, se enteró de la situación cuando viajó a México para dirigir un retiro para los novicios de esa provincia:

138 Padre Elías Neira, entrevista con la autora, 22 de junio de 2025.

> Me dijeron: «Acá en México hay un montón de problemas a nivel de los agustinos y el clero en general, entre ellos, problemas de plata, problemas de mujeres, problemas de una cantidad de cosas» [...] Me contaron que cuando estuvo Roberto allá, como superior general, hizo la visita. Un día estaban los agustinos de México, de esta provincia, renegando, «¿por qué vienes tú a decirnos esto y lo otro, a querer que cambiemos?». «Esperen un ratito», dijo Roberto, «en este maletín tengo el estatus bancario de varios de ustedes. Entonces, o comenzamos a hacer las cosas bien o comienzo a leerlos uno por uno. Ustedes deciden. ¿Podemos comenzar a trabajar o no?». Y en ese momento todos se quedaron calladitos y comenzaron. [Roberto] empezó a poner el elefante sobre la mesa.

Este agustino cuenta que Prevost no tuvo miedo de ser audaz cuando fue necesario, algo que respeta mucho: «Cuando yo vi esto, me comenzó a gustar muchísimo el estilo de Roberto, porque yo lo veía como un hermano, sencillo, contento, pero, por otro lado, cuando tenía que decir las cosas claras, no tenía miedo de enfrentarse. Y era un tema bien complejo el de México. Y lo abordó con todo. Me llamó mucho la atención, porque yo lo conocía bonachón, conectado con la gente, pero entonces lo vi a otro nivel. Yo dije: a este no le tiembla la mano».

Las decisiones de Prevost, comenta este agustino, nunca fueron impulsivas, sino que eran cuidadosamente pensadas y tomadas después de mucha discusión y consulta: «Primero observa y escucha, y entrevista mucho. [...] Normalmente era lo que hacía con el Consejo General de la orden: discutían y tomaba la decisión. Pero no se quedaba sin actuar, porque el actuar es muy importante, el «*call to action*» al final. Creo que sí abordaba los problemas, pero nunca de manera impulsiva o reactiva, sino que era un proceso. Creo que eso lo tiene muy metido Roberto».

De manera similar, el padre Elías Neira afirma que el entonces padre Prevost fue clave para resolver problemas que habían surgido en las provincias agustinas de México. Aunque desconocía la historia del maletín y de los extractos bancarios, confirma que el padre Roberto tomó decisiones difíciles, pero firmes, y fue capaz de solucionar lo que describe como una situación muy compleja en ese momento:

> Él tomaba decisiones importantes. Por ejemplo, hubo un problema muy fuerte con los agustinos de México, en la provincia de Michoacán [...] Él intervino drásticamente. Fue capaz de algo que nunca habíamos visto en la orden. Depuso al general provincial de México, [siendo] México una provincia importante para muchos agustinos, y hubo temas económicos de robo [...] depuso al general provincial, al superior de México, depuso al consejero, así como [hizo] Francisco en Chile. Sabemos que él puso a alguien de su confianza, un buen religioso, lo puso a cargo y como nadie le hacía caso, se fueron a un *break*. Y cuando volvió, les comenzó a decir que [sabía la] plata [de] cada uno de ellos. ¿Cómo sacó la información? Nadie sabe, pero él puso orden. Este era Roberto también[139].

El padre Moral, quien habría trabajado de cerca con el padre Roberto como vicario general en estos asuntos, no ofreció detalles al respecto, pero sí comenta sobre la perspicacia del hoy papa para la resolución de problemas. Para él, León XIV es alguien racional, que, por sobre todas las cosas, dialoga, analiza y, si es necesario, no duda en intervenir: «Dialoga, estudia los problemas y a veces ha dicho, bueno, pues es el momento de intervenir, y ha intervenido. Es firme en sus decisiones, si él cree que hay que hacer una cosa, se hace. Yo creo que eso es bueno. Y, a lo mejor, ha visto otros problemas sobre los que, inteligentemente, ha dicho es mejor esperar o es mejor no hacer nada por el momento. ¿Por qué? Porque a veces no hacer nada ya es un modo de hacer. Es una respuesta a lo que está sucediendo. Pero él es firme en sus decisiones una vez que ha estudiado las cosas y que ha visto lo que hay que hacer. Él no actúa sin estudiar y sin razonar los temas»[140].

Estos ejemplos certifican no solo los dones administrativos de Robert Prevost, gracias a los cuales fue adquiriendo cada vez mayores responsabilidades a lo largo de los años, sino sobre todo su determinación por hacer justicia, por no mirar a un costado, por «comprarse el pleito», como se dice popularmente en Perú, algo que demostraría en otros casos aún más delicados, como se verá más adelante. Es decir, así como

139 Padre Elías Neira, entrevista con la autora, 22 de junio de 2025.

140 Padre Alejandro Moral, entrevista con la autora, 3 de julio de 2025.

un prior general de los agustinos, hoy la Iglesia global tiene un papa al que «no le tiembla la mano».

Durante su tiempo como prior general, el padre Prevost también tuvo que lidiar con un tipo diferente de problemas, algo que, como papa, probablemente tendrá que gestionar a una escala mucho mayor: el surgimiento de un nuevo camino espiritual dentro de las monjas de la orden agustiniana y las tensiones internas que pueden surgir a partir de ello. Las monjas agustinas son el segmento más antiguo y continuo de la Orden de San Agustín, aunque, como muchas familias espirituales que comparten el mismo carisma y espiritualidad, existen ramas diferentes. En este caso, se trató de un pequeño grupo de monjas agustinas que vivían en el monasterio de San Ildefonso de Agustinas Contemplativas de Talavera de la Reina, en Toledo, quienes sintieron el llamado a vivir la espiritualidad agustiniana como hermanas contemplativas, en lugar de activas. Abandonaron el convento el 6 de septiembre de 1999 con el objetivo de iniciar un nuevo camino espiritual, cuyo sitio web describe como «siguiendo una llamada del Espíritu para responder al mundo de hoy desde el diálogo ecuménico y el diálogo con la increencia». Lo que ahora es la Comunidad de la Conversión, fundada en Palencia, España, en 1999, cuenta en la actualidad con monasterios adicionales en Sotillo de la Adrada, en Ávila, España; en Lima, Perú; y en New Lenox, en Illinois, Estados Unidos.

Según una de las siete mujeres originales que se embarcaron en este nuevo camino espiritual, el padre Robert Prevost, quien apenas llevaba dos años como prior general de los agustinos, intervino en la comunidad a través de su enfoque característico de escucha y diálogo, para oír directamente lo que ellas tenían que decir sobre lo que implicaba su nuevo camino espiritual. Prevost las animó y guio a medida que avanzaban en respuesta al nuevo llamado que sentían.

Desde el monasterio en el que vive, compartiendo una taza de café, la hermana Carmen Toledano, una de las cuatro monjas originales que dejaron el convento para iniciar esta nueva senda espiritual, seguidas eventualmente por tres hermanas más, conoció al padre Prevost a principios de la década de 2000, y luego trabajaría con él en la Comisión Nacional de Salvaguarda en Perú durante su obispado algunos años después. El padre Prevost visitó su convento y habló individualmente con cada una de ellas sobre el nuevo camino espiritual que intentaban comenzar dentro de la orden agustiniana. Ellas acababan de salir de su comunidad para iniciar un estilo nuevo dentro de su propia orden, lo que estaba siendo difícil: no eran comprendidas, cuenta la hermana Carmen, y estaban sufriendo el rechazo. «Era una llamada nueva y lo nuevo cuesta mucho acogerlo, porque incomoda y da inseguridad. Nosotras solo sabíamos que estábamos llamadas a vivir esto y que no fue fácil, era un momento delicado, porque nos habíamos lanzado a por todas», cuenta Toledano, quien describe ese nuevo camino como «entusiasmante, pero doloroso»[141].

Poco después, Prevost fue elegido prior general de los agustinos, en 2001. Dos años más tarde, fue a visitarlas e hizo una excursión de todo un día solo para hablar con ellas. Se pasó aquella jornada escuchándolas, cuenta la hermana Toledano, una por una, a las siete monjas. «Fue un día de absoluta escucha. Él no decía nada, solo nos hacía preguntas. Fue una escucha respetuosa, acogedora y que tú notabas que no te estaba juzgando, solamente quería conocer. Al final de ese día, nos dijo: "Adelante, la ley viene después que la vida", y él es canonista. O sea, nos dio el empujón», explica la hermana Carmen, emocionada, sonriente, y añade que ellas nunca podrán olvidar al padre Prevost, pues fue «la persona que nos apoyó en el momento más crítico», alguien que las acompañó desde entonces. «Ha sido nuestro valedor en medio de las muchas dificultades que hemos tenido. [...] Nosotras habíamos hecho un discernimiento, pero necesitábamos también la confirmación y entonces él vino a conocernos»[142].

Para la hermana Carmen, la forma en que el padre Roberto manejó la situación destaca por varias razones, pero, sobre todo, por lo que le reveló del estilo de su entonces superior, el actual papa: «Primero, la capacidad de escucha y de acogida que tiene sin juzgar. Lo importante que es tener un papa así. Que se toma en serio al otro, incluso en su diferencia. Seguramente le habían contado muchas cosas de nosotras que no eran nada positivas y él en ningún momento nos hizo sentir "vengo aquí a ver". No». Otro aspecto importante, añade la hermana Carmen, es que, al socializar con el padre Prevost, empezaron a conversar con él

141 Hermana Carmen Toledano, entrevista con la autora, 26 de junio de 2025

142 Hermana Carmen Toledano, entrevista con la autora, 26 de junio de 2025

sobre las hermanas que estaban en Perú e incluso cantaron juntos alguna canción peruana. «Entonces, él, que había estado todo el día superserio, de repente se transformó», mostrándoles otra característica de su personalidad, como alguien que «sabe gozar de la vida». Pudieron, pues, conocer en varios niveles a su superior general y sentir «su pasión, la huella tan profunda que le había dejado Perú»[143].

La hermana Carmen afirma que haber tenido al padre Roberto como su prior general durante doce años al inicio de esta nueva forma de vida fue un regalo, especialmente por su cercanía y su capacidad para hacer que todos se sintieran cómodos y a gusto. Por ello, describe al actual papa como «una persona integradora». «Creo que toda la gente de la orden puede decir: "Estuvo en mi casa, me escuchó, habló conmigo, me preguntó cómo está eso". [Esto] habla también de lo que es él, de que es capaz de acercarse a todos», asegura. Asimismo, cuenta ella, fue gracias al padre Roberto que la Comunidad de la Conversión llegó al Perú, y comenzaron a recibir mucho interés de jóvenes peruanas, atraídas e intrigadas por su estilo de vida. Por ello, decidieron establecer el Monasterio de la Encarnación en Lima, en un monasterio agustino ya existente, cuyas monjas estaban envejeciendo y cuyos números estaban bastante reducidos. Fue el padre Roberto quien les ayudó a hacer los arreglos iniciales, luego de su mandato como prior general, sin saber que sería nombrado obispo de Chiclayo poco después, llegando de vuelta a Perú solo unos meses antes que ellas, en 2015:

> Nosotras no contábamos con que pudiésemos tener vocaciones peruanas y cuando vinieron las primeras, dijimos: «Si llegan vocaciones de Perú, tendremos que ir». Entonces, para nosotras, que ya íbamos a venir, que llegara una persona tan significativa, pues qué providencia, ¿no? Aunque vivió en Chiclayo, que está al norte, estos años hemos tenido mucha relación con él, pues venía a Lima con frecuencia. La Conferencia Episcopal está muy cerquita de aquí, y porque era nuestro hermano agustino. Pero también había una relación de mucha confianza y mucho cariño[144].

143 Hermana Carmen Toledano, entrevista con la autora, 26 de junio de 2025

144 Hermana Carmen Toledano, entrevista con la autora, 26 de junio de 2025.

Un líder que captó la atención del papa

No hay duda de que el padre Robert Prevost es alguien que ha captado la atención tanto de sus pares como de sus superiores a lo largo de su vida y de su trayectoria vocacional. Lo ha hecho en cada uno de los lugares en donde ha estado o servido en el mundo y en cualquier cargo que ha ocupado, destacándose como líder y administrador. También es visto por sus amigos y su rebaño como un pastor cercano y atento, y como una persona equilibrada y cabal, capaz de tomar acciones firmes y decididas.

La pregunta, entonces, es qué fue exactamente lo que lo hizo destacar ante el papa Francisco, quien lo nombró, primero, administrador apostólico y, luego, obispo de la Diócesis de Chiclayo, en 2014, para más tarde llevarlo a Roma a dirigir uno de los dicasterios más importantes de la Curia Romana, y hacerlo cardenal, confiándole cada vez más responsabilidades. Quizá el mundo nunca sabrá completamente lo que el papa Francisco vio en el hombre que eventualmente lo sucedería en el trono de Pedro, pero es muy probable que observara, en algún nivel, lo que todos los demás superiores del padre Roberto notaron a lo largo de los años: su competencia en la gestión y en la administración, su capacidad para llevar a cabo las cosas sin crear conflicto, y su habilidad para resolver problemas y superar divisiones a través del diálogo y de la discusión.

El papa Francisco también estaba al tanto, al menos durante el proceso de selección, si no lo estuvo antes, del compromiso de larga data de Prevost con la justicia social, así como de su reputación de haber sido amigo de los pobres, un pastor atento a sus necesidades y un defensor de la búsqueda de los derechos humanos durante las tumultuosas décadas de Perú en los años ochenta y noventa. También podría ser que ambos compartían, en efecto, una misma visión, que el papa Francisco, como ya se ha visto, más tarde llamaría «sinodalidad», y que quizá era instintiva en el padre Prevost, dadas sus raíces agustinianas: una Iglesia que camina junta y una condena a aquellos a quienes el papa Francisco definió, en italiano, como «*indietristi*», quienes constantemente miran hacia atrás.

Esta visión fue claramente delineada por el padre Prevost durante el Capítulo General Agustiniano, en agosto de 2013, inaugurado por el recién elegido papa argentino, quien celebró una misa para la ocasión en la Basílica de San Agustín, en Roma. Durante la celebración, el entonces padre Robert Prevost, como prior general de los agustinos, dirigió un breve saludo al papa, en el que dijo:

> Santo padre, hace unas semanas, cuando nos enteramos de que usted estaría presente con nosotros en esta celebración, alguien me preguntó: «¿Qué le gustaría que el papa dijera al Capítulo General?». Realmente me hizo reflexionar, y no estoy seguro de la respuesta, pero encontré en uno de los sermones de san Agustín palabras que podrían ayudar. Agustín nos recuerda la importancia de caminar unidos, junto con toda la Iglesia. Cito a san Agustín: «Si los compañeros de viaje encuentran alegría mutua al caminar juntos, ¿qué alegría no tendrán en su patria? A lo largo de este viaje, los testigos lucharon y siempre avanzaron en la lucha. Al avanzar, nunca se detendrán. De hecho, los que aman siempre avanzan, y el camino que tomamos requiere viajeros». Este camino rechaza tres categorías de hombres: los que se detienen, los que retroceden y los que se desvían. Con la ayuda del Señor, que nuestro camino sea protegido contra estas tres categorías negativas. Ahora, al hacer el viaje juntos, uno va más lento, otro se apresura, pero ambos avanzan. Santo padre, su presencia entre nosotros hoy nos ayudará a renovar nuestro compromiso de avanzar con decisión, con amor, y nos ayudará a fortalecer nuestra condición de caminar siempre junto con toda la Iglesia.

Cabría esperar, entonces, que el pontificado de León XIV siguiera no solo la pauta de la sinodalidad, que ya instaurara Francisco y que el padre Prevost orgánicamente estableciera en sus parroquias desde los años ochenta, sino también, y específicamente, esa manera de no retroceder en lo avanzado, de no detenerse siquiera, ni mucho menos desviarse.

Dadas estas coincidencias de visión y pensamiento respecto a la idea de Iglesia entre ambos, aunque con algunos puntos de distancia en el pasado, es importante saber cómo reaccionó el papa al ser designado obispo por Francisco en 2014, pues Prevost alguna vez ha dicho que, cuando el papa fue elegido, estuvo convencido de que nunca llegaría a ser nombrado como tal:

> Bueno, eso lo dije específicamente en relación con el cardenal Bergoglio, quien entonces había sido elegido papa, y fue debido a un par de incidentes cuando él era arzobispo de Buenos Aires y yo era prior general de los agustinos. Él me había pedido algo. Tenía que ver con cuestiones de personal, y tomé decisiones que eran contrarias a lo que él había solicitado. Así que, cuando se convirtió en papa, pensé: «Bueno, él sabe quién soy, no me va a llamar para ser obispo, porque sabe que le diré que no, dependiendo del asunto». Obviamente, sucedió lo contrario por razones que... tendrías que hacer un libro sobre el papa Francisco, sobre algunas de sus formas de pensar y de hacer las cosas. En un momento, [...] hubo otro asunto en el que, de hecho, me puse de su lado y en contra de un funcionario de la Santa Sede. No entraré en detalles allí... Me enfrenté a alguien en la Santa Sede y él me dijo, cuando estaba terminando mi mandato como prior general: «Nunca olvidaré lo que hiciste en aquella ocasión». Y, aparentemente, no lo olvidó. Todos saben que tenía una memoria muy aguda, pero, porque sabía que yo era franco y decía las cosas como las veía, y luego estaba muy dispuesto a hablar de ellas, él respetó eso. Y creo que eso tuvo algo que ver con que me considerara para la posibilidad de un nombramiento episcopal[145].

Su antecesor, entonces, vio de cerca la decisión de León XIV, su compromiso con una manera de hacer las cosas, y, sobre todo, con una honestidad siempre puesta al servicio del diálogo y de la apertura.

145 Papa León XIV, entrevista con la autora, 10 de julio de 2025.

CAPÍTULO 5

Monseñor Roberto en Chiclayo. Un obispo entre su gente

«Un saludo [...] en modo particular a mi querida diócesis de Chiclayo en el Perú, donde un pueblo fiel ha acompañado a su obispo, ha compartido su fe y ha dado tanto, tanto para seguir siendo Iglesia fiel de Jesucristo».

PAPA LEÓN XIV

El cantante y compositor chiclayano Donnie Yaipén, en su éxito posterior a la elección papal, *La cumbia del papa*, resume, quizá, los propios sentimientos de León XIV sobre dónde se siente más en casa, pero también la manera en que ven a su querido pastor los feligreses y vecinos de la Diócesis de Chiclayo, en la que el pontífice sirvió durante ocho años.

La alegría llegó a Chiclayo,
bendecido está mi Perú,
alegría en el Vaticano,
hay un papa con gratitud.
Le enseñó a mi gente del norte
a ayudar al que necesita,
hizo muchas obras sociales
y la fe nos identifica.
[...]
Aunque el papa nació en Chicago,
lo mejor lo vivió en Perú.

Le rezaba a santa Rosita
y al Cautivo de Monsefú.
En la Diócesis de Chiclayo
ayudaba de corazón,
porque el papa es más peruano
que el ceviche y esta canción.
Qué bonito, qué bonito
todo lo que Roberto hizo.
[…]
Porque el papa es peruano.
Es chiclayano.
Él es el papa León.

Por lo que la gente de Chiclayo ha contado, y lo que el propio papa ha dicho, su tiempo en esa ciudad del norte peruano fue una de las fases más importantes de su vida. Una que dejó huellas profundas y decisivas, tanto en él como en las personas a quienes sirvió.

Una tarea compleja

Ser obispo es, tal vez, uno de los trabajos más complicados del mundo en este momento: no solo existe la presión de ser un pastor cercano a su pueblo y a su clero, sino también la de ser un buen administrador que asume decisiones organizativas y financieras sólidas, y que se toma en serio temas como los escándalos de abuso clerical. Todo esto al mismo tiempo que encuentra formas de transmitir creativamente el mensaje del Evangelio al mundo exterior y de ser tomado en serio al relacionarse con las autoridades políticas locales e incluso nacionales. Encontrar candidatos que cumplan con todos estos requisitos, y hacerlo a nivel global, a veces navegando por delicadas tensiones culturales y étnicas, es acaso aun más desafiante, y esta fue la responsabilidad que Robert Prevost asumió diez años antes de ser elegido papa.

Quizá basándose en su propia década como obispo, así como en su vasta experiencia como pastor y líder de su orden religiosa internacional, Prevost tenía una perspectiva única sobre cómo debería ser el perfil de un buen candidato. Ahora, como pastor de la Iglesia católica global, esa visión es aún más importante e implica muchas de las mismas cualidades que él siempre ha buscado en las personas bajo su guía y cuidado: ser primero alguien sano, y luego ser un guía íntegro, dispuesto a sacrificarse y a mantener una vida de oración consistente. En sus propias palabras, desde la villa pontificia de Castel Gandolfo, el papel de un obispo hoy debe ser el de «un pastor», alguien dispuesto a hacer sacrificios, a liderar, a ser cercano a su rebaño, y que debe tener ciertas cualidades:

> Desafortunadamente, [estas características] se están convirtiendo casi en clichés, pero la sensación, muy real, es que, personalmente, [debe ser] un hombre que tenga muchas de las cualidades de las que he estado hablando hasta ahora en términos de ser humanamente sano. Alguien que realmente se conoce a sí mismo y no está encerrado en sí mismo, sino que es verdaderamente una persona de servicio a los demás, que ya ha demostrado en su vida como sacerdote que sabe lo que significa ser pastor: cercano a su gente, dispuesto a servir y a hacer sacrificios si es necesario, y que tiene la capacidad de liderar.
>
> Esto es obviamente algo muy difícil de juzgar o evaluar, pero tiene que ser un hombre de Dios. Un hombre que tenga una fe profunda, de una sólida vida de oración, que en los momentos difíciles sea capaz de ir precisamente a la fuente de toda vida, que es el Señor, y buscar la luz, la guía, el consuelo, la fuerza, la paz que alguien necesita para ser un líder en la Iglesia hoy, y, de alguna manera, encontrar a las personas adecuadas que tengan todas esas cualidades. Ese es un gran desafío, pero hay muchas personas en la Iglesia —claramente, los candidatos al episcopado ya son sacerdotes— de quienes podemos decir que han estado viviendo estas cualidades en su sacerdocio y han revelado que tienen no solo el potencial, sino también experiencias de vida reales donde se han mostrado capaces de ser líderes en la Iglesia como obispos[146].

146 Papa León XIV, entrevista con la autora, 10 de julio de 2025.

La fe es de suma importancia para el papa, pues la toma como un aspecto clave para ser, todos juntos, una Iglesia: «Tal vez debería enfatizar mucho más el aspecto de la fe y de la vida de oración, porque obviamente son fundamentales si vamos a ser Iglesia. Y de nuevo, eso no es fácil de evaluar, pero es extremadamente importante si un hombre va a poder cumplir lo que la Iglesia le pide para asumir ese papel»[147].

Regreso a Perú

Después de dejar Perú en 1999 para servir primero como prior de la provincia de Nuestra Madre del Buen Consejo, en Chicago, por solo dos años, y, luego, como prior general de la orden agustiniana a nivel mundial por dos mandatos de seis años, el entonces padre Robert Prevost regresó brevemente a Estados Unidos antes de ser reasignado a su nación adoptiva de Perú, esta vez como administrador apostólico, primero, y como obispo, después.

Una vez que terminó su último mandato como prior general, en 2013, aproximadamente al mismo tiempo que la elección de Jorge Mario Bergoglio como papa, el padre Prevost regresó a su provincia natal, donde ocupó varios puestos diferentes antes de recibir su nombramiento episcopal. Allí sirvió como director de Formación en el Convento San Agustín; como vicario provincial; como primer consejero de la provincia, y como miembro de la Junta Directiva en sus dos *alma mater*, la Universidad de Villanova y la Catholic Theological Union.

Su nombramiento como obispo titular de Sufar y administrador apostólico de la Diócesis de Chiclayo, ubicada en la empobrecida región montañosa del norte donde había servido previamente, marcó su regreso después de casi quince años. Su nombramiento en Chiclayo comenzó el 7 de noviembre de 2014, mientras que su obispado titular de Sufar vino un mes después, el 12 de diciembre de ese mismo año. Finalmente, fue instalado como obispo de Chiclayo, el 26 de septiembre de 2015. El ahora monseñor Prevost se sintió de nuevo en casa, entre la gente a la que había servido y llegado a amar tanto como joven formador en Chulucanas y en Trujillo.

147 Papa León XIV, entrevista con la autora, 10 de julio de 2025.

Durante su tiempo como obispo, Prevost se ganó la reputación, también en este nuevo rol, de ser un pastor cercano que no temía involucrarse o «ensuciarse las manos». También participó activamente en las devociones populares locales, visitando con frecuencia santuarios e imágenes muy queridas en la zona, y aún es muy querido por la gente del lugar por haberlos apoyado durante las muchas crisis políticas, desastres naturales y emergencias sanitarias que soportaron durante los ocho años y medio que lideró la diócesis. Rápidamente también fue reconocido por sus habilidades de liderazgo y de gestión, asumiendo tareas cada vez más importantes dentro de la Conferencia Episcopal Peruana (CEP).

Dentro de la CEP, sirvió en el Consejo Permanente, de 2018 a 2020, y de 2019 a 2023, se desempeñó como segundo vicepresidente, hasta que fue convocado a Roma por el papa Francisco. También fue elegido presidente de la Comisión de Educación y Cultura en 2019, y, ese mismo año, fue puesto a cargo de la Comisión del Menor, que surgió de un centro de escucha y abrió la formación del Centro de Protección del Menor. Durante varios años, presidió el Comité Jurídico y fue parte de la Junta Directiva de la Comisión Episcopal de Acción Social, como acto voluntario. Durante este tiempo, probablemente debido a su activismo durante algunas crisis como la pandemia de la COVID-19 y El Niño costero[148], también fue miembro de la dirección de Cáritas Perú, además de realizar el trabajo que ya hacía con Cáritas en Chiclayo.

Monseñor Prevost también fue visto como alguien de la confianza del papa Francisco. En ese sentido, realizaba ciertas tareas a petición del pontífice. De ahí que Francisco le diera mayores responsabilidades en Roma, nombrándolo miembro del Dicasterio para el Clero del Vaticano, en julio de 2019, y, luego, en noviembre de 2020, miembro del Dicasterio para los Obispos, que más tarde él mismo dirigiría como cardenal.

Por otra parte, del 15 de abril de 2020 al 26 de mayo de 2021, monseñor Prevost sirvió como administrador apostólico de la Diócesis del Callao, principal puerto del Perú. En este cargo tuvo que lidiar con

148 El Niño costero es un calentamiento anómalo de las aguas superficiales del océano Pacífico frente a la costa norte del Perú y el sur de Ecuador. Este fenómeno climático provoca intensas lluvias, desbordes de ríos, inundaciones y deslizamientos de tierra en esas zonas.

conflictos internos y, para muchos, heridas profundas, tras la remoción forzada de su obispo anterior, el español José Luis del Palacio y Pérez-Medel, cuya renuncia fue solicitada por el papa Francisco luego de que intentara imponer el Camino Neocatecumenal en toda la diócesis y amenazara y acosara a los clérigos que se resistían a sus esfuerzos[149]. Muchos creen que la forma en que monseñor Prevost manejó la situación en el Callao fue decisiva para que Francisco lo llevara a Roma.

Durante su tiempo en Chiclayo, Prevost, como lo había hecho consistentemente en cada etapa de su vida, se destacó como pastor y como administrador. A nivel diocesano, no tuvo un comienzo fácil como obispo, pues al inicio tuvo que sortear tanto tensiones políticas como eclesiales debido a que su llegada fue un cambio significativo para la Iglesia local. Con tiempo, paciencia y diálogo, se ganó el respeto de su clero y de la gente local, particularmente por su enfoque práctico y su acción inmediata en medio de desastres naturales y tensiones políticas. De manera muy similar a su tiempo en Trujillo, dirigió su diócesis como las parroquias agustinas: poniendo a varios equipos de laicos, muchos de ellos liderados por mujeres, a cargo de comités, comisiones y asociaciones diocesanas, y nombrándolos para importantes roles de liderazgo. El «estilo Prevost» siguió marcando la pauta en el norte del Perú.

Llegada en un contexto político delicado

Cuando Prevost llegó a Chiclayo en 2015, se encontró con una ciudad que lidiaba con brechas de desarrollo y con la corrupción política, casi completamente desprovista de infraestructura y sin recursos sociales para ayudar a su población empobrecida. El periodista chiclayano Harry Gordillo, de voz firme y veloz, comenta por teléfono, a través de una conexión intermitente, que cuando Prevost llegó, encontró una ciudad acostumbrada a crisis políticas y actos corruptos desde hacía tiempo:

149 Para más información al respecto, véase: El Comercio. (15 de abril de 2020). El papa Francisco acepta la renuncia del obispo del Callao. *El Comercio*. https://elcomercio.pe/lima/callao/callao-obispo-jose-luis-del-palacio-el-papa-francisco-acepto-la-renuncia-del-obispo-del-callao-nndc-noticia.

> Chiclayo ha sido una ciudad de Perú que ha vivido durante veinte años con alcaldes y gobernadores procesados [incluso detenidos] por corrupción. El primer capítulo fue en 2011, cuando detuvieron a un exalcalde corrupto, [quien] está purgando cárcel, y en 2018 también detuvieron a otro alcalde por corrupción. Prevost llegó en un momento superdifícil políticamente para la provincia [...] El segundo alcalde que detuvieron es David Cornejo Chinguel, a quien Prevost conoció. Mucho se peleaba con este, [algo] sin precedente[150].

Antes del arresto de Cornejo Chinguel, y como una forma de mediar en los conflictos políticos que habían paralizado muchos proyectos municipales y la tan necesaria ayuda a la población local en medio de las consecuencias de la crisis de El Niño costero de ese año, Prevost celebró una misa en abril de 2017 por el aniversario 182 de la provincia lambayecana de Chiclayo. A esta misa asistieron los políticos en disputa, Cornejo Chinguel y el gobernador regional de Lambayeque, Humberto Acuña Peralta, así como otras autoridades.

En su homilía de aquella ocasión, monseñor Prevost subrayó la necesidad de permanecer unidos y trabajar juntos para sacar a la ciudad de la crisis: «En un periódico, un sacerdote dijo que Chiclayo está muerto y si es así, entonces Chiclayo puede resucitar y eso depende de cada uno de nosotros, que vayamos trabajando juntos y no atacándonos unos a otros, criticándonos o buscando destruir lo que se ha logrado»[151]. Tras la celebración, Cornejo Chinguel y Acuña Peralta, quien también ha sido investigado por actos de corrupción dentro del caso Odebrecht, intercambiaron un firme y, para muchos, simbólico apretón de manos, mostrando una señal de unidad a pesar de las disputas políticas. Todavía circulan fotos que registran la ocasión.

150 Harry Gordillo, entrevista con la autora, 10 de julio de 2025.

151 Ver: Redacción RPP. (18 de abril de 2017). Autoridades dejan discrepancias y celebran los 182 aniversario de Chiclayo. *RPP*. https://rpp.pe/peru/lambayeque/autoridades-dejan-discrepancias-y-celebran-los-182-aniversario-de-chiclayo-noticia-1044702.

Monseñor Prevost mostró sus dotes de concertador en Chiclayo, cuando facilitó las condiciones, en la homilía de una misa de aniversario de la ciudad, para que el alcalde de Chiclayo, David Cornejo Chinguel, y el gobernador regional de Lambayeque, Humberto Acuña, unieran fuerzas para afrontar juntos la crisis de El Niño costero en 2017, dejando de lado sus disputas políticas. Fuente: Municipalidad de Chiclayo / fuente pública.

La ciudadanía vio el gesto como enormemente simbólico en ese momento, cuenta Gordillo, y afirma que Prevost, como un auténtico concertador, logró superar una delicada situación política y unir a las partes en conflicto por el bien de la población local:

> San Martín de Porres es el santo que reunió perro, pericote y gato... En ese contexto, Prevost fue san Martín de Porres para los chiclayanos. ¿Por qué? Porque medió entre estas dos autoridades para

> que dejaran sus rencillas políticas de lado, y finalmente se pusieran a trabajar por el bien de Chiclayo y de Lambayeque. En medio de divisiones él siempre ponía el punto medio para [precisamente] mediar. Tendió la mano entre dos rivales y se sentó a conversar. Siempre el trabajo conjunto y a dejar los resentimientos de lado. Él fue un concertador[152].

Fue también, durante 2015, cuando Prevost recibió por primera vez su ciudadanía peruana. José Luis Pérez Guadalupe, sociólogo católico y exministro del Interior, comenta que obtener la ciudadanía de Prevost fue inicialmente un problema y ralentizó su nombramiento formal como obispo y su llegada a Chiclayo, ya que se trataba de un requisito para los obispos extranjeros, según el Concordato de 1980 que rige las relaciones entre la Santa Sede y la República del Perú. Según relata desde su casa en Lima, conoció a Prevost cuando este comenzó el proceso para obtener su ciudadanía peruana. El presidente de entonces, Ollanta Humala, explica, inicialmente se negó a conceder el permiso, argumentando que no quería «otorgar las ciudadanías».

«Lo conocí cuando yo era ministro y recién lo había nombrado obispo, pero no tenía la nacionalidad. Entonces me llaman de la Conferencia Episcopal. Mis amigos los obispos me dicen: "José Luis, falta la nacionalización de Prevost, por eso es que no puede asumir formalmente". Ya era obispo, pero no podía asumir formalmente Chiclayo, porque tenía que estar nacionalizado», cuenta Pérez Guadalupe, quien se interesó en conocer qué estaba impidiendo el trámite, pues Prevost contaba con todos los papeles requeridos. «Todo estaba ya listo, el monseñor Prevost ya había hecho y firmado todo, pero faltaba la firma del presidente Ollanta Humala, que no quería firmar. Yo hablaba con el presidente, llamaba a la secretaria, pero nada. Después de una semana, le dije a la secretaria: "Oye, la firma. ¡Están seis meses sin obispo en Chiclayo!". Y la secretaria dice: "Venga a hablar usted con él". Y hablé con el presidente, y no quería firmar. Me decía: "¿Por qué yo tengo que firmar nacionalidades?". Yo le dije: "Porque la ley es así. El problema es que hay un protocolo. [...] Y entonces eso se tiene que hacer". Pero él insistía [...] Yo le explicaba que no estaba otorgando nada a nadie, que el monseñor Prevost había hecho sus trámites», narra el exministro del Interior, quien,

152 Harry Gordillo, entrevista con la autora, 10 de julio de 2025.

desde su ministerio, bajo cuya competencia estaba la Superintendencia de Migraciones, procedió a validar que todo estuviera en orden. «Pero no quería. Entonces, yo llamé [al premier Pedro] Cateriano, que es bien católico. Cateriano le dijo entonces al presidente: "¡Usted tiene que firmar!". Pero con fuerza. Y así, forzando por acá y forzando por allá, salió. Pero... fue un parto», culmina su relato Pérez Guadalupe[153].

Resolución Suprema

Nº 157-2015-IN

Lima, 17 de agosto de 2015

VISTO, la solicitud y documentos presentados por don Robert Francis Prevost, sobre otorgamiento de la nacionalidad peruana por naturalización;

CONSIDERANDO:

Que, mediante el expediente administrativo Nº 011-2015, don Robert Francis Prevost, ciudadano de nacionalidad estadounidense, ha solicitado al señor Presidente Constitucional de la República del Perú, se le conceda la nacionalidad peruana por naturalización;

Que, mediante Decreto Legislativo Nº 1130, se creó la Superintendencia Nacional de Migraciones – MIGRACIONES, entidad que asume las funciones y competencias de la Dirección General de Migraciones y Naturalización del Ministerio del Interior – DIGEMIN; y cuyo Reglamento de Organización y Funciones fue aprobado por Decreto Supremo Nº 005-2013-IN, modificado mediante Decreto Supremo Nº 008-2014-IN;

Que, con Informe Nº 010-2015-MIGRACIONES-SM-IN-N, la Gerencia de Servicios Migratorios da cuenta que el administrado ha cumplido con presentar la totalidad de los requisitos generales y específicos exigidos por las normas legales sobre la materia y opina favorablemente a efecto de la concesión de la nacionalidad peruana por naturalización;

Que, mediante Dictamen Nº 047-2015-MIGRACIONES-AJ, la Oficina General de Asesoría Jurídica de la Superintendencia Nacional de Migraciones – MIGRACIONES, opina no encontrar observación legal para el trámite de obtención de la Nacionalidad Peruana por Naturalización presentado por don Robert Francis Prevost;

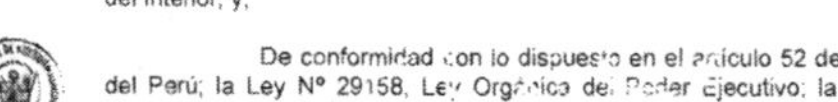

Con el visto bueno de la Oficina General de Asesoría Jurídica del Ministerio del Interior; y,

De conformidad con lo dispuesto en el artículo 52 de la Constitución Política del Perú; la Ley Nº 29158, Ley Orgánica del Poder Ejecutivo; la Ley Nº 26574, Ley de Nacionalidad; la Ley Nº 27444, Ley del Procedimiento Administrativo General; el Decreto Legislativo Nº 1135, que aprueba la Ley de Organización y Funciones del Ministerio del Interior; el Decreto Legislativo Nº 1130, que crea la Superintendencia Nacional de Migraciones – MIGRACIONES, el Decreto Supremo Nº 005-2013-IN, que aprueba el Reglamento de Organización y Funciones de la Superintendencia Nacional de Migraciones – MIGRACIONES, modificado mediante Decreto Supremo Nº 008-2014-IN; el Decreto Supremo Nº 010-2013-IN, que aprueba el Reglamento de Organización y Funciones del Ministerio del Interior; y, el Decreto Supremo Nº 004-97-IN, que aprueba el Reglamento de la Ley de Nacionalidad;

J. PÉREZ

F. JIMÉNEZ

B. Potozen B.

G. CASTILLO O.

G. GOMEZ R.

I. DIAZ

153 José Luis Pérez Guadalupe, entrevista con la autora, 23 de junio de 2025.

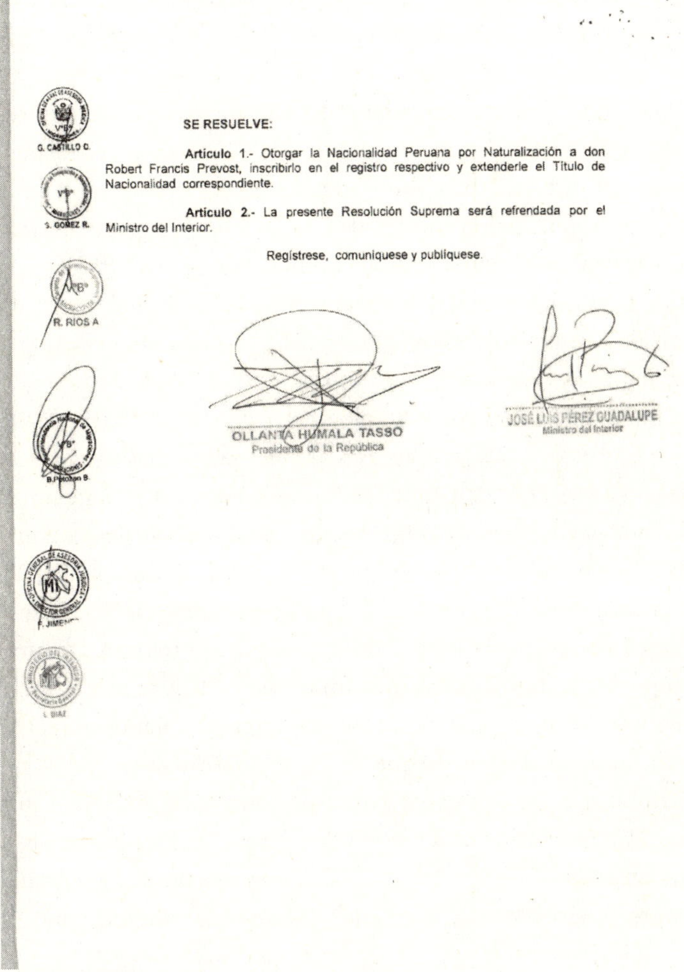
SE RESUELVE:

Articulo 1.- Otorgar la Nacionalidad Peruana por Naturalización a don Robert Francis Prevost, inscribirlo en el registro respectivo y extenderle el Título de Nacionalidad correspondiente.

Articulo 2.- La presente Resolución Suprema será refrendada por el Ministro del Interior.

Regístrese, comuníquese y publíquese.

OLLANTA HUMALA TASSO
Presidente de la República

JOSÉ LUIS PÉREZ GUADALUPE
Ministro del Interior

Resolución Suprema N.º 157-2015-IN, del 17 de agosto de 2025, que resolvía otorgar la nacionalidad peruana por naturalización a Robert Francis Prevost, firmada por el presidente Ollanta Humala Tasso y refrendada por el ministro de Interior, José Luis Pérez Guadalupe.

Sobre su naturalización como peruano, el propio papa León XIV reconoce su pluralidad étnica y cultural cuando nos dice, en nuestras conversaciones para este libro, que la diversidad que vivió en casa fue probablemente la base para su apertura, años después, hacia su nación adoptiva y la vasta variedad de personas que conocería allí, así como en el resto del mundo como prior general de la Orden de San Agustín:

> Legalmente soy un ciudadano estadounidense, obviamente de nacimiento, y ciudadano peruano desde 2015, y, ahora, por supuesto, ciudadano de la Ciudad del Vaticano. La parte cultural de eso es realmente muy interesante. Desde que fui elegido papa he aprendido, y mis hermanos han aprendido conmigo, una gran parte de nuestro árbol genealógico de la que no teníamos ni idea. Es muy interesante, porque siempre habíamos hablado del ascendente francés, un poco del italiano y español, y todo eso ha resultado ser cierto, pero ha habido otros componentes adicionales con ascendencia de Haití y de Cuba, y el lado criollo. Hay un elemento afroamericano, del que, cuando éramos pequeños, se nos insinuaba indirectamente. Todavía puedo recordar a una vecina que no le hablaba a mi madre porque «tu madre es afroamericana» y había un prejuicio ahí. No le prestamos mucha atención. Mi padre en ese momento era superintendente escolar y traía gente a casa todo el tiempo, afroamericanos, blancos, hispanos, no importaba. Me pregunto, incluso mientras lo digo: ¿cuánto de esa experiencia mientras crecíamos realmente tuvo mucho que ver con quién soy hoy en día, en términos de ver a la gente como personas y no excluir o juzgar por ningún origen racial o religioso? Pero a medida que han hecho esta investigación genealógica... Tenemos mucho de eso en nuestra sangre. ¡Creo que todavía no han encontrado ningún chino![154].

Para el papa, es «asombroso» todo ese bagaje, pues el trasfondo cultural en su hogar «era realmente rico». Sus abuelos hablaban francés en casa, idioma que le hubiera gustado aprender más en ese momento, y se siente orgulloso de que él y sus hermanos hayan tenido «noción de múltiples idiomas, múltiples culturas» en su crianza. Además, cuenta que, cuando estudió Teología en la Catholic Theological Union, antes de ir a Perú, participó en un programa que tenía que ver con la diversidad cultural. «La inculturación era un tema muy importante en ese momento, como lo es de nuevo hoy, o aún hoy, pero la sensibilidad cultural es algo de lo

154 Papa León XIV, entrevista con la autora, 10 de julio de 2025.

que siempre fui consciente y que busqué desarrollar en mí mismo», explica. Por eso, sostiene León XIV, cuando fue a Perú, no lo hizo pensando en que iba a enseñar algo, sino «a estar con ellos». «La fe católica ya estaba en Perú mucho antes de que yo llegara. Digo con total honestidad que gané mucho más en Perú de lo que jamás di; estar con los peruanos tantos años me hizo tener la oportunidad de decir: "Bueno, la ciudadanía peruana sí tiene sentido en ese momento"; y eso estuvo conectado con mi nombramiento como obispo, por supuesto».

Esa misión en Perú, que luego se convirtió en un destino de alguna manera permanente, y un punto de referencia al cual siguió volviendo a lo largo de su vida, lo transformó de diversas maneras. Fue un lugar donde, incluso, llegó a verse viviendo siempre:

> Mis años en Chiclayo... fueron como «estaré aquí por el resto de mi vida». Estaba muy feliz con eso, incluso hasta el punto de que el primer día que llegué a Chiclayo, el obispo emérito me llevó a este santuario, Nuestra Señora de la Paz, en la diócesis, que está justo en las afueras de la ciudad. Hay una cripta debajo de la iglesia donde está enterrado el segundo obispo de la diócesis; entonces el obispo saliente me lleva allí abajo y me dice: «Aquí hay espacio para ti y para mí cuando vayamos a ser enterrados», y yo pensé: «Bueno, ¡el que llegue primero deja espacio para el otro!»[155].

En efecto, en ese momento, reconoce el papa, solo pensaba que el resto de su vida estaría en Chiclayo, al norte del Perú, y «estaba muy feliz con eso». De ahí que los temas culturales, y el de la ciudadanía peruana, «y muchas cosas relacionadas con eso» fueron «simplemente parte de cómo viví, estando cerca de la gente dondequiera que estuviera»[156].

Un cambio en la marea eclesial

La llegada de Robert Prevost a Chiclayo también marcó un momento significativo de cambio para la Iglesia local, que durante cuarenta y seis

155 Papa León XIV, entrevista con la autora, 10 de julio de 2025.

156 Papa León XIV, entrevista con la autora, 10 de julio de 2025.

años había sido liderada por obispos pertenecientes al grupo conservador Opus Dei. El obispo bilbaíno Ignacio María de Orbegozo y Goicoechea dirigió la diócesis de 1968 a 1998, y fue sucedido por el obispo Jesús Moliné Labarta, también español, quien sirvió hasta su retiro en 2014, cuando Prevost fue nombrado administrador apostólico como preludio a su nombramiento como obispo unos meses después. Esto último marcó un claro cambio de tono, un viraje.

Según el periodista chiclayano Harry Gordillo, el ajuste fue de estilo y de método más que de ideología, pues se pasó de un liderazgo y modo administrativo más pasivo a uno más práctico e involucrado, aunque no por ello menos notable, pues fue percibido de inmediato. Gordillo considera que «el cambio fue radical», y que se notó particularmente por la diferencia entre trabajar desde una oficina y hacerlo desde las propias calles, transitándolas, conociendo la realidad de las personas y de la ciudad. «Los anteriores obispos eran mucho de escritorio, solamente salían cuando llegaba una invitación para la Cruz de Motupe, para el Cautivo o para las misas centrales. Él no. Prevost llegaba de improviso a supervisar cómo iba el trabajo. Tenía siempre esa voluntad de querer hacerlo todo y mirar cómo se estaban haciendo las cosas. Fue un cambio de ciento ochenta grados. Pasamos de ser la diócesis de oficinistas a una diócesis de calle, de trabajo, a una diócesis de estar *in situ*, cercana a la gente. En la Iglesia, en Perú, siempre ha sido bien visto, sobre todo en Chiclayo. Chiclayo, una ciudad superreligiosa…, recobró la espiritualidad», apunta el periodista, quien añade que Prevost venía de vivir «en carne propia el desarrollo de las ciudades, como pasó en Chulucanas, o en Trujillo, y finalmente fue en Chiclayo»[157]. Agrega, además, que la forma de trabajo de Prevost fue una revolución, así como su conexión con las personas, a quienes les sorprendía que al obispo le gustara caminar por las calles de la ciudad.

La diferencia entre el enfoque del Opus Dei, que tiende a ser más conservador, y el enfoque más progresista y socialmente consciente de Prevost y de muchos otros clérigos y prelados, según el veterano analista vaticano John L. Allen Jr., es esencialmente una diferencia en la comprensión del papel de los laicos y de la prioridad que debe darse a la doctrina social de la Iglesia después del Concilio Vaticano II. «El obispo típico del Opus Dei tendría una comprensión más espiritual de la

157 Harry Gordillo, entrevista con la autora, 10 de julio de 2025.

naturaleza de su cargo. No pensaría naturalmente en la acción social como una preocupación primordial. Así que trataría de celebrar la misa, asegurar que se escuchen las confesiones, que se celebren los sacramentos, y que se fomente la devoción popular. La educación religiosa sería muy importante, fomentar retiros y ejercicios espirituales, y todo ese tipo de cosas. Esa es la especialidad del Opus Dei. Si quieres un obispo que vaya a estar en las calles con pancartas y uniéndose a protestas, estos no son tus hombres», explica Allen[158].

Esto no se aplicaba necesariamente a Prevost, pero él era más consciente e involucrado socialmente, y aunque los fieles en la diócesis apreciaron el cambio de estilo y de tono de su pastor, este, como cualquier cambio, generó cierta inquietud e incluso algo de tensión entre aquellos que estaban acostumbrados a una forma diferente de trabajar. Por ejemplo, cuando Prevost comenzó a colocar a laicos en roles de liderazgo prominentes dentro de la diócesis. Las tensiones se sintieron particularmente entre el clero, que, durante décadas, había estado acostumbrado a un enfoque diferente del liderazgo pastoral y a un sentido distinto de las prioridades eclesiales, así como a otro tipo de comprensión del papel de los laicos en la Iglesia.

Según el padre Elías Neira, al principio, el estilo de Prevost, que empoderaba a los laicos, por ejemplo, «le cayó como patada al hígado» al clero, pues no les gustó para nada que enviaran a alguien que no era del Opus, así como que no hubieran promovido a alguno de dicho grupo o que el elegido fuera «alguien de fuera». Era una actitud confrontacional y hostil, acaso reaccionaria frente a la apertura de Prevost. «Fue todo un tema en el WhatsApp de los sacerdotes, del clero, y él se mantuvo siempre allí hasta cuando fue cardenal. Cuando era obispo, había un par de sacerdotes que le escribían cosas ya con falta de respeto y él nunca les contestó. Nunca se lo tomó como algo personal ni tomó represalias, y, poco a poco, se fue ganando a la gente, se fue ganando a los sacerdotes, se fue[ron] ordenando [las cosas]», recuerda Neira[159].

Esta tensión inicial que Prevost tuvo que sortear, y que aún se puede sentir en gran parte de la Iglesia en Perú, no tiene que ver solo con el cambio de un enfoque espiritual y sacramental a un enfoque más social,

158 John L. Allen Jr., entrevista con la autora, de quien es esposo, 24 de julio de 2025.

159 Padre Elías Neira, entrevista con la autora, 22 de junio de 2025.

sino también con el hábito de Prevost a poner a laicos a cargo, lo que, para Allen, es simplemente diferente de lo que el Opus Dei había hecho durante más de cuatro décadas.

Para Allen, la mentalidad del Opus Dei supone que el liderazgo laico «no debería ser parte de la diócesis», sino que «deberían ser laicos actuando independientemente bajo su propia iniciativa».Y agrega: «[Para el Opus] la Iglesia oficial no debería tener nada que ver con ello, porque eso implica patrocinio y control eclesiástico. Los laicos están en el mundo haciendo cosas de laicos, los eclesiásticos están en la Iglesia haciendo cosas espirituales, y nunca se encontrarán los dos. Por ejemplo, no quieren que las universidades católicas sean dirigidas por la diócesis. Quieren que los laicos de forma independiente establezcan estas juntas y asuman su responsabilidad y hagan lo suyo, porque creen que eso es vivir la vocación laical»[160].

Poner a laicos, pues, a cargo de comisiones diocesanas, y otorgarles roles de liderazgo, como el de vicario pastoral, que fue algo que Prevost priorizó, no sería lo que un prelado del Opus Dei haría, dice Allen: «Ellos pensarían que eso es una pequeña parte de la visión del Concilio Vaticano II para el empoderamiento laico. El empoderamiento laico busca redimir el mundo de adentro hacia afuera, no dirigir comisiones en la Iglesia. Los laicos deberían estar haciendo cosas de laicos, y la Iglesia debería estar haciendo cosas de Iglesia. Deberían estar cristianizando bancos y redimiendo el sistema legal desde adentro, y transformando la política y la dirección del Reino. No deberían estar sentados dirigiendo oficinas pastorales en nombre de la Iglesia y organizando papeles, etc. No es injusto decir que el obispo típico del Opus Dei es un tipo más conservador. Eso es cierto, pero no creo que esto se trate exactamente de izquierda contra derecha. Es una visión diferente del papel del laico: ¿debe el papel del laico desarrollarse dentro de la Iglesia o fuera de ella?»[161].

Cuando Prevost llegó a Chiclayo, parte del cambio también implicó solucionar ciertos problemas urgentes. El padre Elías dice que, en medio del conflicto inicial que enfrentó monseñor Roberto, tuvo que tomar ciertas decisiones difíciles, incluidas algunas relacionadas con la escuela y la universidad Santo Toribio de Mogrovejo, que habían sido afectadas

160 John L. Allen Jr., entrevista con la autora, 24 de julio de 2025.

161 John L. Allen Jr., entrevista con la autora, 24 de julio de 2025.

por la corrupción. En el caso de la escuela, cuenta Neira, se había entrelazado demasiado con la Iglesia, en el sentido de que muchos de los profesores eran sacerdotes diocesanos cuyos parientes, primos o sobrinos se matriculaban y recibían becas importantes. Y Prevost «comienza a poner orden, a poner gente que no dependa de ellos, y se vuelve todo un lío». A la par, muchos católicos de la diócesis buscaban trabajar para la universidad (USAT), para obtener una ventaja personal, mientras que las parroquias procuraban establecer algún tipo de vínculo formal con ella para obtener ciertos beneficios, continúa el padre Elías, quien piensa que esto era perjudicial: «Roberto ayudó a sanear mucho eso. Pero claro, tiene esa ecuanimidad de no [hacer caso a las] pataletas que [le hacían] en el WhatsApp, [donde] te insultan o mandan sarcasmo o esas bromas. Él no protestaba. Después se los fue ganando uno a uno, conversando. Yo creo que va escogiendo sus batallas»[162].

Con el tiempo, monseñor Prevost fue ganándose lentamente la reputación de ser lo que el papa Francisco a menudo llamaría un pastor «con olor a oveja». Es decir, uno que no temía estar con ellas e involucrarse en sus problemas y en las dificultades que enfrentaban en su vida diaria, formando relaciones personales con su rebaño. Para muchos, se convirtió en lo que Harry Gordillo describe como «más que un religioso, un amigo para la gente». Según el periodista chiclayano, la frase que más se repite con Prevost entre las personas que lo recuerdan es: «Es mi amigo. El sacerdote, el obispo, fue mi amigo». Esto fue tan cierto que, cuando se anunció que Prevost había sido elegido papa, la ciudad entera celebró, porque, dice Neira, «es como un familiar más por la cercanía, por el trabajo, por, digamos, ese cariño, esa amistad, que él supo [cultivar] en Chiclayo. Ha sido una persona que ha ayudado de manera muy silenciosa a mucha gente. Siempre lo ha hecho»[163].

Por su parte, Lucila Ramos Bobadilla, de ochenta y nueve años, dueña del restaurante Las Américas, ubicado justo enfrente de la catedral de Chiclayo, cuenta que quien hoy es León XIV solía ir ahí a desayunar o a almorzar. Recuerda que Prevost frecuentaba muchos de los lugares locales, y lo describe como «muy ameno, muy simpático el papa, muy bueno». «La primera vez que lo conocí, nosotros teníamos a un grupo

162 Padre Elías Neira, entrevista con la autora, 22 de junio de 2025.

163 Padre Elías Neira, entrevista con la autora, 22 de junio de 2025.

de adoración al Santísimo, entonces ahí lo he visto. No todas las noches, no todas las veces, por supuesto, sino de vez en cuando. Cuando ha sido su cumpleaños, también hemos tenido un rato con él. Hemos estado festejando su cumpleaños. Ha sido un personaje muy, muy ameno, muy simpático, muy servicial al pueblo chiclayano», relata Lucila, sentada en una de las mesas de su restaurante, con una sonrisa sencilla y cálida.

Como muchos otros chiclayanos, Lucila recuerda al monseñor Prevost por su cercanía con la gente y por sus gestos pastorales durante la pandemia de la COVID-19, así como por ser un buen amigo y cliente, alguien que eligió celebrar su cumpleaños con ella y con otros miembros del grupo de oración en 2022: «Estuvo ahí con nosotros. Tomamos la del champancito, que se acostumbra. Él gustaba de un buen desayuno, de buenos sándwiches de cualquier cosa, de pollo o queso caliente, o un café, una leche. Su jugo también. Me acuerdo de la primera vez, cuando él estuvo aquí, recién había llegado, recuerdo que se tomó su desayuno. Como un cliente más»[164].

Como un cliente más, pues, como un chiclayano más, alguien que tiende puentes, que los cruza, de ida y de vuelta, que construye un camino horizontal para transitar juntos. En esa línea, si hay una palabra que podría definir a Prevost, para Harry Gordillo, sería «constructor»: «Constructor en el sentido literal y también, por ejemplo, con las obras de las plantas de oxígeno [durante la pandemia de 2020]. Él logró poner albergues y casas prefabricadas, para darle a la gente que no tenía en el ciclón Yaku [2023], y antes con El Niño costero [2017]».

El Niño costero, como se ha visto, es una alteración del clima que se genera por las variaciones en la temperatura del mar en la costa norte del país, especialmente en las regiones de Piura, Tumbes y Lambayeque, que incluyen a Chiclayo. En 2017, el Perú sufrió graves inundaciones por este fenómeno, con impactos significativos en esa región. Por su parte, durante el ciclón Yaku, entre el 4 y 13 de marzo de 2023, se reportaron cinco fallecidos, cuatro mil afectados y 693 damnificados. El monseñor Prevost estuvo muy activo durante la crisis, intentando proporcionar ayuda y socorro. Gordillo cuenta que Prevost incluso se involucró en temas de juntas vecinales, de barrio. «Las juntas vecinales en Perú funcionan ante la ausencia de la Policía. ¿Qué hacen los vecinos?

164 Lucila Ramos Bobadilla, entrevista con la autora, 19 de junio de 2025.

Forman juntas vecinales y salen a patrullar las calles, para evitar que los roben. Prevost también alentaba esas cosas». Es decir, explica Harry, había una serie de situaciones en las que Prevost mediaba, «de manera íntegra», y con «mucho, mucho respaldo». «Por eso es que mucha gente lo quiere»[165].

Como obispo, también: promoción de laicos, empoderamiento de mujeres

Monseñor Prevost no solo no perdió el tiempo para involucrarse con la gente de Chiclayo como su obispo, sino que de inmediato comenzó a reorganizar la diócesis y a implementar un plan pastoral y administrativo, de manera similar a lo que había hecho en Trujillo cuando dirigía la casa de formación agustina y supervisaba las dos parroquias de la orden. Así, empezó a confiar proyectos y tareas importantes a equipos de laicos, en muchos casos liderados por mujeres.

César Piscoya, quien realizó su formación con los agustinos junto con el padre Roberto —que no solo fue formador de César, sino también su director espiritual—, finalmente dejó a los agustinos en 2001. Años después, fue invitado por el entonces monseñor Prevost para supervisar la actividad pastoral en la Diócesis de Chiclayo, donde esta visión de corresponsabilidad, que describe como un preludio de lo que el papa Francisco eventualmente denominaría «sinodalidad», fue algo que su formador, guía y luego obispo continuó llevando adelante.

Fue a finales de 2016 cuando Piscoya contactó a Prevost por Facebook Messenger, comentándole que viajaría a Chiclayo y quería reunirse con él. Para entonces, César vivía en Bolivia, donde supervisaba la extensión pastoral para la Diócesis de Cochabamba. En ese tiempo, era padre soltero de tres hijos, después de haber perdido a su esposa. Prevost no respondió el mensaje, cuenta César, pero los dos se toparon el día que llegó a la ciudad, ya que fue directamente a la catedral, donde vio al monseñor, que iba de salida. Fue durante su conversación a la mañana siguiente, mientras tomaban café, que Prevost le ofreció un puesto en Chiclayo como vicario pastoral. Cuando César aceptó, el obispo lo puso en contacto con la directora del colegio Santo Toribio e, incluso, le ayudó a pagar sus

165 Harry Gordillo, entrevista con la autora, 10 de julio de 2025.

billetes de avión de regreso. «Me mandó las becas, todo. Nunca dejó de acompañar a mi familia», cuenta César. Y añade: «Entonces me nombra responsable —como un buen canonista, no lo pone en el título—, pero él me pone como vicario pastoral de la diócesis, que era lo que yo tenía en Cochabamba. Yo era vicario pastoral como laico y allí comienza un poco esa promoción que él tiene para el laicado, en un contexto donde el Opus Dei era fuerte. No era fácil. Pero él decía: "Tú eres mi delegado, tú vas en mi nombre y eso no lo olvides"»[166].

Más tarde, César cuenta que Prevost lo animó a continuar sus estudios de posgrado, una maestría y un doctorado, ya que ya había obtenido una licenciatura y estaba considerando seguir estudiando. Cuando el monseñor lo animó a hacerlo, Piscoya aceptó y recuerda que Prevost lo ayudó a pagar una maestría en Teología. Del mismo modo, cuando César eligió el papel de la mujer en la Iglesia de Chiclayo como tema de su tesis, lo apoyó e incluso le ofreció orientación y sugerencias mientras escribía. Es por él que lleva, después, el doctorado, rememora César, gracias a una beca: «Yo termino la [maestría en] Teología y él me dice: "No te vas a quedar con eso, ¿no?". Me invitó a hacer la maestría en Espiritualidad. Es en 2003 cuando hice la licenciatura Eclesiástica y la maestría en Espiritualidad y, luego, estando aquí, me invita: "Hay un doctorado, ¿por qué no lo haces?"»[167].

Piscoya cuenta, además, que la elección de su tema de tesis doctoral, el rol de la mujer en la Iglesia de Chiclayo, está directamente relacionado con lo que él venía observando antes y después de la labor pastoral de monseñor Prevost:

> ¿Por qué me interesó el tema de la mujer? Porque cuando me involucro pastoralmente y acompaño el proceso en la diócesis, identifico que la mujer en Chiclayo, y en los espacios de pastoral, estaba discriminada, marginada, invisibilizada, aun cuando ellas eran la mayoría: más del 70 %, en todos los espacios donde estamos. Y entonces, un reto importante de Roberto era darles esos espacios, visibilizarlas, involucrarlas pastoralmente. Así comienzan a asumir un protagonismo importante. Incluso creo que [...], no recuerdo

166 César Piscoya, entrevista con la autora, 17 de junio de 2025.

167 César Piscoya, entrevista con la autora, 17 de junio de 2025.

> a quién, la nombra notaria eclesiástica, una mujer. Eso es de Roberto. El servicio de la mujer es una tarea social, una tarea pastoral. Porque aquí en Chiclayo lo hizo, les dio responsabilidades a muchas mujeres, y él respaldaba y sostenía esa delegación, por supuesto[168].

Piscoya afirma que monseñor Roberto, al igual que en Trujillo, pronto comenzó a nombrar a mujeres como líderes de varios proyectos y comisiones dentro de la diócesis, incluidas la Comisión de Catequesis y Evangelización, la Comisión de Movilidad Humana, la Pastoral Social, así como en la Pastoral de Salud, en Cáritas, y también, en determinado momento, nombró a una mujer rectora de la USAT. «Las mujeres comienzan a asumir protagonismo en la diócesis y, además, el equipo diocesano que se constituye está conformado por siete mujeres, de los once que éramos. Ese equipo diocesano es el que va a liderar todo el proceso pastoral en la diócesis. Pero ojo, no estaban solas. Era un equipo. Nunca estábamos solos. Sí, puso a la mujer al frente, pero constituyó un equipo en torno a ella», cuenta César.

Por su parte, Janinna Sesa, quien actualmente lidera la organización Voces de Ayuda y fue nombrada directora de Cáritas Chiclayo por monseñor Prevost tras su llegada, comenta que su entonces obispo de inmediato implementó la visión del papa Francisco sobre la sinodalidad dentro de la diócesis y sus organizaciones, incluida Cáritas. Lo hacían mientras trabajaban en medio de desastres naturales y la afluencia de migrantes de Venezuela aumentaba. Mujer ocupada, desde la sede Cáritas en Chiclayo, y con la prisa de estar llevando adelante una campaña de caridad y de tener que dar una conferencia de prensa en algunos minutos, Janinna recuerda así al obispo Roberto:

> Desde que trajo el plan de la sinodalidad del papa Francisco a Chiclayo, nuestro obispo hizo una estructura con una metodología tan parecida y tan ordenada que [nos unía] a todos los miembros de la pastoral, pues significaba también el esfuerzo de aprenderlo, estudiarlo y practicarlo. El proceso de escucha era con toda una metodología y todos los formatos habidos y por haber para poder implementarla. Lo mismo se hacía, por ejemplo, en la Comisión

168 César Piscoya, entrevista con la autora, 24 de junio de 2025.

> de Movilidad Humana. Cada representante [de la comisión] se encargaba de dos zonas, y teníamos que formar un equipo de población de acogida, organizado para formar líderes de venezolanos. No es que diéramos la asistencia, sino que los formábamos en el tema de organización de procesos. [Tanto] que después estos líderes se convirtieron en brazos de extensión y ayuda para los nuevos que llegaban. Ellos, por ejemplo, si se trataba de una donación a Cáritas, ya conocían todos los procesos de formatos y se volvieron brazos multiplicadores, porque no nos abastecíamos para ayudar a tanta zona[169].

Janinna comenta también que monseñor Prevost priorizó el trabajo en equipo a ese nivel, promoviendo la colaboración y la coordinación con otras ONG y con organizaciones estatales. La idea era asegurar que hubiera más ayuda disponible cuando esta fuera necesaria y que pudiera llegar a una mayor parte de la población chiclayana:

> Se coordinaba con la Fuerza Aérea y con el Ejército, porque salíamos en caravana, en tanquetas y en movilidades de cada organización. Hacíamos un trabajo en conjunto. La cantidad de ayuda humanitaria que recibíamos desde Cáritas, por la sensibilidad que hacía nuestro obispo, permitía que sumáramos a otras organizaciones en recursos humanos y se adaptasen un poco a ese proceso ordenado, y lográbamos rápidamente ayudar a las personas[170].

En cuanto al hábito de su antiguo obispo de poner a mujeres jóvenes a cargo, Janinna dice que ella es solo una parte de un panorama más amplio en este aspecto: «Yo fui ascendida a directora por el papa León XIV. Cuando él llegó, yo era gerente de Proyectos. Ingresé a Cáritas en 2014 y ya en 2016 él me asciende como directora, y no soy la única mujer. Creo que había una confianza ahí. Nos decía que la presencia de la mujer y de laicos ayudaba mucho también a descargar un poco el peso en los sacerdotes y que se necesitaba ese tipo de gestión. En mi caso, quizá a veces sí había un poco la crítica, porque era muy jovencita. Yo

169 Janinna Sesa, entrevista con la autora, 19 de junio de 2025.

170 Janinna Sesa, entrevista con la autora, 19 de junio de 2025.

tenía treinta y un años, y asumía una dirección grande, pero él me dio la confianza y, bueno, ya el tema profesional fue creciendo»[171].

Para César Piscoya, este énfasis en un papel activo de los laicos, incluso dentro de las estructuras eclesiales y diocesanas, no es solo parte de la visión pastoral de monseñor Roberto, sino que se corresponde con una trayectoria coherente más amplia de la Iglesia global durante las últimas décadas, que abarca los papados más recientes:

> Él da el espacio al laicado en esta Iglesia, porque laico era la persona que estaba relegada, que limpiaba el templo, que llevaba las flores, que lo más que hacía era catequesis. Él comienza a involucrar laicos en equipos de animación pastoral que toman decisiones en la parroquia y los curas se sienten violentados por eso, porque entonces ya no es el cura el que decide, sino el equipo. Sacerdotes, religiosos y laicos forman ese equipo y decidimos juntos las acciones de la Iglesia.

Para Piscoya, fue un proceso bajo una estrategia metodológica pastoral, que fue acogiéndose progresivamente. Se transformaba, dice, una dinámica de Iglesia más clerical y sacramental a una más participativa y de comunión. Algo que ellos llamaban por ese entonces «corresponsabilidad».

> Roberto seguía ese discurso, fundamentándonos. Lo fundamentaba en Juan Pablo II, porque para el Opus, Juan Pablo II es su referente de la Iglesia. ¿Y entonces a dónde íbamos? Lo que ahora es sinodalidad, allí era espiritualidad y comunión. Así, nosotros cogíamos estos párrafos y la espiritualidad de comunión, según Benedicto, se transformó en corresponsabilidad y, según Francisco, en sinodalidad. Con el Opus, si yo citaba a Juan Pablo II, era fácil acoger el primer diálogo y progresivamente lo llevábamos a Francisco. [...] Nos adentrábamos en un contexto de Iglesia conservadora. Él [Prevost] nunca buscó confrontación. Pero yo llegaba a decir: «Pero Roberto, hay este cura...». [Y él:] «César, unidad». Él lo primero que nos pide es unidad. Y esto es clave para él, como agustino y luego como pastor de nuestra Iglesia. Así que esa promoción del laicado estuvo muy presente hasta que se fue»[172].

171 Janinna Sesa, entrevista con la autora, 19 de junio de 2025.

172 César Piscoya, entrevista con la autora, 24 de junio de 2025.

El obispo constructor de puentes, de diálogo, también era el monseñor de la unidad. Espiritualidad, comunión, corresponsabilidad, sinodalidad: diferentes términos que Prevost buscaba emparentar para poder encontrar caminos concertados hacia esa Iglesia que camina junta.

Devoción popular

Otro aspecto del tiempo de monseñor Prevost en Chiclayo que se volvió prominente, y que no suele ser algo natural en la práctica de la fe para la mayoría de los «gringos», fue su participación en las devociones populares locales. Esto incluyó las muy queridas devociones a la Santísima Cruz de Motupe, al Señor de la Justicia, y a Jesús Nazareno Cautivo en Monsefú, cuya festividad es el 14 de septiembre, que, curiosamente, coincide con el cumpleaños del papa León XIV. Él solía acudir al santuario cada año para presidir las festividades ese día.

Este abrazo de la piedad y de la religiosidad popular, que fue ampliamente aceptado por los misioneros a raíz del Concilio Vaticano II, se convirtió en una característica de monseñor Prevost. Según el periodista chiclayano Harry Gordillo, esto se dio «también en sentido de construcción de la religiosidad, de darle mucho más sentido y consistencia, de darle mayor durabilidad». A pesar de la existencia de muchas devociones populares locales, Prevost «les daba importancia a todas», no hacía distinciones y desarrollaba una labor pastoral que implicaba ir a todos lados. «Obviamente, [existía] esta mayor preponderancia con [ciertas] fiestas, por la importancia que había, sin dejar de lado a los demás pueblos. Su pensar fue: todos caminemos en un solo sentido. Fortalecer el catolicismo y que la palabra de Dios siga creciendo», refiere Gordillo[173].

Andrés Cachag, un joven criado en la zona de Chiclayo que creció asistiendo a las celebraciones de Jesús Nazareno Cautivo, en Monsefú, explica, mientras señala documentos y las vestimentas festivas especiales que adornan la estatua de El Cautivo en varios momentos del año, que, a la gente del lugar, lo que más les emocionaba era que su obispo pareciera sentir la devoción tan cercana como ellos mismos. Organizaban grandes celebraciones, incluida una fiesta de mariachis en 2017, cuando

173 Harry Gordillo, entrevista con la autora, 10 de julio de 2025.

Prevost también asistía, ya que el día festivo coincidía, como se ha dicho, con su cumpleaños.

«Lo que más nos emociona a nosotros como pueblo es que, más que todos, haya considerado también a la imagen como parte de él. Venía de visita para las confirmaciones y para la fiesta del Cautivo. En el obispado de la Diócesis de Chiclayo, desde que él inicia, ha venido hacia acá, desde su inicio de 2015 hasta 2022. Sí acompañaba las procesiones, a veces, y después de la misa, según el año. En 2015, se hizo una pequeña procesión alrededor del parque con la imagen y él acompañó», recuerda Andrés, quien afirma también que la espiritualidad por parte de Prevost «es muy grande». Prevost los llamaba a ser firmes en la fe y en su devoción. «Él nos daba fortaleza», dice Andrés. Esto es especialmente importante en momentos de crisis, como la pandemia, como han asegurado también otros testimonios. Andrés afirma: «Siempre, en cada pueblo, nos llamaba a la imagen, nos llamaba a sus ojos, y decía: "Ahí están los ojos de Jesús el Cautivo". Eso nos llevaba mucho hacia un camino de fe, de perseverancia»[174].

De manera similar, Luis Gabriel Reque Chafloque, quien trabaja en el Santuario del Divino Niño, en Puerto Eten, Lambayeque, a diecinueve kilómetros de Chiclayo, donde se cree que ocurrió un milagro eucarístico en 1649, explica la historia de la devoción al Divino Niño y el papel que cumplió Prevost en la recolección de firmas que solicitaban que el milagro asociado a la devoción fuera reconocido formalmente. Según Luis Gabriel —quien va señalando diversos objetos como la corona original que llevaba la figura y el libro de firmas que lograron recopilar en 2019, después de haber declarado ya al Divino Niño patrón de la ciudad—, Prevost entregó al papa Francisco nada menos que veinte libros con veinte mil testimonios y firmas pidiendo el reconocimiento oficial del milagro en cuestión[175]. Al entregar los testimonios al papa y nombrar al Divino Niño patrón de Eten, afirma Luis Gabriel, el monseñor Prevost comenzó una cruzada que, acaso, para él, terminaría por fin con su

174 Andrés Cachag, entrevista con la autora, 17 de junio de 2025.

175 El milagro eucarístico de Eten sucedió en 1649, en la ciudad de Puerto Eten, a diecinueve kilómetros de Chiclayo. En la hostia que había sido expuesta para la adoración pública apareció el niño Jesús y tres corazones de color blanco, que resplandecían y estaban unidos entre sí. Cada año, la fiesta en su honor transcurre entre el 12 y el 24 de julio. Ver: http://www.therealpresence.org/eucharst/mir/spanish_pdf/Eten-spanish.pdf.

elección papal: «Lo que él inició es una cruzada para la construcción del santuario del Divino Niño del Milagro. Él buscaba que fuera reconocido el milagro eucarístico acá en la ciudad. Entonces, teníamos que enviar las veinte mil firmas de fe al Vaticano. Ahora él ya es papa. Nosotros esperamos que Dios lo ponga a él, y creo que de todo corazón lo va a hacer. Y esperamos su pronta venida a la ciudad de Eten»[176].

Luis Gabriel relata una experiencia mientras practicaba una recreación de la Pasión para Semana Santa con su antiguo obispo, la cual, según él, ilustra no solo el apego de Prevost a las devociones populares, sino también su corazón de pastor gentil y atento:

> Él vino de visita, y justo me acuerdo de que estuvimos haciendo la representación de la flagelación del Señor Jesucristo [en Semana Santa], y, como estábamos más concentrados en la escenografía, él pasó y se quedó mirando la cuerda, mirándonos. Cuando terminé y giré, y lo quedo mirando, me dice: «¡Está asombrosa su escena! ¡Nada más no lo vayan a matar al muchacho!». Me río y le digo: «No, todo está controlado»[177].

Luis Gabriel cuenta, emocionado, que luego de aquello se tomó una foto con su obispo sonriente, riéndose ambos de la anécdota que acababa de nacer. Este apego a la devoción popular es algo que ha seguido a Robert Prevost hasta el papado, ahora como León XIV. El 10 de mayo de 2025, dos días después del cónclave que lo ungió como papa, realizó su primer viaje breve fuera de Roma —en auto, esta vez siendo conducido en lugar de conducir él mismo—, al pequeño pueblo italiano de Genazzano, hogar del Santuario de la Madre del Buen Consejo. Este es administrado por la Orden de San Agustín y el cardenal Prevost lo había visitado con frecuencia durante sus últimos dos años en Roma antes de ser elegido pontífice.

Después de orar ante la imagen, y de dirigir a los agustinos y fieles presentes en el rezo del Ave María y en el canto del famoso himno mariano *Salve Regina*, León XIV habló brevemente a la pequeña multitud reunida afuera: «Tenía muchas ganas de venir aquí en estos primeros

176 Luis Gabriel Reque Chafloque, entrevista con la autora, 17 de junio de 2025.

177 Luis Gabriel Reque Chafloque, entrevista con la autora, 17 de junio de 2025.

días del nuevo ministerio de llevar a cabo la misión de sucesor de Pedro que la Iglesia me ha encomendado». Incluso, luego de su ungimiento como papa, la devoción popular, que había arraigado en su corazón en el Perú, era, y sigue siendo, una parte muy importante de él y de su propia espiritualidad.

Acción y justicia social en tiempos de crisis climáticas, sanitarias y migratorias

Otro tema que ha sido una constante en la vida y en el ministerio pastoral del papa León XIV, desde su época como joven pastor hasta sus primeros pasos como pontífice, ha sido la justicia social y su compromiso de abogar por la paz, la justicia y las necesidades de los pobres, sin importar las circunstancias políticas o medioambientales. En gran medida, es este compromiso con la justicia social y la doctrina social de la Iglesia, junto con otros asuntos, como el papel de los laicos, lo que distinguió al obispo Prevost de sus predecesores del Opus Dei en Chiclayo, y fue precisamente su proximidad, tanto física como personal, en momentos de crisis política y en medio de desastres naturales, lo que llevó a la mayoría de los fieles de su diócesis a desarrollar un fuerte afecto por su pastor.

En efecto, durante su tiempo como obispo de Chiclayo, Prevost «fue azotado por muchas emergencias», según cuenta la trabajadora humanitaria y exdirectora de Cáritas, Janinna Sesa. En esos contextos tremendos, monseñor Roberto fue un obispo no solo accesible y próximo, sino comprometido y eficaz, un prelado al que le «tocaron todos los desastres», a decir de Sesa. «Era un obispo muy cercano a la gente, preocupado por el dolor que sufrían y que buscaba canalizar las ayudas no solamente del empresariado local, sino también a nivel nacional e internacional».

Como se ha relatado antes, entre las diversas crisis que afectaron a Chiclayo durante los ocho años de Prevost como obispo se encuentra el fenómeno de El Niño costero de 2017, que provocó grandes inundaciones y la destrucción masiva de viviendas e infraestructura. Fue uno de los peores eventos climáticos que azotaron a Perú desde 1925, causando una devastación generalizada en veinte de las veinticinco regiones del país.

En 2020, la pandemia golpeó también a Chiclayo. La población local, especialmente en las zonas más pobres y rurales, que estaban lejos de hospitales o clínicas, y en donde las instalaciones de salud a menudo carecían de suministros suficientes, experimentó un alto número de muertes, así como escasez de oxígeno. Hay que recordar, en este contexto, que el Perú fue el país que registró el mayor número de fallecimientos en el mundo por cada millón de habitantes producto de la pandemia, y fue una de las naciones con más muertes en términos absolutos[178]. Luego de estos dos desastres, del 4 al 13 de marzo de 2023, justo antes de que Prevost dejara Chiclayo para comenzar su nuevo trabajo como prefecto del Dicasterio para los Obispos en el Vaticano, el ciclón Yaku azotó la región, causando al menos cinco muertes y afectando a unas cuatro mil personas. Fue durante esta crisis cuando el obispo Prevost se puso sus botas de goma y caminó por las calles inundadas en uno de los barrios más afectados, momento que fue inmortalizado en una fotografía que se ha vuelto viral desde la elección de Prevost al papado.

Prevost asumió un papel activo desde el principio en tiempos de El Niño costero, y se puso siempre a disposición de los necesitados, especialmente ante la falta de acción de las autoridades locales, regionales y nacionales. Sobre esto, el periodista Harry Gordillo afirma: «Él gestionó las casas prefabricadas para la gente que necesitaba [...] Esos son lugares muy pobres, que tienen casas antiguas, de esteras. Son casas de barro, de adobe y, bueno, se cayeron, y Prevost destinó ayuda a gestionar estas viviendas prefabricadas para gente que las necesitaba. Al ver la desidia de las autoridades, él puso manos a la obra y lo hizo. Es decir, de nuevo concertación, mediación, pero también trabajo ante la desidia»[179].

178 A mediados de 2021, Perú oficialmente registró el mayor número de muertes por millón a causa de la COVID-19, según informó, por ejemplo, Médicos Sin Fronteras. Ya para junio de 2023, el país se mantuvo con la tasa de mortalidad más alta del mundo, según la OMS, con casi seis mil quinientas muertes por cada millón de habitantes, y alrededor de doscientos veinte mil fallecidos en total. Ver: Médicos Sin Fronteras. (4 de junio de 2021). Perú es oficialmente el país del mundo más afectado por la COVID-19; y Atlas Magazine. (julio de 2023). COVID-19: assessment of human losses. https://www.atlas-mag.net/en/category/tags/special/covid-19-assessment-of-human-losses?utm_.

179 Harry Gordillo, entrevista con la autora, 10 de julio de 2025.

Por su parte, Janinna Sesa afirma que Cáritas pudo ayudar a unas sesenta mil personas durante esos días, y la razón por la que lograron llegar a tantos se debe al enfoque activo y práctico de monseñor Prevost, quien, botas y casco en mano, animó a los líderes civiles a hacer más, e incluso los acompañó a trasladar las donaciones a los lugares críticos: «Es allí que este obispo pone de pie a la Iglesia católica, no solamente como Iglesia, sino también sumando a las instituciones de la sociedad civil y del Estado para poder atender con ayuda humanitaria a las poblaciones afectadas. Era ese obispo que se ponía las botas, el casco, que sabía conducir, acompañando al equipo técnico y de voluntarios para el traslado de las donaciones hacia las zonas afectadas»[180]. Janinna sostiene que Cáritas, de la que ha sido directora, pudo proporcionar sesenta toneladas de ayuda humanitaria y, al final, dado que Prevost también era miembro de la Junta Directiva de Cáritas del Perú, recibieron ayuda adicional y lograron entregar también unos treinta y cinco módulos de vivienda.

Manteniendo su habilidad para involucrarse en proyectos de construcción, Prevost también ayudó a supervisar la construcción y administración de la reconstrucción de la Parroquia Santo Domingo, en Olmos, a 105 kilómetros de Chiclayo, que había colapsado durante la catástrofe del fenómeno de El Niño costero en 2017. El ya cardenal, tenía planeado presidir la misa de reapertura inaugural en el otoño de 2025, hasta la noticia de su papado en mayo.

Sobre esto, el padre Melchor Pérez Cabrera, párroco de Santo Domingo, hombre cauto pero entusiasta, cuenta, desde la propia parroquia en Olmos, aún en construcción, que fue trasladado allí en 2021 y que cree que Prevost lo llevó en parte porque tenía experiencia en construcción y era idóneo para supervisar la reconstrucción desde cero de la iglesia. Monseñor Roberto estuvo involucrado en el proyecto desde el principio, cuenta el padre Melchor: «Monseñor venía siempre a ver la obra. Él tenía también un gran interés, porque me dijo: "Son ya cuatro años que han caído en la iglesia y no se ha hecho nada". Por eso, me envió aquí. Cuando el monseñor también venía a celebrar las misas, siempre pasaba a ver la obra»[181].

180 Janinna Sesa, entrevista con la autora, 19 de junio de 2025.

181 Padre Melchor Pérez Cabrera, entrevista con la autora, 19 de junio de 2025.

El padre Melchor, en plena obra en Olmos, cuenta, al igual que en el resto de testimonios, que monseñor Prevost tenía una buena relación con la comunidad y era respetado por su cercanía y su humildad. Ahora, cuando ve al papa León XIV, afirma que ve a la misma persona: «Lo que más me impactaba de emoción es que era una persona muy humilde. Nunca miró por sobre los hombros de nadie, y siempre ha visto a los demás como si fueran sus hermanos o sus íntimos amigos. Su trato es sencillo con toda la gente. Y, luego, lo que más nos impactaba a nosotros también como sacerdotes era ver su lado humano, muy humanitario. Cuando íbamos a las comunidades, cuando hemos ido a la confirmación, por ejemplo, el monseñor a veces se sentaba a comer en su moto con la gente»[182].

El padre Melchor narra que monseñor Prevost visitaba las zonas altoandinas de la región Lambayeque, que son por lo general «muy pobres, gente del campo, gente humilde», cuyo trato, dice el padre, es «a veces un poco difícil». «Como no tienen voz social, a veces la gente rehúye. Y el monseñor era muy cálido, y rápido empatizaba con ellos y, a veces, se sentaba a comer con la gente, cogiendo el mote [maíz] con la mano, por ejemplo. A nosotros nos costaba [creer] eso. Porque ver algo así aquí, a un obispo compartir así, nos hacía decir: este gringo es diferente. El papa, así como es ahora, así ha sido carismático siempre. No es que el papa haya cambiado», explica.

Monseñor Prevost, el mismo que se sentaba a comer en su moto con las comunidades, según cuenta el padre Melchor, también entró en acción cuando la crisis migratoria golpeó al país alrededor de 2018, con la llegada masiva de venezolanos a Perú. El número de migrantes de Venezuela en Perú se disparó en solo un año, pasando de aproximadamente ciento diez mil a finales de 2017 a más de quinientos treinta mil en 2018. Esto significó un aumento de cuatrocientos veinte mil venezolanos durante ese año[183]. Esto se debió, en gran parte, a que el Gobierno peruano, presidido por Pedro Pablo Kuczynski, introdujo un Permiso Temporal de Permanencia (PTP) en 2017, que inicialmente facilitaba la entrada legal y la autorización de trabajo para los venezolanos, aunque los cambios

182 Padre Melchor Pérez Cabrera, entrevista con la autora, 19 de junio de 2025.

183 Ver: *Joint survey and data on newly-arrived refugees in Peru*, Global Compact on Refugees. https://globalcompactrefugees.org/good-practices/joint-survey-and-data-newly-arrived-refugees-peru.

de política posteriores, en 2018, como la introducción de una visa humanitaria, también afectaron las cifras. La mayoría de los migrantes se asentaron en Lima, y Prevost, como obispo y miembro de la Comisión Episcopal de Acción Social (CEAS) de la Conferencia Episcopal Peruana (CEP), fue protagonista en la respuesta a la crisis y en asegurar que se satisficieran las necesidades de los migrantes.

Además de sus roles en Cáritas Chiclayo y en la rama nacional de la organización, Cáritas Perú, Prevost se ofreció voluntariamente en 2018 para formar parte de la Junta Directiva de CEAS, que se estableció en 1965 como respuesta directa a las asambleas episcopales de Puebla y de Medellín, e impulso teológico hacia la acción social y la opción preferencial de la Iglesia por los pobres.

Silvia Alayo, secretaria ejecutiva de CEAS, explica, desde la oficina de la institución en Lima, que el papel de dicha comisión episcopal fue minimizado durante los veinte años en los que el cardenal Juan Luis Cipriani, el primer purpurado del Opus Dei, lideró la Arquidiócesis de Lima y tuvo una influencia significativa en la CEP. Esto se debió, tal vez en parte, a las diferentes opiniones del Opus Dei sobre la acción social. Sin embargo, CEAS fue revitalizada después de que Cipriani se fuera del cargo, en 2019, y también a medida que la Iglesia peruana fue recuperando su conciencia social y su activismo[184]. Fue en ese momento, afirma Alayo, cuando Prevost, migrante también, venido de Estados Unidos, intervino y decidió ofrecerse voluntariamente para gestionar la crisis migratoria:

184 Cabe añadir que, en enero de 2025, se publicó un artículo en *El País* donde el cardenal Juan Luis Cipriani Thorne es acusado de agredir sexualmente a un adolescente durante la confesión. Él lo ha negado. Después de que se hiciera la denuncia original, en 2018, el papa Francisco impuso una serie de restricciones a su ministerio. Cipriani enfrentó un fuerte escrutinio durante el cónclave de 2025 por aparentemente ignorarlas y por participar en las reuniones de la congregación general previas al cónclave, a pesar de las acusaciones en su contra. Para más información, ver: Domínguez, I. (24 de enero de 2025). El primer cardenal del Opus Dei, arzobispo de Lima, fue apartado por el papa en 2019 tras acusaciones de pederastia. *El País*. https://elpais.com/sociedad/2025-01-25/el-primer-cardenal-del-opus-dei-arzobispo-de-lima-fue-apartado-por-el-papa-en-2019-tras-acusaciones-de-pederastia.html; y Allen, E. A. (28 de abril de 2025). Cardinals discuss abuse while prelate sanctioned for it joins meetings [Cardenales discuten abusos mientras prelado sancionado por ello participa en reuniones]. *Crux*. https://cruxnow.com/vatican/2025/04/cardinals-discuss-abuse-while-prelate-sanctioned-for-it-joins-meetings.

> En el año 2018, cuando CEAS se replantea su misión y dice «Queremos retomar la fidelidad a nuestro mandato» [...], se constituye un nuevo Directorio de obispos en CEAS, y uno de los que decide integrarlo voluntariamente fue Prevost [...] En la organización pastoral de la Iglesia acá en el Perú, cada pastoral, específica o sectorial, es acompañada por un obispo. Entonces, [...] la Pastoral de Movilidad Humana se quedó sin obispo acompañante en un momento [...] Prevost dijo: «Yo». Y él mismo llegó a decir acá: «Yo mismo soy un migrante»[185].

Martín Salgado, miembro de CEAS, recuerda, por su parte, el compromiso de monseñor Prevost con el tema migratorio cuando este comenzó en 2018 e, incluso, a lo largo de la pandemia de la COVID-19, fomentando un mayor acceso a las vacunas y siempre con un enfoque a favor de la protección de los derechos humanos:

> Yo lo recuerdo bastante en temas de migrantes. Por ejemplo, me decía a mí: «Me han invitado a estar en una mesa promovida por el Ministerio de Relaciones Exteriores». Porque claro, como era el obispo para Movilidad Humana, iba. Y en esos tiempos creo que se estaba discutiendo que los venezolanos deberían tener derecho a la vacuna contra el COVID. Y él fue invitado a esa mesa y decía: «Ustedes deben estar allá y esto tiene que trabajarse a ese nivel de políticas públicas, derechos de los migrantes, derechos humanos»[186].

Según Janinna Sesa, exdirectora de Cáritas Chiclayo, cuando los migrantes venezolanos comenzaron a llegar en masa en 2018, dormían fuera de las parroquias, en parques, en las calles. Monseñor Prevost hizo entrar en acción a la institución de inmediato, para encontrar soluciones, y así fue como Cáritas proporcionó ayuda a unas quince mil personas:

> [Prevost] también formó una Comisión de Movilidad Humana y Trata de Personas en la que reunió no solamente a Cáritas, sino también a religiosos, sacerdotes, laicos, para que en conjunto veamos la forma de ayudar de manera efectiva. Entonces, en esa

185 Silvia Alayo, entrevista con la autora, 26 de junio de 2025.

186 Martín Salgado, entrevista con la autora, 26 de junio de 2025.

> época, nosotros a través de las parroquias fuimos un soporte fuerte, porque se implementaron albergues temporales y comedores. Nosotros salíamos en las camionetas a recoger a las personas y llevarlas a las parroquias, porque había niños, sobre todo, que dormían en las calles[187].

Prevost, dice Sesa, contribuyó a establecer cuatro proyectos internacionales diferentes que brindaron asistencia a los migrantes y a la población local durante este tiempo, ayudando a pagar más de tres mil trámites de regularización migratoria, por ejemplo. Prevost siempre estuvo al pie del cañón: «Se pagaban [también] los alquileres de las personas. Se les pagaba por tres meses para que ese dinero pudiera servir para sus alimentos o generar algún emprendimiento. Se dotaron herramientas además para que ellos creasen su propio negocio. Tras una capacitación en planes de negocio, en atención a salud, también se ayudó bastante con medicamentos, atenciones médicas. Él siempre ha estado en todas las situaciones difíciles de la población con un pie adelante», refiere Janinna.

Para ella, sin embargo, la pandemia de la COVID-19 fue la más significativa de todas las crisis sociales que monseñor Prevost afrontó con la gente, debido a su estrecha relación con la población local, pero también a sus gestos pastorales y a su enfoque para brindar asistencia concreta a las necesidades en el terreno. Sesa, incluso, habla de que Prevost «se robó el cariño» de la gente gracias a sus intervenciones y resultados, además de impulsar campañas para obtener oxígeno, puntualmente, que era lo más preciado en ese momento. Sobre esto último, se llegaron a comprar dos plantas de oxígeno para Chiclayo:

> Los hospitales estaban rebalsados de pacientes, pero la carencia era el oxígeno. Entonces, él impulsa la campaña Oxígeno de la Esperanza, en la que teníamos como meta comprar una planta. La acogida que tenía con la gente era de un obispo muy querido, por las cosas que decía y cumplía a la vez. [...] Cuando le comunicamos: «Monseñor ya puede anunciar que hemos logrado la meta», pero como las personas seguían llamando para colaborar, él nos dijo: «Entonces, vamos por una segunda planta». Y es así como se compra

187 Janinna Sesa, entrevista con la autora, 19 de junio de 2025.

> la segunda planta de oxígeno. Fue estratégico, porque ayudaba a todos los pueblos afectados, justo a los más vulnerables cuando ocurren inundaciones. Cuando llegaron las plantas de Chiclayo, fue muy emotivo, porque la gente hasta lloraba, porque era un símbolo de esperanza, de vida, y se salvaron muchas personas[188].

Las personas recibían citas por WhatsApp y las enfermeras hacían turnos de día y de noche para asegurarse de poder ayudar a la mayor cantidad de personas posible, cuenta Janinna, y afirma que monseñor Prevost siempre estuvo atento al equipo, además de ser una fuente constante de aliento: «Siempre estuvo acompañándonos, y nos decía que la cantidad de muertes era fuerte, [a ver] si podíamos hacer un turno más. A partir de ahí se hicieron tres turnos hasta la madrugada, para poder salvar a las personas. De todas las obras, pienso que esa marcó la historia de Chiclayo, por el nivel: la capacidad de una planta. Es algo que en principio cuesta muy caro [...] Decía: "La Providencia lo puede todo, así que vamos con fe"».

De todos los gestos pastorales que monseñor Prevost realizó durante su tiempo en Chiclayo, el más significativo fue su decisión de liderar una gran procesión eucarística por las calles de la ciudad en la festividad del Corpus Christi, en 2020, a pesar de la pandemia. Celebró la misa y oró por el fin de la crisis sanitaria mientras instaba a los fieles a cumplir con las medidas de protección impuestas, antes de encabezar la procesión, que muchos lugareños aún recuerdan como una señal de afecto y de calidez en un momento desesperado.

Janinna afirma que monseñor Prevost, el obispo mediador, como se ha visto ya, también instó a Cáritas y al Gobierno a tomar medidas cuando el ciclón Yaku azotó el norte en 2023, justo antes de que él partiera hacia Roma. Sesa recuerda que su liderazgo durante ese tiempo facilitó asistencia concreta a unas veinticinco mil personas:

> Yo recuerdo que le decía: «Monseñor, ¡a usted le tocan todos los desastres!». Y a un mes de irse a Roma, me acuerdo de que se apareció en la oficina con sus botas, con la camioneta, con dos sacerdotes sin avisar, y me dijo: «Janinna, vamos al campo». Yo le decía: «Pero usted tiene que estar ordenando sus documentos,

188 Janinna Sesa, entrevista con la autora, 19 de junio de 2025.

> porque ya viaja Roma». Y nos fuimos en caravana. Es el último video que por ahí se ve en todos los medios de comunicación [...] Todas las asociaciones de voluntarios podíamos recibir las donaciones y entregarlas día a día. Siempre nos enseñó eso, a dar la ayuda en el momento oportuno. [...] Igual en los comedores. Motivaba mucho el impulso de los comedores[189].

También fue durante este año, en 2023, cuando las tensiones políticas se dispararon tras la destitución y arresto a fines de 2022 del expresidente peruano Pedro Castillo, después de que intentara disolver anticonstitucionalmente el Congreso. Las tensiones se transformaron en protestas masivas luego de que la vicepresidenta Dina Boluarte asumiera el cargo, en su contra y contra su Gobierno, con manifestantes pidiendo su renuncia inmediata. Ella se negó a cumplir y las protestas finalmente se tornaron violentas, con la policía y las Fuerzas Armadas nacionales utilizando medios extraordinarios para sofocar la revuelta. Según informes de varias organizaciones de derechos humanos, como Amnistía Internacional, Human Rights Watch y la propia Defensoría del Pueblo de Perú, al menos cincuenta civiles y un agente de policía murieron durante las protestas, entre diciembre de 2022 y marzo de 2023, la mayoría de ellos debido al uso de fuerza desproporcionada e indiscriminada por parte de las fuerzas de seguridad, incluyendo balas, perdigones y gases lacrimógenos. Incidentes específicos, como la masacre de Juliaca, el 9 de enero de 2023, resultaron en al menos dieciocho muertes civiles, y la masacre de Ayacucho, en diciembre de 2022, dejó diez civiles muertos[190].

189 Janinna Sesa, entrevista con la autora, 19 de junio de 2025.

190 Según el libro *Nuestros muertos. Una historia de violencia y represión* (Aguilar, 2024), del periodista peruano Américo Zambrano, ganador del Premio Nacional de Periodismo 2023 de reportaje escrito, la cifra total de fallecidos durante el período de protestas asciende a sesenta y ocho personas: cincuenta civiles, entre los que «figuraban adolescentes y estudiantes que no participaban en las manifestaciones», además de dieciocho muertos más, entre los que se encuentran el efectivo policial, seis militares ahogados en el río Ilave, en Puno, en el sur del país, que escapaban de una turba, y personas que perdieron la vida en los bloqueos de carreteras (Zambrano escribe basándose en un informe de la Oficina del Alto Comisionado de las Naciones Unidas para los Derechos Humanos de octubre de 2023). De los cincuenta civiles muertos, dice el autor, la gran mayoría «falleció por disparos de armas de fuego, compatibles con los pertrechos empleados por los efectivos del Ejército y de la Policía».

Durante este período de convulsión social, monseñor Prevost también estuvo muy presente con la gente, urgiendo, como siempre lo había hecho, a que se respetaran los derechos humanos y a que las partes buscaran resolver el conflicto a través del diálogo. Cuando el obispo Prevost se enteró de las noticias sobre los fallecidos, según el periodista chiclayano Harry Gordillo, instó al Estado para que este protegiera los derechos ciudadanos, tanto el derecho de protesta como el de salvaguardar la integridad de las personas. Siempre fue, dice el periodista, alguien firme, que puso «los puntos sobre las íes» cuando el tema político lo ameritó:

> Recuerdo que cuando se comenzaron a conocer los primeros diez fallecidos, y la prensa le consultó al obispo, él dijo: «El Estado y el Gobierno tienen que garantizar el derecho de los ciudadanos a protestar; que cuiden su integridad física». Obviamente, sin violencia y sin que pueda afectarse la integridad física de los manifestantes. Él siempre estuvo llamando al Gobierno a proteger los derechos de las personas, [para] que protesten, porque el régimen de Boluarte fue durísimo con mucha gente. [...] Víctimas, personas inocentes que vivieron en carne propia esta violencia con la que las Fuerzas Armadas o la Policía trató a todos los manifestantes... Prevost llamaba la atención en ese momento. Y también [cuando hablaba con] las familias, incluso decía que el Estado tiene el deber de proteger a los ciudadanos en las manifestaciones. Él sí se manifestó en momentos difíciles, incluso con el tema Fujimori, igual. Él siempre estuvo en temas políticos fuertes y puso los puntos sobre las íes. [...] Decía: «Hay que buscar reconciliación y paz, porque hay sectores que realmente se sienten olvidados». Y porque tienen reclamos legítimos... Incluso Dina Boluarte, si mal no recuerdo, iba a salir de Perú en ese momento, para una invitación, y él dijo: «No es el mejor momento para irse, [porque] hay mucha gente que le está pidiendo al Gobierno que resuelva los problemas»[191].

Prevost abordó también la agitación política de la época desde el púlpito, instando a la transparencia y a la reconciliación durante sus misas en la catedral de Chiclayo, así como en conferencias de prensa,

191 Harry Gordillo, entrevista con la autora, 10 de julio de 2025.

intentando llamar a las cosas por su nombre, pero también calmar a las personas. «Era su forma de dar su mensaje de una manera más directa. Llamaba, por ejemplo, a las autoridades a trabajar con transparencia. Ayudaba mucho la presencia de él en los espacios. Como era el obispo que tenía la conferencia de prensa, se lanzaba a opinar sobre diversos temas, siempre buscando la conciliación. Hemos visto a un obispo en situaciones difíciles que llega y como que todos ya se calman. Y en los mensajes trataba de ser directo, pero también con ese lado de unión, de buscar la conciliación entre las personas para trabajar en conjunto», cuenta al respecto Janinna Sesa.

Sobre esto último, Sesa, quien considera a Prevost «como un padre», pues han sido «muy cercanos, en actividad, en la labor social» y existía entre ellos mucha confianza, cuenta una anécdota personal de cuando Prevost la nombró por primera vez directora de Cáritas Chiclayo. Recuerda que la invitación de su antiguo obispo a la reconciliación y a resolver conflictos a través del diálogo era algo que también aplicaba con su personal:

> Yo era muy jovencita y me costaba de repente articular con todo el mundo, porque todos pensamos diferente. Recuerdo que la primera vez que llegué dije: «Es difícil, me cuesta con tal persona». Él decía: «Bienvenida a la vida humana». Desde allí entendí que no iba a encontrar un «Mira, tienes razón». Entendí el pensamiento y hasta ahora lo practico cuando, a veces, [lo veo] entre los compañeros que no logran entenderse. «Bienvenidos a la vida humana». No hay que perder el objetivo. Hay que superar las diferencias humanas para ayudar a las personas[192].

Sobre esta relación de Prevost con los equipos con los que trabajó, Silvia Alayo afirma que los miembros de CEAS también sintieron un gran orgullo al escuchar su nombre leído en voz alta cuando se anunció en Roma al papa recién elegido. Sobre todo porque, siendo alguien que había mantenido un perfil muy bajo, y relativamente desconocido para gran parte del mundo, ellos tenían el privilegio de conocerlo y saber cómo trabaja, así como también de participar, incluso, de sus posturas políticas:

192 Janinna Sesa, entrevista con la autora, 19 de junio de 2025.

> Cuando lo eligieron papa, hubo muchísimo barullo acá en el Perú, porque [era] un obispo de perfil bajo, nadie sabía quién era ni cómo pensaba, y, sobre todo, mucha gente quería saber su pensamiento, su posición política, su política eclesial, pero también más allá de eso. Y nosotros, desde CEAS, consideramos que hemos tenido el privilegio de dar a conocer de cierto modo su postura política. [...] Si bien es cierto que en ese Directorio de obispos todos eran muy buenos, la lucidez de Prevost marcando las líneas era sobresaliente. Igual que dentro de la Conferencia Episcopal. Yo creo que Prevost ha sido uno de los obispos más respetados de toda la conferencia[193].

Para Alayo, Prevost es un hombre de pocas palabras, pero precisas. «En el argot eclesial se suele usar la frase "una persona 'de línea'" o "una persona 'con línea'". Eso alude a alguien que tiene unas convicciones absolutamente claras», añade, y menciona que, en ocasiones, según algunos obispos, en medio de alguna discusión específica al interior de la Conferencia Episcopal, donde había que tomar posición, monseñor Roberto solía ser uno de los pocos en levantar la mano y defender una postura, o bien se le pedía su intervención, pues era alguien muy «orientador». Alayo cree que ahí «decantó su talante de compromiso», pues tomó una posición que, en esos años en el Perú, posteriores al Vaticano II y a Medellín y Puebla también, se asumía que «la fe y la vida tienen que ir juntas», mientras que la manera de vivir la fe tenía, y tiene, que ver con la opción preferencial por los pobres. «Creo que en esos años la Iglesia asume su misión, pero enfocada en líneas [de acción], el reconocimiento de un trabajo de promoción humana, de defensa de los derechos humanos y de lucha por la justicia y enfrentar la pobreza», explica Silvia.

Ahora, mientras el papa León XIV asume los problemas, conflictos, guerras y crisis que asolan el mundo a nivel global, él ya ha lanzado el mismo mensaje que siempre transmitió desde sus años en Perú y en la Orden de San Agustín: desde su primer discurso, en el balcón de la fachada de la Basílica de San Pedro tras su elección, invitó al mundo a la paz, a la unidad y a construir puentes. De Trujillo a Roma, pasando por Chicago y Chiclayo, como joven pastor, luego como obispo y ahora como papa,

193 Silvia Alayo, entrevista con la autora, 26 de junio de 2025.

su respuesta a las crisis ha sido, y sigue siendo, la cercanía a los pobres, al pueblo, y un llamado a la paz y a la reconciliación.

Consultado en exclusiva para este libro sobre su tiempo trabajando con CEAS y sobre su compromiso con los asuntos de justicia social, el papa León XIV, desde la villa pontificia de Castel Gandolfo, expone lo siguiente:

> La Iglesia, en un país donde hay una gran necesidad, todavía hoy, de acercarse a los pobres y a los que sufren, necesita estar ahí y caminar con ellos. No como una ONG, la Iglesia no puede convertirse solo en otra ONG que realiza buenas obras. Tiene que estar presente como Iglesia en aquellos lugares donde la gente está sufriendo. Ya sea a través de Cáritas, que es la caridad católica a nivel diocesano y nacional, o con CEAS, la Comisión de Acción Social, creo que hay un papel real que debemos desempeñar en Perú, para decir que, como Iglesia, vamos a caminar juntos y a buscar formas de promover auténtica justicia para personas que, a menudo, están atrapadas en un sistema donde realmente no tienen una voz, y que, por sí mismas, quizá, no pueden hacer que se escuchen sus voces. Pero con el apoyo de la Iglesia, que todavía tiene un papel muy significativo que desempeñar, no solo en Perú, sino en el mundo. Pero, en este caso, la Iglesia necesita estar en aquellos lugares donde los valores auténticos del Evangelio pueden ser encarnados en una forma en que la gente, un Gobierno, una sociedad, vive y trabaja. Hemos de preguntarnos: ¿por qué somos Iglesia y cómo podemos ser Iglesia y hacer esta experiencia de construir un mundo mejor, sin perder de vista que, en última instancia, no se trata de este mundo, sino de la vida eterna? El reino de Dios ya está aquí entre nosotros, nos dice Jesús, y por eso es necesario lograr el tipo de acción para animar al Estado, al Gobierno, a vivir mejor su propio deber de trabajar por el bien común. Ver a la Iglesia involucrada en ese nivel y usar la voz de la Iglesia en ese sentido me ha parecido una prioridad extremadamente importante[194].

Más allá de su estilo y de su enfoque personal ante cualquier cuestión social, el papa León expresa su convicción de que el tipo de acercamiento

194 Papa León XIV, entrevista con la autora, 10 de julio de 2025.

de la Iglesia hacia la acción social hoy debe estar arraigado en la misericordia, y debería ser algo que surja de manera natural, como de una suma de diversos aspectos. Para comprender plenamente lo que debe ser el activismo social de la Iglesia, nos da una sugerencia clara:

> Lean el *Compendio de la Doctrina Social de la Iglesia.* Una Iglesia que cierra los ojos a esta dimensión de cómo vive realmente la gente no está cumpliendo con un gran aspecto de su papel en lo que significa predicar el Evangelio. Hay obras de misericordia espirituales, pero también hay obras de misericordia corporales, para decirlo con un término más tradicional. No podemos dedicarnos como Iglesia solo a las obras de misericordia espirituales. Entonces, hay que estar ahí para los enfermos y para los hambrientos, para los que están en prisión, para los que sufren de muchas maneras diferentes, creo que la Iglesia también tiene que estar ahí. Siempre lo vi así desde mi época de joven sacerdote, cuando estuve por primera vez en Chulucanas, y viendo cómo el obispo [John] McNabb también estaba muy involucrado en la acción social en CEAS; ser parte de eso me pareció simplemente parte de la misión de la Iglesia, que necesita estar a la misma altura que la celebración de los sacramentos y otras cosas. Es todo esto junto. No es: «Yo solo me dedico a los sacramentos». No, eso no está completo. O: «Yo solo me dedico a la acción social». No, tampoco es eso. Pienso que un sentido más completo de la Iglesia en todos esos niveles es muy importante[195].

Con el papa Francisco, y ahora con León XIV, los dos últimos pontífices han puesto y están poniendo, pues, la doctrina social de la Iglesia en primer plano, lo que significa que la Iglesia universal se dirige ahora en la misma dirección que América Latina ha estado tomando durante décadas. Para ambos, y para el papa León específicamente, según sus propias palabras, esta agenda social no se opone a la atención de la Iglesia a la sacramentalidad ni a la espiritualidad, sino que es complementaria a ambas.

195 Papa León XIV, entrevista con la autora, 10 de julio de 2025.

Protagonista en la respuesta a la crisis de abusos

Cuando no estaba involucrado en labores de socorro de desastres naturales y emergencias, o no estaba celebrando días festivos en santuarios locales, el obispo Robert Prevost cumplió otro papel importante mientras lideraba la Diócesis de Chiclayo, un rol que marcó, además, gran parte de su tiempo en el Perú: dirigir, nada menos, que la primera Comisión Nacional para la Protección de Menores. Esta comenzó como un centro de escucha, antes de convertirse finalmente en una comisión que, desde 2018 hasta la salida de Prevost para Roma, fue liderada por el obispo de Chiclayo. En septiembre de 2019, la Conferencia Episcopal Peruana (CEP) lanzó el Centro de Protección al Menor, que busca ayudar a niños, adolescentes y mujeres que hayan sufrido o que sufren diversas situaciones de violencia. Este es asistido por cinco órdenes religiosas femeninas diferentes.

Monseñor Prevost desempeñó un papel decisivo en el establecimiento de la Comisión Nacional de Salvaguarda y, como su presidente, fue clave en la redacción e implementación, en 2020, del *Protocolo para prevenir abusos sexuales a menores de edad y adultos vulnerables* y del *Código de conducta para el clero* de la CEP. Además, ayudó en crear oficinas y comisiones diocesanas a nivel local para la recepción de denuncias y el acompañamiento a las víctimas. Tuvo un rol activo en varios casos, incluido el del *Sodalitium Christianae Vitae* (SCV), el más grave y conocido en el Perú y uno de los más sonados en toda América Latina.

La hermana Carmen Toledano, una monja agustina que formó parte del grupo al que Prevost ayudó a formar una nueva realidad de vida contemplativa dentro de la orden mientras aún era su prior general, trabajó en estrecha colaboración con «monseñor Roberto» en varios casos en Perú.

Después de establecer su convento en un antiguo monasterio agustino en Lima con la ayuda del entonces padre Prevost, él terminó regresando al Perú poco antes de que ellas se mudaran al país sudamericano provenientes de Europa, en 2015, cuando fue nombrado obispo de Chiclayo. No mucho después de su llegada, refiere la hermana Carmen, se le acercó la primera persona que le confió haber sido abusada sexualmente, contándole lo sucedido, y diciéndole que se animaba a hacerlo porque ella era mujer, monja y extranjera, dado que la cultura latinoamericana a menudo sigue siendo muy machista y puede haber un tabú cultural al hablar de estos temas, especialmente para las mujeres. La hermana Carmen cuenta que, con el tiempo, más personas, especialmente chicas, se acercaron espontáneamente, y su punto de referencia para el consejo y la orientación, en casi todos los casos que encontró, fue precisamente el actual papa León XIV: «Empecé a intuir luego lo que aquí me he encontrado, el machismo tan fuerte, no solamente en los hombres, sino en las mujeres. Nunca he puesto un cartel diciendo: "Aquí se acompaña gente", pero llega gente que alguien conoce, pidiendo hablar y, casi desde el minuto cero, empecé a encontrarme con situaciones de abuso. Me estoy refiriendo a personas laicas, chicas jóvenes. Abuso intrafamiliar, abusos de todo tipo».

La hermana Carmen considera «un punto clave» el primer caso de abuso proveniente de la propia Iglesia con el que se topó: «A la primera persona a la que se lo cuento es al padre [monseñor] Roberto. Lo que me dice es que si la víctima no quiere contarlo, como era adulta, yo no podía hacer nada sin que ella me diera permiso. Pero entonces, lo que él me aconseja es que la escuche, que la acompañe, que la acoja»[196].

Este no fue el primer contacto de monseñor Roberto con casos de abuso de menores o de mujeres. Algunos ya habían llegado a su conocimiento durante su tiempo como prior provincial y, más tarde, como prior general de los agustinos, incluido un caso que involucraba al exsacerdote James Ray, quien enfrentó cargos civiles por abusar de al menos trece menores y que, finalmente, fue laicizado en 2012.

Prevost fue criticado en 2024 por la organización de defensa de víctimas Survivors Network of Those Abused by Priests (SNAP) por haber firmado, durante sus dos años como prior provincial en Chicago, un acuerdo entre el entonces cardenal arzobispo Francis George y el superior de un convento de frailes agustinos, donde el entonces padre Ray estaba asignado. El superior de la casa era un consejero licenciado que actuaba como supervisor de un plan de seguridad impuesto a Ray. El convento estaba aparentemente a dos cuadras de una escuela, pero se había instaurado, en 2002, producto de la Carta de Dallas de la Conferencia de Obispos Católicos de Estados Unidos (USCCB), el criterio de que, en ese país, un sacerdote acusado no podía ser ubicado a esa distancia de un colegio o institución educativa. En el momento de los sucesos, dicha

196 Hermana Carmen Toledano, entrevista con la autora, 26 de junio de 2025

carta no había sido todavía redactada, y dicho criterio aún no existía. La crítica a Prevost fue en gran parte desestimada, ya que no tuvo un papel activo en el caso, sumándose el hecho de que su firma fue, esencialmente, una formalidad en un acuerdo en realidad entre el arzobispo y el supervisor del plan de seguridad de Ray.

En Perú, la hermana Carmen Toledano refiere que, hasta ahora, ha participado en doce casos y procesos canónicos, apoyando a las víctimas y, también, en muchos de ellos, participando como testigo, y siempre con el apoyo de Prevost y su consejo: «Todos estos casos yo se los he consultado, y fue él quien me animó siempre a seguir, a continuar, a apoyar». Carmen relata la historia de una víctima que se acercó a ella y que no quería presentar una denuncia, sino que deseaba ayudar intentando hablar con su presunto abusador, quien era miembro del clero. Por ello, Carmen acudió a Prevost en busca de consejo para intentar organizar un posible encuentro y, como siempre, él se apresuró no solo a ayudar, sino a dar su nombre y su posición como garantía de soporte: «Recuerdo que un día me dijo: "Mira, cuando hables con él, le dices que a mí me lo has contado todo. Le dices que el responsable de la Comisión para Abusos de la Conferencia Episcopal lo sabe". Y yo le digo: "¿Tú eres el responsable? ¡Yo no lo sabía!". No sabía, pero él siempre tan discreto con sus cargos... Y ahí él me dijo que era importante que la persona supiese que no estaba sola, sino que él lo sabía»[197].

Otro detalle del papa es que es una persona discreta y versátil, de muchos alcances e intereses, sin pretender figurar innecesariamente, opina la hermana Toledano. Y siempre abriendo puertas, como un facilitador consciente de su autoridad:

> Ha salido más la parte misionera en los reportajes, pero en esos años él venía continuamente a la Conferencia Episcopal y era el vicepresidente, y además estaba muy implicado en las universidades, pues ha estado en la sección de educación, y también con las comunidades religiosas. Es una persona poliédrica. Pero siempre por lo bajo, discretamente, sin dar bombo. Ha sido él quien me ha orientado a cómo hacer, cómo acompañar, cómo proceder cuando he tenido que ayudar a denunciar. Y me ha abierto puertas,

197 Hermana Carmen Toledano, entrevista con la autora, 26 de junio de 2025

> [por ejemplo] a la Nunciatura. Eso sí que me impresionaba. Por eso, tú te das cuenta de la autoridad que él tenía también en la Iglesia de Perú[198].

La hermana Carmen también lamentó que los procesos de la Iglesia pueden tardar demasiado y que las víctimas a menudo quedan en la oscuridad sobre el estado y el resultado de sus casos. A veces, dice, estos se cierran y ni siquiera se les informa del resultado. Esto, según su experiencia, ha sido extremadamente doloroso para las personas abusadas y es algo que, en su opinión, necesita cambiar. De esto también conversó con monseñor Roberto. «Amo a la Iglesia con locura. Soy hija de la Iglesia, pero tengo que decir que siento mucha decepción sobre cómo se han tramitado los procesos», afirma, y refiere que a menudo ha intentado llamar la atención de las autoridades en los casos en los que está involucrada, hablando con secretarios, superiores o cualquier persona que pudiera haber hecho algo. Frecuentemente, cuenta con pena, fue ignorada. A partir de eso, sostiene, se entendió a sí misma en la revictimización y en el silenciamiento. «Comprendí el calvario que podía vivir una persona que sufre esto». Carmen también lamenta la falta de información disponible para las víctimas y expresa su esperanza de que Prevost, ahora como papa León, pueda hacer algo para cambiarlo:

> Espero al papa León [para que haga algo] sobre cómo funciona el Derecho Canónico en la Iglesia. [Hoy] la víctima no tiene derecho, es al victimario al que le informan de la denuncia, es al victimario al que le van dando las sentencias, pero a nosotras nada. Silencio. Hay muchos obstáculos en el camino. Yo con el padre Roberto, ahora León, me acostumbré a decirlo. Hemos hablado muchas veces de esto[199].

Las víctimas que han tenido experiencia con monseñor Roberto también comparten esta esperanza, refiere la hermana Carmen, pues, sugiere, Prevost conoce los casos y ahora tiene la autoridad para hacer algo al respecto. «Él se ha implicado mucho con algunos casos que yo

198 Hermana Carmen Toledano, entrevista con la autora, 26 de junio de 2025

199 Hermana Carmen Toledano, entrevista con la autora, 26 de junio de 2025

he acompañado», cuenta Carmen, y lo ha hecho «hasta tal punto» que, por ejemplo, hace unas semanas, una de las víctimas fue a verla cuando vio que monseñor Roberto era ahora el papa de toda la Iglesia. La persona, cuya historia completa Prevost conoce, según Toledano, quedó impactada con la noticia. «No era capaz de reaccionar, porque él se implicó mucho. Venía un poco en *shock*, pero también como diciendo: "Hace tantos años que hicimos la denuncia, el proceso no sabemos cómo está, nadie nos dice nada, él, que se había implicado, ahora es papa". Por eso, creo que tenemos que tener esperanza, porque si él conoce [los casos], [...] es el momento de hacerlo, pues ahora sí que tiene responsabilidad para poder asumir»[200].

Sobre este delicado tema, y aunque Perú no fue su primer encuentro con la crisis de abuso clerical, el papa León XIV cuenta que aprendió mucho de su tiempo liderando la Comisión Nacional de Salvaguarda en este país. Con un semblante serio, afirma que muchas personas en el ámbito global todavía describen el problema del abuso clerical de menores como un problema occidental, y que, desde la comisión, ellos intentaron romper ese tabú con activismo y concientización:

> Cuando comenzamos la Comisión para la Protección de Menores, algunos de los escándalos ya habían comenzado a tener lugar, el del Sodalicio, entre ellos. Había escuchado de algunos obispos la afirmación —que se repite, menos hoy, pero aún la oirás— de personas que dicen: «El tema del abuso es un problema norteamericano, de Europa occidental. Aquí no tenemos ese problema». Y, en ese momento, yo ya sabía, de hecho, que eso no era cierto. Pero también llegué a reconocer que, empezando por los propios obispos, había mucho trabajo por hacer en términos de abrirle los ojos a la gente sobre la situación, dolorosa y real, que sí existe en la Iglesia, pero también en el mundo, porque este es un problema humano.
>
> Las estadísticas muestran que una vasta mayoría, un alto porcentaje del número de casos de diferentes tipos de abuso infantil ocurren dentro de las estructuras familiares, por ejemplo. Eso no es una excusa, obviamente, y habiendo escuchado a varias víctimas mucho antes de llegar a Chiclayo —es decir, como prior provincial

200 Hermana Carmen Toledano, entrevista con la autora, 26 de junio de 2025

en Chicago y también como general de la orden, y viendo experiencias en todo el mundo de personas que realmente estaban sufriendo porque habían sido abusadas—, ciertamente traté de ser muy sensible a eso y de acercarme siempre que había casos que me eran conocidos. Para poder escuchar con compasión, para entender lo más posible el sufrimiento que se les había infligido a las personas debido a las formas de abuso.

Volviendo a la comisión, empezamos a buscar formas de educarnos. Al principio, invité al padre Hans Zollner [un experto conocido en prevención] a venir a Perú para dar charlas a la Conferencia Episcopal, porque los obispos necesitan ser conscientes de todo el tema. Luego, al mismo tiempo, me convocaron por un par de razones diferentes para ser una de las personas que escucharía a algunas de las víctimas, a nivel nacional, pero específicamente del Sodalicio. Así que me involucré más en ese sentido y reconocí la necesidad de tener esta comisión. En la Conferencia Episcopal, también abrimos un centro de escucha, que es un tema más diocesano, pero había una necesidad, debido a las dificultades en muchas diócesis, de que la Conferencia Episcopal también patrocinara algo así. De modo que tuvimos al menos los comienzos de varias de esas cosas para tratar de mejorar la situación. Sabes, siempre es un camino muy largo, porque la gente no se cura instantáneamente. El dolor que ha sido causado en sus vidas a veces dura toda su vida, y hay que tener la paciencia, la disposición y el entendimiento para simplemente caminar con ellos y tratar de estar con ellos en eso, y buscar formas tanto de sanación como de prevención[201].

De esta manera, cuenta León XIV, la Conferencia Episcopal patrocinó varios cursos «también para seminaristas, para catequistas, para personas que trabajaban dentro de la Iglesia, para entender qué es el abuso sexual, cómo identificar algunos de los síntomas si algún niño ha sido la víctima, cómo prevenir que esto suceda, etcétera, etcétera. Todo eso fue parte de ese proceso en esos años»[202].

201 Papa León XIV, entrevista con la autora, 10 de julio de 2025.

202 Papa León XIV, entrevista con la autora, 10 de julio de 2025.

El caso Sodalicio

Un caso particular que se ha vuelto infame en Perú y en toda América Latina, y ahora más allá, es el del *Sodalitium Christianae Vitae* (SCV). Fue durante su década en Perú como obispo de Chiclayo cuando monseñor Robert Prevost se involucró directamente por primera vez en el caso Sodalicio, alrededor del cual desempeñó un papel activo en la investigación del grupo. Se reunió con sobrevivientes y habló con los periodistas que destaparon los abusos y que continuaron informando sobre escándalos dentro de lo que algunos, en Roma, han descrito como uno de los grupos más egregiamente abusivos que la Iglesia ha visto en los últimos años.

Una Sociedad de Vida Apostólica y el movimiento eclesial laical más grande del Perú, el SCV fue fundado por el laico peruano Luis Fernando Figari en 1971. Nacido en Lima, en 1947, Figari es el fundador de cuatro comunidades diferentes, todas las cuales fueron suprimidas por el papa Francisco poco antes de su muerte: una laical masculina, el Sodalicio de Vida Cristiana; una laical femenina, la Fraternidad Mariana de la Reconciliación (FMR)[203]; una de religiosas, las Siervas del Plan de Dios; y un movimiento eclesial, el Movimiento de Vida Cristiana (MVC). Todas estas comunidades compartían la misma espiritualidad «sodálite».

El Sodalicio, un grupo carismático con habilidad para atraer a jóvenes, captó un gran número de vocaciones de personas atraídas por su énfasis en una vida de estricta ascesis, de formación intelectual y de combate espiritual, creyendo que su llamado era luchar como soldados de élite en el ejército de Dios. Luego de casi cuarenta años, en 2010, Figari renunció como superior general del SCV por supuestas razones de salud, aunque, para entonces, ya habían comenzado a surgir en el Perú acusaciones de abuso sexual, físico y psicológico, en gran parte gracias a la denuncia de Rocío Figueroa, exmiembro y ex superiora general de la FMR, quien descubrió abusos sexuales dentro del grupo, primero con el alto cargo

203 La autora de este libro fue parte de la Fraternidad Mariana de la Reconciliación durante cinco años. Nunca llegó a ser fraterna, pues no llegó a entrar en comunidad ni formación, aunque se mantuvo cerca de ellas, luego de lo cual empezó su carrera periodística, que más tarde la llevaría a iniciar una investigación en el Perú, donde conocería al obispo Robert Prevost.

Germán Doig y, luego, con el propio Figari. Figueroa fue excluida y marginada cuando intentó dar la voz de alarma.

Una investigación completa sobre las denuncias contra Figari se abrió recién en 2015, poco después de que los periodistas peruanos Pedro Salinas y Paola Ugaz publicaran su exitoso libro *Mitad monjes, mitad soldados* (2015), que narra, con decenas de testimonios, años de presuntos abusos sexuales, físicos y psicológicos por parte de miembros del Sodalicio. La primera denuncia pública de abuso contra el SVC fue hecha en los medios, en el año 2000, por una de las propias víctimas, José Enrique Escardó, pero recién la primera denuncia formal en el Tribunal Eclesiástico de Lima contra Figari y su institución ocurrió en 2011. Para 2013, dos años antes de la publicación del libro de Salinas y Ugaz, el tribunal había recibido cuatro denuncias diferentes, incluidas acusaciones de abuso sexual de menores. Sin embargo, no se tomó ninguna acción formal hasta después de que el libro de Salinas y Ugaz destapara los casos, cuando por fin se nombró un visitador apostólico para el Sodalicio y se estableció una comisión de ética en 2016 para investigar y presentar propuestas sobre las acusaciones contra Figari.

Diversas acciones fueron tomadas por el Vaticano a lo largo de los años siguientes, y múltiples prelados, e incluso asesores cercanos del papa Francisco, fueron designados para supervisar reformas internas, incluida la reforma de las Constituciones del Sodalicio, de su proceso de formación y de sus finanzas. Sin embargo, a decir de algunos de los implicados directos, y como se verá a continuación, pocos fueron los obispos en el Perú, entre ellos Robert Prevost, que «se compraron el pleito», por usar una de las frases que han descrito a monseñor Roberto en páginas anteriores.

Con el pasar del tiempo, y debido a las continuas quejas de corrupción financiera y el acoso legal a periodistas que informaban sobre el caso, el papa Francisco intervino directamente en 2023, cuando nombró a su dúo de investigadores principales, el arzobispo maltés Charles Scicluna y el monseñor español Jordi Bertomeu, para liderar una Misión Especial que investigaría a fondo el SCV[204].

204 Hasta la publicación de este libro, Scicluna es el arzobispo de Malta y también se desempeña como secretario adjunto del Dicasterio para la Doctrina de la Fe del Vaticano, donde Bertomeu también es funcionario, quien, entre otras cosas, se encarga de gestionar las denuncias de abuso clerical. Scicluna también preside un consejo de revisión para casos de abuso dentro del dicasterio.

A lo largo de estos años, Salinas y Ugaz sufrieron un ataque de acoso legal por parte de miembros del Sodalicio. En julio de 2018, el arzobispo de la región norteña de Piura, en el Perú, José Antonio Eguren, quien era miembro del SCV y luego fue uno de los catorce expulsados antes de la supresión final del grupo, presentó demandas por difamación criminal contra los autores de *Mitad monjes, mitad soldados*. Esto fue a raíz de informes de investigación en los que lo nombraban no solo como cómplice en los abusos del SCV, en el caso de Salinas, sino que también lo acusaban de tráfico de tierras en Piura, en el caso de Ugaz. Luego de un año, en 2019, poco después de ganar su caso contra Salinas, que se juzgó en Piura, donde al parecer el prelado ejercía una poderosa influencia, Eguren retiró sus denuncias contra ambos periodistas en medio de una avalancha de críticas públicas, mediáticas y eclesiales, incluida una carta crítica de los obispos peruanos en la que afirmaban contar con el respaldo del papa[205]. Sin embargo, Ugaz —cuya publicación de un nuevo libro sobre irregularidades financieras dentro del SCV, incluyendo a miembros que aún ocupan posiciones prominentes, se ha retrasado repetidamente debido a sus problemas judiciales— ha continuado recibiendo notificaciones legales de individuos y de asociaciones con vínculos con el SCV, la mayoría de los cuales la acusan de difamación. Ugaz, una de las ganadoras del Courage in Journalism Award 2021, se llegó a reunir con el papa Francisco en el Vaticano en noviembre de 2022, cuando declaró que ella y el pontífice conversaron sobre su investigación del Sodalicio, entre otras cosas. Eguren mismo, quien ha sido acusado por muchos sobrevivientes y exmiembros del SCV de encubrimiento, ha sido convocado dos veces al Vaticano: una vez, en 2018, mientras sus demandas contra Salinas y Ugaz aún estaban activas, y nuevamente en marzo de 2022, en un momento en que Ugaz estaba publicando historias que lo acusaban de tráfico de tierras en Piura.

Poco antes de la llegada de Scicluna y Bertomeu a Lima, en julio de 2023, una comisión investigadora parlamentaria peruana sobre el abuso sexual de menores en organizaciones publicó un extenso informe sobre el caso

205 Sobre la denuncia de Eguren contra Salinas y el proceso judicial en Piura, y en general para más información sobre el caso Sodalicio y todo lo que lo rodeó, ver: Salinas, P. (2025). *La verdad nos hizo libres. Historia de los abusos y de la caída del Sodalicio*. Debate.

Sodalicio[206]. Entre otras cosas, este detalló el abuso sistemático y el encubrimiento por parte de miembros del SCV, muchos de los cuales ocuparon altos cargos hasta que la Sociedad de Vida Apostólica fue suprimida por el papa Francisco apenas una semana antes de su muerte, en abril de 2025.

Fue en 2018, en medio de las demandas legales de Eguren contra Salinas y Ugaz, y mientras las víctimas se quejaban de la falta de justicia en las dos comisiones investigadoras dirigidas por el propio Sodalicio, cuando Prevost intervino y asumió un papel activo, reuniéndose con las víctimas, sirviendo como intermediario con el Vaticano y también ayudando a gestionar compensaciones adicionales para algunos sobrevivientes.

En un *podcast* del 17 de mayo de 2025, Salinas citó varios *e-mails* y ofreció un relato detallado de la participación de Prevost en el caso Sodalicio y su aliento para seguir adelante con los esfuerzos para asegurar la justicia. Esto desde la primavera de 2018, luego como cardenal en Roma, e incluso hasta justo antes de su elección como papa. Salinas dijo en el *podcast* que solo cinco obispos en Perú habían apoyado a las víctimas del SCV desde el principio, y que uno de ellos era Prevost. Afirmó que ambos se conocieron por primera vez en el verano de 2018, cuando él le escribió al entonces nuncio del Vaticano en Perú, el arzobispo Nicola Girasoli, para solicitar una reunión. Girasoli aceptó e invitó a Prevost a participar, ya que, en ese momento, lideraba la Comisión Nacional de Protección del Menor. El periodista, que cuenta con varios libros sobre el caso Sodalicio y años de investigación sobre los abusos relacionados al SVC, leyó en voz alta un correo electrónico en el que les decía a Girasoli y al entonces obispo Prevost que, a diferencia con otros, estaba muy contento con lo que habían conversado y que creía sinceramente en su papel: «Me gustaría comentarles que ha sido un gusto conocerlos. Salí bastante satisfecho de nuestra reunión. Gracias por recibirme y por escucharme con actitud de apertura y espíritu tolerante. La Iglesia católica sería muy diferente con más personas como ustedes», les escribió Salinas en ese momento[207].

206 La comisión fue lanzada en 2018 por el entonces congresista Alberto de Belaúnde, pero la salida al público de su informe, luego de ser encarpetado, se retrasó por años, hasta que finalmente fue sacado a la luz.

207 Salinas, P. [La Mula Stream]. (16 de mayo de 2025). *Pedro Salinas responde con pruebas sobre el papa León XIV y los abusos | DDT* [Video]. YouTube. https://www.youtube.com/watch?v=CfXj4kvNUvE.

Prevost y Girasoli finalmente ayudaron a organizar una reunión sin precedentes entre miembros del liderazgo de la Conferencia Episcopal Peruana (CEP) y sobrevivientes del SCV, que tuvo lugar el 21 de noviembre de 2018. Según Salinas, quien leyó en voz alta su correspondencia, Prevost siempre fue rápido en responder y estuvo muy disponible. De acuerdo con el periodista peruano, exsodálite y víctima de abusos psicológicos él mismo, Prevost «[se] ha enterado con más detalles en esta reunión de los alcances de los abusos. Se pone la camiseta de las víctimas y se compromete como nadie lo hizo con excepción de... Carlos Castillo», el actual arzobispo de Lima.

Después de la reunión, cuando Salinas le escribió a Prevost para agradecerle, el obispo peruano-estadounidense, en una respuesta por correo electrónico del 25 de noviembre de 2018, insistió en la importancia de la trasparencia: «"Vemos la necesidad de alcanzar mayor transparencia —continuó leyendo Salinas lo que le escribió Prevost—. Te agradezco por haber organizado el encuentro con los exmiembros del *Sodalitium* la semana pasada. Me parecía muy importante, y el compromiso de parte nuestra —subraya— es sincero"»[208].

También fue durante este tiempo, el 12 de diciembre de 2018, cuando yo misma tuve una reunión con el entonces obispo Prevost para discutir, entre otras cosas, el caso Sodalicio. Acababa de comenzar un nuevo puesto en mi agencia actual, *Crux*, y estaba en un viaje de reportaje de investigación en Lima, donde conocí, por primera vez de forma presencial, a varias personas que se convertirían no solo en colegas cercanos, sino en amigos, a lo largo de los años siguientes, y también al monseñor Robert Prevost. Le había escrito a la Conferencia Episcopal Peruana solicitando una reunión con el entonces presidente de la CEP, el arzobispo Miguel Cabrejos, para discutir el caso del SVC, y se me concedió una cita con él y con Prevost, ya que este último era el director de la Comisión Nacional de Salvaguarda.

Cuando llegué ese día, los obispos estaban concluyendo una reunión, y cuando salió Prevost, era obvio que o no recordaba, o no le habían dicho que tenía una reunión a esa hora, porque pareció sorprendido. Sin

208 Salinas, P. [La Mula Stream]. (16 de mayo de 2025). *Pedro Salinas responde con pruebas sobre el papa León XIV y los abusos | DDT* [Video]. YouTube. https://www.youtube.com/watch?v=CfXj4kvNUvE.

embargo, amablemente, se puso a mi disposición y entramos a una sala separada para conversar. Cabrejos no pudo asistir, así que estábamos solo monseñor Prevost y yo. Recuerdo, como joven católica y periodista, que me impresionó que un extranjero pudiera ser nombrado obispo en un país ajeno, y también lo hizo su apertura y transparencia. Habló abiertamente sobre el caso Sodalicio, acerca de la reunión que acababa de celebrarse con las víctimas y sobre la preocupación de la Iglesia no solo por el abuso sexual que había ocurrido, sino también por otras formas de abuso, como el psicológico, el físico, el espiritual y, no menos importante, el abuso de poder. Monseñor Prevost me dijo que cuidar a las víctimas significaba más que solo darles una compensación económica, y que era necesario avanzar más en la rendición de cuentas. Los obispos en aquel momento, afirmó, estaban colaborando con la comisión parlamentaria de De Belaúnde, y habló de las directrices que implementaron para la protección infantil y de la recomendación de la denuncia obligatoria de las acusaciones de abuso a las autoridades civiles. Prevost dijo también que existía una gran preocupación por el abuso de mujeres y de personas vulnerables, y también sobre la edad de consentimiento en el Perú, que es de solo catorce años, mientras que el estándar para la mayoría de los países, incluidas ahora las propias directrices del Vaticano, es de dieciocho.

En aquella ocasión, casi siete años antes de ser papa y de nuestra primera entrevista para este libro en la villa pontificia de Castel Gandolfo, también discutimos la situación con respecto al arzobispo Eguren y a sus demandas contra los periodistas Salinas y Ugaz, lo que, según Prevost, constituía una seria preocupación para la Conferencia Episcopal. Mencionó que estaban en continuas discusiones sobre cómo manejar la situación y qué hacer con Eguren. Unos meses después, en abril de 2019, cuando Salinas fue condenado, la CEP emitió un comunicado en su defensa y en la de Ugaz, criticando a Eguren, quien terminó por retirar sus denuncias en medio de la reacción pública.

Al final de mi conversación con él, aquel 2018, Prevost me dio su tarjeta de presentación y acordamos mantenernos en contacto. Salí de la reunión sintiéndome satisfecha e impresionada por la confianza y transparencia de aquel obispo conmigo, así como por el respeto que me mostró como reportera, a pesar de no conocerme previamente.

En su *podcast* de mayo de 2025, unos días después de la elección de León XIV, Pedro Salinas mencionó que, durante el tiempo que siguió a la reunión de noviembre de 2018 entre obispos y víctimas, él también le pidió a Prevost que Scicluna y Bertomeu investigaran al SCV, ya que acababan de realizar una investigación sobre escándalos de abuso clerical en Chile que hizo que el papa Francisco cambiara abruptamente su tono y rumbo en el asunto. Cinco años después, en 2023, así lo hicieron.

Asimismo, Salinas reveló que Prevost comenzó a recibir varias denuncias específicamente contra Eguren durante este período, y que todo esto se estaba compilando como parte del caso. Eguren fue posteriormente destituido del liderazgo de la arquidiócesis de Piura por el papa Francisco en abril de 2024, en medio de la investigación de la Misión Especial Scicluna-Bertomeu, y mientras Prevost se desempeñaba como prefecto del Dicasterio para los Obispos del Vaticano, en Roma. En 2018, según Salinas, el entonces monseñor Prevost le aseguró en varios correos electrónicos que el caso Sodalicio era un punto de discusión constante para los obispos, y también ayudó a las víctimas a redactar una carta que sería enviada al Vaticano de manera conjunta entre miembros de la CEP y las víctimas del SVC, en la que se denunciaba los abusos y se pedía justicia. Esta carta no llegó a enviarse al Vaticano en conjunto como se había planteado inicialmente, pero Prevost, independientemente de la decisión de la directiva de la CEP, se la hizo llegar al papa Francisco a título personal.

Siguiendo con el mismo tema, sobre una reunión que tuvo con el entonces cardenal Prevost durante una visita a Roma en octubre de 2024, en medio de la investigación de la Misión Especial Scicluna-Bertomeu, Salinas contó que el actual papa se había mantenido al tanto de la causa. Así, en un correo electrónico de seguimiento del 16 de octubre de 2024, Prevost insistió, afirmó Salinas, en la necesidad de justicia: «"Hay que seguir trabajando para llegar a una justa conclusión en este proceso"», cuenta Salinas que le escribió el actual pontífice, agradeciéndole por su propio trabajo y compromiso: «"Gracias a ti. Que tengas un buen viaje. Espero que en poco tiempo se logre poner fin a esta historia. [Ahora a] seguir trabajando para ayudar a la Misión Especial de Scicluna y Bertomeu"», le escribió Prevost. Al final, la Misión Especial, a pesar de la intensa presión y de los intentos de desacreditar su trabajo, cerró con la supresión del Sodalicio de Vida Cristiana y de las otras tres comunidades fundadas por Figari.

La hermana Carmen Toledano relata, incluso, que, durante los años en los que Prevost estuvo más involucrado en el caso del Sodalicio, a partir de 2018, él a veces acudía a su convento cuando necesitaba un lugar discreto para reunirse con las víctimas: «Él a mí alguna vez me ha pedido: "Mira, necesito hablar con una víctima, pero necesito que sea un sitio discreto y, como él no vive aquí, no puedo quedar en la Conferencia Episcopal". Entonces, él venía aquí, yo lo dejaba en una sala. Ni siquiera las hermanas se enteraban, para que fuese lo más discreto. Y aquí ha recibido a algunas víctimas»[209].

La hermana Carmen lamenta que, en algunos informes y publicaciones sobre el caso Sodalicio, y el papel de Prevost en la crisis de abusos en general, se haya dicho que ningún obispo en el Perú ayudó jamás. Dice que leer estas cosas le ha molestado, pues ella sabía que la verdad era otra, y a veces tomaba fotos del texto en cuestión y se las enviaba al entonces obispo Prevost, quien, afirma Toledano, nunca se dejó afectar por tales cosas. A ella le impresionó la manera tranquila en que Prevost se tomó esas críticas, cuando ella misma sabía que monseñor Roberto «era una persona que sí estaba haciendo», aunque «él no iba a salir en los medios a decirlo, es [de] otro estilo». Y agrega: «Me impresionaba, porque [me decía]: "Bueno, no importa, en algún momento la verdad saldrá a la luz". Él siempre ha apostado, es decir, tenía tanta confianza y tanta rectitud y es un hombre íntegro, honesto, que siempre me respondía: "No importa". A mí también eso me ha ayudado».

Sobre el caso Sodalicio, mirando hacia atrás y reflexionando sobre su propia participación en él —un caso que, además, acaparó la atención mundial—, así como sobre la decisión del papa Francisco de suprimir la organización por sus características sectarias —descrita por algunos como excesiva y por otros como un paso valiente y sin precedentes en la lucha contra el abuso clerical—, el papa León sostiene que no sabe si calificar necesariamente el caso de emblemático, pero que supo que algo andaba mal desde el principio, cuando comenzó a familiarizarse con él. En la entrevista que concedió para este libro aborda diversos detalles al respecto, incluido el bloqueo de información para que el caso

209 Hermana Carmen Toledano, entrevista con la autora, 26 de junio de 2025

no saliera a la luz o los intentos de desacreditación por parte de las autoridades del SVC hacia las víctimas que empezaron a hablar sobre las situaciones de abuso:

> Hay una serie de preocupaciones que surgen. Ciertamente, en ese caso particular, a medida que las cosas se desarrollaron, hay varios aspectos involucrados en términos de personas que estaban ciegas a la realidad de lo que sucedía en el grupo específico. Personas que sin duda sabían al menos algo de lo que pasaba en el grupo e intentaron bloquear cualquier descubrimiento de lo que había sucedido. Para mí, un tema muy significativo, un tema específico en ese caso, giró en torno a un hombre llamado Germán Doig. Cuando él murió, pasaron cinco años e intentaron inmediatamente abrir la causa de beatificación. Eso fue un catalizador, porque ahí fue cuando algunas de las primeras víctimas realmente comenzaron a hablar. Hay una mujer que había sido víctima [Rocío Figueroa], que simplemente dijo «esto es demasiado», y muy valientemente decidió alzar la voz y abordar el problema.
>
> Por supuesto, la respuesta institucional fue enlodar su nombre, decir que estaba loca, buscar todas las formas de difamación, simplemente para destruir a la persona. Cuando me di cuenta de eso y seguí leyendo sobre el tema, y luego, al ver que incluso cuando quedó claro que ella estaba en lo cierto, la respuesta de la institución… y digo de la institución intencionalmente, porque hay algo que sucede en este caso… Obviamente, hay un nombre y apellido para las personas involucradas y algunas fueron responsables de parte de esto, pero la institución misma se corrompe por esta mentalidad de «tenemos que defender la institución por encima y contra cualquier cosa». Y a la gente se la formaba, secularmente se podría decir que se le lavaba el cerebro, pero [me refiero a] este tipo de lealtad ciega que decía: «Rocío tiene que estar equivocada, y esto tiene que ser lo correcto»[210].

De esta «lealtad ciega» a la que alude el papa se desprende una crítica a un profundo ánimo institucional de poner al Sodalicio por encima de todo,

210 Papa León XIV, entrevista con la autora, 10 de julio de 2025.

incluso por sobre la transparencia, la verdad y, en especial, por sobre las propias víctimas, lo que finalmente llevó al entonces monseñor Prevost a tratar de hacer todo lo que estuviera en sus manos para ayudar a los perjudicados:

> Para mí, [ya es grave], por la sensibilidad personal sobre lo que significa promover una causa de beatificación o de santidad, que un grupo sea tan deliberadamente ciego a la realidad del daño humano que fue causado por esa persona y que aun así siga teniendo la osadía de intentar promover esta causa de santidad, de beatificación. Porque «queremos tener a nuestro primer beato», como parte del objetivo de «queremos tener a nuestro primer obispo». Estas son cosas que estos grupos hacen. Eso fue para mí un verdadero punto de inflexión en el sentido de que, obviamente, hay algo mal aquí. Terriblemente mal. Eso, estoy seguro, me llevó a decir: si hay algo que yo pueda hacer para ayudar a las personas que han sufrido por esto, intentaré hacerlo[211].

Esta voluntad de apoyar a las víctimas, ante una situación institucional y humana que consideraba esencialmente errónea, llevó a Prevost a tener un rol en el caso que fue cambiando a lo largo del tiempo. Así lo explica:

> Ese rol en particular cambió a lo largo de los años, pero, ya desde ese momento, yo había cumplido un papel fundamental en la Conferencia Episcopal para conseguir las directrices sobre los casos de abuso. Se habían preparado antes de que yo fuera obispo, pero nunca se publicaron, no estaban finalizadas, y cuando llegué allí, dije que teníamos que hacer eso, que necesitábamos esas directrices, así que yo personalmente vine a Roma y descubrí cuál era el obstáculo y por qué estas no se aprobaban finalmente, qué estaba faltando. Y logramos que se publicaran. Pero era una sensación de «este es un problema en Perú, no es solo un problema norteamericano, y tenemos que empezar a responder al dolor real y a la necesidad real que hay ahí afuera». Así que eso fue parte de toda esa progresión[212].

211 Papa León XIV, entrevista con la autora, 10 de julio de 2025.

212 Papa León XIV, entrevista con la autora, 10 de julio de 2025.

Administrador apostólico del Callao

Uno de los roles más breves del monseñor Prevost, pero acaso uno de los más significativos durante su tiempo como obispo de Chiclayo, fue cuando se desempeñó, por un año, como administrador apostólico de la Diócesis del Callao. Como se ha explicado en capítulos anteriores, fue designado por el papa Francisco para este cargo en abril de 2020, en plena pandemia, tras la renuncia forzada de su anterior obispo, monseñor José Luis del Palacio y Pérez-Medel, en medio de una montaña de quejas en su contra. Prevost sirvió allí hasta mayo de 2021, cuando un nuevo obispo, Luis Alberto Barrera Pacheco, se instaló formalmente.

La llegada del obispo Prevost al Callao se produjo tras un período tumultuoso para la diócesis, que vio la destitución de Del Palacio, miembro del Camino Neocatecumenal, en medio de una disputa abierta con el clero diocesano e, incluso, con el clero perteneciente al propio «Camino», debido a su deseo de imponer el carisma de dicho «itinerario de formación cristiana» a toda la diócesis, ordenando por edicto que todas las parroquias adoptaran su modelo de liturgia y de espiritualidad. Algunos sacerdotes afirmaron que, al negarse, recibieron amenazas violentas por matones contratados por Del Palacio y Pérez-Medel y su círculo íntimo.

César Piscoya, exalumno del padre Roberto en la casa de formación de Trujillo durante los años noventa, piensa que el papa Francisco envió a Prevost al Callao específicamente por sus habilidades de gestión y de resolución de problemas. No solo era muy respetado dentro de la Conferencia Episcopal Peruana, sino que también era considerado altamente competente en todas las áreas en las que trabajaba, incluidas las finanzas y los roles que llevó adelante en la Comisión Episcopal de Acción Social y en la Comisión Nacional de Protección del Menor. «Cuando nos involucramos pastoralmente, Roberto no solamente es responsable de la diócesis, sino que comienza a recibir responsabilidades de Francisco. La Conferencia sabe que Francisco le tiene aprecio, se da cuenta de que confía en Roberto», relata Piscoya, para quien la administración del Callao es parte de una suma de responsabilidades, incluida la Comisión de Economía y la segunda vicepresidencia de la Conferencia Episcopal, o su importante rol en el involucramiento del Opus Dei, de alguna manera, en una idea de «Iglesia diferente» en Chiclayo. Algunas diócesis tenían problemas de finanzas, afirma Piscoya, «y Roberto entra a poner un poco de orden. Entonces, el respeto se lo va ganando por todo ese compromiso, por las tareas cumplidas y el resultado de sus compromisos. En la Conferencia lo respetan y lo quieren mucho por eso. Callado, bajo perfil, pero va generando cambios».

De manera similar, el padre Elías Neira cree que Prevost fue llevado al Callao específicamente para ayudar a gestionar las consecuencias de la situación, de la cual escuchó historias que, según él, podrían formar parte de una película de acción:

> No tengo los detalles de los datos, pero recuerdo algunas cosas que me comentó Roberto y que después he podido corroborar por otros lados, de algunos religiosos de otras congregaciones. Yo creo [...] que el papa Francisco decide llevárselo [a Roma] después de que arregla el problema del Callao. [...] El obispo que estaba ahí, que era un neocatecumeno, creo que no estaba bien de la cabeza. [...] Primero mandó a que todos los grupos se vuelvan al [Camino] Neocatecumental. Después hay una serie de cosas [contra] los que se oponen a su gestión. Tienen que esconderse los marianistas, los de órdenes, en sus casas, porque les «manda la moto»[213]. Lo que quería mandar [eran] los sicarios. Y con sobres, con una bala adentro. Es decir, que tu obispo te mande eso... Yo nunca he visto [eso] en mi vida[214].

Dos sacerdotes diocesanos del Callao, Víctor Torres y José del Rosario, confirman los rumores y afirman que ellos mismos y sus familias enfrentaron persecución violenta, así como acoso legal a través de acusaciones canónicas fabricadas que buscaban su expulsión por resistirse a los esfuerzos de imponer el Camino Neocatecumenal en toda la diócesis. Prevost, sostienen, jugó un papel decisivo en calmar las aguas, en ayudar al clero local a tomar medidas para sanar y sentar las bases para la llegada de un nuevo obispo. Fue fundamental, pues, en este nuevo

213 En Perú, la expresión «mandar la moto» suele referirse a enviar a algún matón (a veces, inclusive sicarios), que en ocasiones viajan en motocicleta, para que intimiden, amenacen o incluso atenten contra otra persona.

214 César Piscoya, entrevista con la autora, 17 de junio de 2025.

comienzo para la Diócesis del Callao, una habilidad que se suma a las ya mostradas en las otras dimensiones en las que ha destacado en su amplia trayectoria y, más importante, una actuación decisiva que, como se ha visto, llamó aún más la atención del papa Francisco con miras al Dicasterio para los Obispos.

El padre José del Rosario, párroco de la parroquia Basílica Santuario de Nuestra Señora del Carmen de la Legua, en el Callao, advierte, en llamada de larga distancia, en que el Camino Neocatecumenal nunca fue el problema en la diócesis, pues tiene muchos amigos que forman parte de este, pero que el error fue la tentación del fanatismo religioso. Algo que, claramente, iba en contra del Evangelio, y que generó violencia sin precedentes:

> Este obispo, con algunos de sus [colaboradores] más cercanos, habían caído en esta tentación del fanatismo, por la cual, si no pertenecías a este grupo, no se podía ser cristiano, católico, ni mucho menos participar en la Iglesia... si no se tenía todo el itinerario neocatecumenal. Esto generó un conflicto muy grande y violencia a niveles muy fuertes, a nivel de amenazas, de pistolas en la cabeza, de granadas de guerra. En las parroquias, constantes amenazas canónicas o, incluso, juicios, procesos canónicos contra distintos sacerdotes para darlos de baja[215].

El padre José también cuenta que a algunos de los sacerdotes de la diócesis del Callao, que no habían estudiado en universidades pontificias, se les revisaba al detalle su trayectoria académica y se les decía que necesitaban estudiar de nuevo. Para ello, muchas veces utilizaban emisarios, con un discurso aprendido y diseñado, que trataba a quienes no se alineaban con el itinerario neocatecumental como «no conversos»:

> Todos los emisarios repetían exactamente un guion: «He venido a anunciarte el Evangelio: conviértete, ábrete al Camino Neocatecumenal». Y eso a nosotros nos sonó muy mal. No éramos paganos. Entonces, protesté. Les dije: «¿Por qué me tratan como si fuera un pagano?». Y a mí me lo dijeron, me lo dijo el vicario

215 Padre José del Rosario, entrevista con la autora, 24 de julio de 2025.

general: «Tú eres un sacerdote pagano que no has aceptado el Evangelio. Nosotros celebramos la Eucaristía. Usted celebra la misa. Tienes que convertirte»[216].

Este tipo de situación violenta y hostil fue a la que se enfrentó monseñor Prevost en su designación papal como administrador apostólico del Callao. Y no solo eso. También, refiere el padre José, había una serie de disposiciones, una de las cuales, por ejemplo, ordenaba pintar íconos y murales del pintor español y catequista Kiko Argüello, fundador del Camino Neocatecumental, en lugar de los altares tradicionales o de los retablos[217] que ya tenían las parroquias. «Eran situaciones en las cuales nosotros vivíamos pensando mucho: "¿Será esta la última misa que celebro? Cuando nos den de baja, ¿cuántos años pasarán hasta que venga alguien más y nos rehabilite?"», expresa, de manera enérgica, a pesar de todo, el padre Del Rosario, y recuerda que el propio papa Francisco fue quien le solicitó al monseñor Roberto regularizar tan difícil situación: «Era una situación muy dura. Y es en ese contexto que el papa Francisco le pide a monseñor Robert Prevost que venga al Callao como administrador apostólico. Su misión era básicamente poder dar una esperanza y preparar una transición sana hacia un nuevo pastor. Y es exactamente lo que el monseñor Prevost hizo[218]».

De manera similar, el padre Víctor Torres, párroco de la Parroquia Nuestra Señora del Perpetuo Socorro, en el Callao, cuenta por teléfono, con voz firme, aunque dolida —por todo lo que tuvo que soportar—, que fue una de las primeras personas que monseñor Prevost conoció al llegar a la diócesis. El obispo Prevost, relata el padre Víctor, visitaba la diócesis cada quince días, y alternaba aproximadamente dos semanas allí y dos semanas en Chiclayo, durante todo el año en que fue administrador apostólico del Callao, al lado de Lima, a casi ochocientos kilómetros de la diócesis chiclayana. Incluso, cuenta Torres, Prevost caminaba por las calles en plena pandemia para estar cerca de la gente.

216 Padre José del Rosario, entrevista con la autora, 24 de julio de 2025.

217 Un retablo peruano, expresión artística y cultural de la región andina, es una caja o estructura de madera que, al abrirse, muestra una serie de figuras en miniatura hechas de yeso, de madera o de pasta, pintadas con colores vivos. Estas figuras suelen recrear escenas religiosas.

218 Padre José del Rosario, entrevista con la autora, 24 de julio de 2025.

El padre Víctor también afirma que recibió amenazas directas de violencia por su resistencia a los planes de Del Palacio Pérez-Medel: «A mí me han puesto el revólver en la cabeza. Me han amenazado de muerte por teléfono. El obispo, con su cúpula, con su auxiliar, con sus vicarios y los que tenía al mando... ellos contrataban a delincuentes para que nos amenacen a nosotros. Contrataban a muchachos de barrios. Y nosotros [...] los denunciamos. Pero ellos estaban ligados a Los Cuellos Blancos[219], al Poder Judicial, a la Fiscalía. Y había sacerdotes que coordinaban con ellos. Si nosotros lo vemos ahora desde el ámbito legal, se convirtió en una organización criminal. Esa fue la situación. En ese contexto», sostiene[220].

Por su parte, el padre Del Rosario afirma que también recibió, primero, amenazas canónicas de expulsión del sacerdocio, y, luego, amenazas con violencia física. Cuando cambió de parroquia, cuenta, se dijo que no había dejado el libro de confirmación. «A ningún sacerdote se le quita el sacerdocio por la falta de un libro», dice, y resalta que, a pesar de que reunió todas las evidencias de que había dejado el libro en cuestión donde correspondía, empezaron a «inventarse cosas». Luego, relata, le pusieron un arma en la sien llegando a su casa, y le dijeron: «Sabemos en qué andas». En ese momento, él no sabía de dónde venían dichos actos intimidatorios, aunque, luego, con el tiempo, le fue quedando claro el origen, incluso luego de un proceso judicial. «Observé a dos sicarios en

219 Los Cuellos Blancos del Puerto es una ampliamente documentada organización criminal integrada por magistrados, exmiembros del extinto Consejo Nacional de la Magistratura (CNM), fiscales, abogados litigantes y empresarios. Operaron durante varios años desde la Corte Superior del Callao, manipulando procesos judiciales a cambio de favores o de dinero. Para 2025, la Fiscalía peruana acusó a cuarenta y seis imputados en dicha organización criminal, ver: Plataforma Digital Única del Estado Peruano. (28 de marzo de 2025). Caso Los Cuellos Blancos del Puerto: Fiscalía acusa a 46 imputados por organización criminal y otros delitos. *Gob.pe.* https://www.gob.pe/institucion/mpfn/noticias/1135604-caso-los-cuellos-blancos-del-puerto-fiscalia-acusa-a-46-imputados-por-organizacion-criminal-y-otros-delitos. Y para más información sobre los inicios del caso, revisar el especial publicado por el diario *El Comercio* a un año de la revelación de dicha organización por audios publicados por *IDL-Reporteros*, medio del reconocido periodista Gustavo Gorriti: Barboza, K. (2019). Los Cuellos Blancos que corrompieron el sistema de justicia. Especial. *El Comercio*. https://especiales.elcomercio.pe/?q=especiales/a-365-dias-de-los-cuellos-blancos-visual/index.html.

220 Padre Víctor Torres, entrevista con la autora, 23 de julio de 2025.

la puerta de mi casa, en una moto. Me siguieron, logré perderlos. Luego, otro día, y un tercer día, en la puerta de mi trabajo. Quizá también eso nos hacía bastante distintos. Trabajamos como cualquier persona, como capellanes, como profesores, en colegios, en universidades, y saliendo de mi trabajo, me siguieron. Ahí logré meterme en un centro comercial e identifiqué la moto de los sicarios. Se les llevó a juicio y les ganamos. Y no solamente les ganamos, sino que ellos mismos fueron los que indicaron: eso era de la Iglesia, no era de otro lado», cuenta el padre José, quien también recuerda que la diócesis, a cargo de Del Palacio Pérez-Medel, reaccionó con los denunciantes a través de medios oficiales, como la página web y la *fanpage* de la institución, con acusaciones difamatorias. «En el momento no podíamos ni hablar. Nos temblaba la voz. Temíamos por nuestras familias, que también estaban amenazadas. Era una cosa horrible. Pero creemos que es así: vale la pena apostar por Jesús y su Iglesia», afirma el padre Del Rosario, a quien la llegada al Callao de Robert Prevost, y su trabajo como administrador apostólico, le parece que sentaron las bases y condiciones para una transición ordenada para un nuevo comienzo luego de tanto caos y violencia.

El padre Víctor cuenta que cuando le relató su experiencia a Prevost, poco después de su llegada al Callao, ambos compartieron un café y *brownies* en su casa del Callao. El obispo de Chiclayo, al parecer, era muy aficionado a este último postre, mientras no dejaba de prestar atención al testimonio, importante y gravísimo, del padre Víctor: «Le encantan los *brownies*. Inclusive, pidió la receta de la secretaria… El monseñor me escuchó con toda paciencia, pero tú no notabas en su rostro un signo de alarma [por] todo lo que habíamos sufrido los sacerdotes perseguidos, maltratados, escondidos del anterior obispo y su cúpula. Nos escuchó y después me preguntó: "¿A quién más tengo que escuchar?". Allí conversó con el padre José [Del] Rosario y, después, con el padre Javier Nugent. Lo conversó con él, lo escuchó y lo nombró vicario pastoral».

Lo que el actual papa hizo en el Callao fue más allá. Siguiendo con su perfil de afrontar desastres y crisis, Prevost también abordó las necesidades de la población local en medio de una pandemia, gestionando donaciones de Cáritas y asegurando que la ayuda llegara a los necesitados, incluyendo a los que no seguían el Camino del anterior obispo. Pero también escuchó y estuvo presente para los fieles y el clero, lo que ayudó a proporcionar una sensación de calma y normalidad después de la tumultuosa experiencia que habían vivido. Sobre esto, comenta el padre Víctor:

> Cáritas del Callao, en la época de pandemia, repartía las donaciones solamente a las parroquias del Camino Neocatecumenal. A la parroquia donde estaban los diocesanos, caso concreto, no nos repartían nada. [Y] apareció monseñor Prevost. No sabemos si fue directiva de él, o encargo de él, pero empezaron a repartir en todas las parroquias, a atender a los pobres de las parroquias. Llegaron embutidos, gallinas, pollo, llegó de todo... También salió a visitar a los sacerdotes en sus parroquias. Los escuchaba[221].

Por ejemplo, relata también el padre Víctor, monseñor Prevost le pidió al padre Javier Nugent, religioso marianista, ser su vicario episcopal, a lo que este, quien tenía problemas de vista y no podía leer, le envió una carta diciendo que no podía aceptar el encargo. Prevost, cuenta el padre Torres, le respondió: «Yo no te necesito para que leas, sino para que sirvas».

Por otro lado, el padre Víctor también reconoce que el actual papa León XIV tiene la capacidad de pedir perdón, si es necesario. Lo ilustra con una anécdota personal, sobre una ocasión en la que él hizo pública una información que Prevost no quería que lo fuera, por estar él en proceso de gestionarla, lo que hizo enojar al monseñor, algo que, sin embargo, más tarde Prevost le agradeció, ya que dicha difusión llevó a tomar medidas en un importante caso de conducta sexual indebida en la diócesis:

> Yo estaba estudiando un diplomado [virtual] en la prevención de abusos a menores en la CEP Rome. Y entonces mencioné en ese evento que en el seminario en Callao había un formador que hacía sexo oral a los seminaristas. Inmediatamente, monseñor Prevost se enteró, me llamó por teléfono, me jaló la oreja, fuerte. Ya ahí recién noté su carácter, porque me dijo: «¿Por qué tienes que hablar tú? ¿Por qué tienes que decir, si yo estoy manejando esto? Yo estoy

221 Padre Víctor Torres, entrevista con la autora, 23 de julio de 2025.

> conversando con la persona». «Disculpe, monseñor, yo no he mencionado el nombre. Solamente mencioné el caso», le dije. Le manifesté, porque yo también estaba alterado: «Bueno, entonces ¿qué quiere que haga?, ¿me callo, me retiro del corso, dejo la parroquia, me voy, de frente?». No me impuso nada. Al día siguiente, me llamó por teléfono y me agradeció. Estaba contento, y me dice: «Padre Víctor, gracias por lo que ha sucedido, porque esto se ha comunicado, se ha informado y nos han felicitado, porque no estamos apañando ni avalando cosas de ese tipo». Entonces, fue una buena intervención. Él estuvo a cargo y sé que sacaron del seminario a ese formador. [...] Podemos discrepar, disentir, pelearnos, pero no romper la comunión. Eso me pareció buenísimo del papa[222].

Del Rosario comparte el optimismo del padre Víctor sobre el papado de León XIV. Afirma que el actual pontífice supo manejar una situación difícil en el Callao, acercándose a la gente y a los problemas, y fue capaz de sentar las bases para la sanación y para que la diócesis avanzara:

> Monseñor Prevost sabía muy bien lo que vivíamos. Él, ni bien nombrado, llegó prácticamente a las horas. Primero fue a la casa de Víctor Torres. Estábamos encerrados en las casas de nuestras familias por el tema de la pandemia. Y luego vino y almorzamos aquí en mi casa, con mi familia. Tenemos, pues, un recuerdo muy hermoso de monseñor Prevost. La experiencia de encontrar a alguien que se acercaba a los problemas, a la realidad, que lo hacía con mucha fineza, mucha delicadeza, pero también con mucha firmeza[223].

Eso es por lo que hoy ellos agradecen mucho al papa León, pues llegó al Callao en un momento complicado, con una rutina difícil, de ir y venir de Chiclayo a Lima-Callao, cada quince días. Y lo hacía, además, como no podía ser de otra forma, conduciendo. «Venía manejando solito. Visitaba a cada sacerdote. Él no tenía una base, por así decirlo. Él, por acercarse a todos, pues iba a las parroquias, compartía», cuenta el padre Del Rosario, quien recuerda los momentos terribles previos a la llegada

222 Padre Víctor Torres, entrevista con la autora, 23 de julio de 2025.

223 Padre José del Rosario, entrevista con la autora, 24 de julio de 2025.

de Prevost: «Lo que se vivió antes de la llegada del monseñor Prevost definitivamente fue un contexto eclesiopático, donde existían distintos abusos: abuso de autoridad, abuso de poder, abuso económico y otros tipos de abusos, que fueron en su momento presentados ante la Santa Sede. Y el papa Francisco supo escuchar, valorar y a través de monseñor Prevost dimos esa esperanza de que esto tenía que cambiar». De ahí que el padre José sea un testimonio más de quienes conocieron y trabajaron de cerca con Robert Prevost, que afirma que su papado traerá mejores tiempos. «Todas las del mundo, todas las esperanzas, las tenemos en el santo padre León», dice[224].

Como se ha comentado, para quienes están familiarizados con los hechos, la gestión de Prevost en el Callao fue lo que finalmente impulsó al papa Francisco a llevarlo a Roma, al ver su capacidad para manejar una situación tan compleja. «Lo del Callao fue decisivo para que lo lleven a Roma. Ahí se dan cuenta de su capacidad ejecutiva, de gestión, de poder sanear cosas. Y que, incluso, milagrosamente ni siquiera se alteró la prensa», comenta el padre Elías Neira. El padre Víctor Torres y el padre José del Rosario, por su parte, están de acuerdo con esta evaluación. «Pensamos lo mismo, que su intervención acá en el Callao, que no generó líos y que logró apaciguar, le permitió el trampolín para Roma», afirma el padre Víctor.

Independientemente de las motivaciones que llevaron al papa Francisco a llevar a Robert Prevost a Roma, a hacerlo cardenal y a ponerlo a cargo de uno de los dicasterios más importantes de la Curia Romana, el Dicasterio para los Obispos, esto no fue lo que Prevost mismo deseaba de inmediato. Trasladarse de Chiclayo a Roma es algo que el papa, en entrevista desde Castel Gandolfo, ha descrito como uno de los movimientos más dolorosos y difíciles de su vida:

> Mi reacción inmediata fue la que he tenido en varios momentos de mi vida. Decir: «Señor, hace muchos años hice un voto de obediencia», y siempre he aceptado lo que la Iglesia me ha llamado a hacer, ya sea a través de la orden agustiniana o cuando fui nombrado obispo. Cuando tuve una audiencia privada con el papa Francisco, me dijo que lo estaba considerando, pero que todavía

224 Padre José del Rosario, entrevista con la autora, 24 de julio de 2025.

no se había decidido, y yo le dije: «Si me estás pidiendo mi opinión, yo estoy muy contento en Chiclayo y preferiría quedarme allí, pero si me llamas para hacer esto, aceptaré», porque así es como he vivido mi vida.

Obviamente, a finales de, supongo que fue 2022, él ya había tomado una decisión, y me dijo: «Te estoy designando para Roma». La designación se publicó en enero y yo llegué a Roma en abril de ese año. Así que, en esa etapa, dije: «De acuerdo, acepto». La vivencia real de esa experiencia fue, francamente, uno de los movimientos más dolorosos y difíciles que he hecho en mi vida. Un desarraigo total al dejar algo en lo que estaba, en medio de todos los problemas [...], pero también muchas vivencias hermosas de ser Iglesia y de estar con la gente, habiendo pasado por varias experiencias, algunas muy difíciles como la pandemia y otras cosas. Sin embargo, sentía que eso era a lo que estaba llamado, así que ahora estaba siendo llamado a desarraigarme de nuevo y a mudarme.

No fue fácil, lo de ser llamado a Roma para asumir un trabajo que era de oficina, lo cual tampoco era lo mío. He tenido responsabilidades en la Iglesia de muchas maneras a lo largo de los años, pero me encantaba estar en un rol donde había una parte de trabajo de oficina, pero también una parte misionera, y una parte en las montañas. Había muchas cosas diferentes, y la gente, por supuesto. Fue un gran ajuste, pero afortunadamente, a lo largo de los años, ya sea por experiencia o personalidad, creo que me adapté bastante bien y rápidamente, y me lancé. Así que fue un gran ajuste, pero dije que sí porque así me enseñaron a hacerlo, y creo en eso, creo mucho en mostrar la voluntad de Dios a través de la voz de la Iglesia[225].

Esto, entre otras cosas, parece que caracterizará su papado: afrontar con decisión los desafíos que se le presenten, como parte de un llamado y de una voz común que se sustenta en Dios.

225 Papa León XIV, entrevista con la autora, 10 de julio de 2025.

CAPÍTULO 6

Habemus papam. Una elección que conmocionó al mundo

El lunes 21 de abril de 2025, el mundo se despertó con la noticia de que a las 7:35 a. m., después de hacer un recorrido por la plaza de San Pedro en su papamóvil el Domingo de Pascua, el papa Francisco había fallecido tras sufrir un derrame cerebral. Al momento de su muerte, había ocupado el cargo por poco más de doce años.

Muchos describieron la noticia como un *shock*, pero no como una sorpresa. La salud del papa había estado en un claro declive en los años previos a su muerte. Había pasado treinta y ocho días hospitalizado luchando contra una compleja infección respiratoria y una neumonía bilateral a principios de ese año. Apenas había salido del hospital hacía dos semanas cuando comenzó a desafiar las órdenes médicas de reposo estricto, haciendo apariciones sorpresa al final de las misas y dentro de la Basílica de San Pedro, y reanudando algunas actividades laborales.

A medida que el mundo lamentaba su fallecimiento, los pensamientos se dirigieron inevitablemente hacia su sucesor: ¿quién vendría después?, ¿quién sería capaz de continuar su legado y, al mismo tiempo, calmar las aguas turbulentas que surgieron durante su papado? Desde hace mucho se dice entre los italianos que «quien entra a un cónclave como papa, sale como cardenal», y que son más bien aquellos que entran como cardenales quienes más opciones tienen de ser elegidos. El hombre más votado rara vez es el favorito. La elección del cardenal Robert Francis Prevost, diecisiete días después de la muerte de Francisco, el 8 de mayo de 2025, tras solo un día y medio de votación, para muchos fue impactante, sí, pero no sorprendente. En los días previos al cónclave, su nombre había sido mencionado entre los *papabili*, es decir, entre los principales candidatos para ser papa, pero nunca como favorito: otros, como el cardenal italiano

Pietro Parolin, secretario de Estado del Vaticano bajo el papa Francisco, o el cardenal filipino Luis Antonio Tagle, el llamado «cardenal estrella de *rock*», con más de seiscientos mil seguidores en su página de Facebook verificada, eran voceados con más opciones.

Prevost era considerado, incluso, un candidato inesperado, alguien para ser tomado en serio, pero que, en última instancia, no sería elegido. La razón principal era su nacionalidad: durante mucho tiempo se ha dado por sentado que nadie de los Estados Unidos sería elegido papa, debido a la influencia que tiene ese país en el escenario global. Tener un pontífice estadounidense le daría demasiado poder a esa nación. Sin embargo, el ungimiento de Prevost como líder de los millones de católicos del mundo destrozó ese supuesto. A pesar de esta mentalidad de la vieja escuela, y de los evidentes esfuerzos de algunos por desacreditarlo antes del cónclave, de los 133 cardenales que votaron para elegir al sucesor de Pedro, él fue la opción clara: obtuvo un número significativo de votos desde el principio y ganó más con cada votación hasta que obtuvo la mayoría necesaria de más de dos tercios.

Su triunfo se debió, en gran parte, a que no era visto realmente por muchos de sus colegas purpurados como estadounidense, dados sus numerosos años de servicio en Perú y su perfil global como jefe de su orden agustina. Apodado por los italianos como «el menos americano de los americanos», también era relativamente joven, con sesenta y nueve años, y, en gran medida, un desconocido para el mundo. Esto último por haber mantenido un perfil muy bajo a lo largo de su carrera eclesial, a pesar de la importancia de muchos de sus cargos, incluido su tiempo como jefe del Dicasterio para los Obispos.

En Roma, al igual que en cada etapa y lugar de su vida, Robert Prevost fue consecuente con lo que siempre había hecho: llevó a cabo el trabajo que se le encomendó con eficiencia y capacidad, mantuvo un perfil bajo, fue amable y dialogante, y logró resolver problemas sin crear división. Al igual que muchos antes que él, el papa Francisco, y muchos en la curia, vieron en Prevost estas cualidades. Como los superiores y colegas de Prevost a lo largo de su vida, Francisco recurrió rápidamente a él como asesor y confidente, encomendándole cada vez más responsabilidades en medio de una creciente relación de confianza que, muchos han dicho, era una indicación de que, tal vez, Francisco sabía quién sería su sucesor.

Prevost llegó a Roma curtido, aunque siempre dispuesto a seguir aprendiendo. El propio papa León describe su llegada a Roma, a pesar de los numerosos encargos, proyectos, comisiones y casos que había supervisado, incluida la dirección de su propia diócesis, como una experiencia de aprendizaje, un desafío en términos de carga de trabajo y del peso de pasar de ser obispo a supervisar el nombramiento de candidatos episcopales en todo el mundo:

> Fue una curva de aprendizaje, y mucho de leer, de estudiar y de conocer en diferentes niveles lo que se me pedía como prefecto en el Dicasterio para los Obispos. Pero lo asumí y traté de ser fiel a lo que Francisco me pedía en términos de qué tipo de personas estamos buscando para que sean obispos. Cómo acompañamos a los obispos en su ministerio, lo cual es un capítulo aún abierto sobre la búsqueda de modos de hacer una formación continua con los obispos y ayudarlos en su ministerio. Preparar a los obispos recién ordenados para asumir el rol, etcétera. Pero fue un tiempo muy intenso, pasando de conocer de una manera particular, si se quiere, a la Iglesia en Perú, a intentar, en la medida de lo posible, aprender sobre la Iglesia y sus realidades y desafíos, y para buscar buenos candidatos a obispos en todos los países de los que el Dicasterio para los Obispos es responsable.
>
> Luego, el papa me puso en otros siete dicasterios. En algunos, ser miembro no es mucho trabajo, pero en otros sí lo es. Así que, además del Dicasterio para los Obispos, estuve en el Dicasterio para la Evangelización, que se ocupa de los obispos en la otra parte del mundo. De manera que, en efecto, fui parte del proceso de búsqueda y acompañamiento de obispos en toda la Iglesia a escala global, y para tomar ese tipo de decisiones, obviamente hay mucho trabajo de lectura por hacer. Recibes materiales cada semana, que son cientos y cientos de páginas, pero también hay que tener una comprensión de lo que la Iglesia necesita en un lugar y momento dados, para tratar de encontrar buenos candidatos para el ministerio episcopal. Así que eso es parte de ello[226].

226 Papa León XIV, entrevista con la autora, 10 de julio de 2025.

El club más exclusivo del mundo

Después de servir durante ocho años en la Diócesis de Chiclayo, Robert Prevost fue nombrado por el papa Francisco como prefecto del Dicasterio para los Obispos el 30 de enero de 2023. Este es, tradicionalmente, uno de los departamentos más poderosos de la Curia Romana, pues es responsable de evaluar a los candidatos para el episcopado y hacer recomendaciones al papa para los nombramientos de obispos. También supervisa la Pontificia Comisión para América Latina, así como las oficinas que organizan las visitas *ad limina* (viajes que las conferencias episcopales nacionales realizan a Roma cada cinco años para reunirse con el papa y las oficinas de la curia), y las actividades de los ordinariatos militares, es decir, de los obispos que dirigen las llamadas «diócesis militares», compuestas específicamente por miembros de las Fuerzas Armadas. En su rol de prefecto de dicho dicasterio, Prevost también presidió una comisión que realizaba gran parte del trabajo de selección de posibles candidatos episcopales, la cual, desde 2022, ha contado con tres mujeres. Esto ha marcado la primera vez en la historia que las mujeres desempeñan un papel en el proceso de selección de obispos, luego de que Francisco las nombrara para el cargo.

Prevost fue instalado formalmente como prefecto en abril de 2023, y cinco meses después fue nombrado cardenal por el papa Francisco durante un consistorio, el 30 de septiembre del mismo año. Esto lo convirtió en miembro del Colegio Cardenalicio, a menudo llamado «el club más exclusivo del mundo», dado el pequeño número de hombres que ostentan el capelo cardenalicio en un momento dado: hasta agosto de 2025, se contaban apenas 248 cardenales a nivel mundial.

El nuevo cardenal peruano-estadounidense causó una rápida impresión, porque solo un año después, en octubre de 2024, Francisco lo nombró para otros siete dicasterios, haciéndolo miembro de los Dicasterios para la Evangelización (en la sección para la Primera Evangelización y las Nuevas Iglesias Particulares), la Doctrina de la Fe, las Iglesias Orientales, el Clero, los Institutos de Vida Consagrada y las Sociedades de Vida Apostólica, la Cultura y la Educación, los Textos Legislativos, y también para la Pontificia Comisión para el Estado de la Ciudad del Vaticano, llamada el «*Governatorato*» de dicha ciudad.

La Iglesia católica tiene tres rangos distintos entre los cardenales: los cardenales obispos, los cardenales presbíteros y los cardenales diáconos. La mayoría pertenece a las dos últimas categorías, una distinción que, generalmente, se basa en el rol y en la antigüedad, mientras que solo un puñado ostenta el estatus superior de «cardenal obispo». Prevost ingresó a la curia en 2023 como cardenal diácono de Santa Mónica, pero después de solo dos años, el papa Francisco, el 6 de febrero de 2025 —pocos días antes de ser ingresado en el hospital ese año—, lo elevó a cardenal obispo de Albano. Esto lo convirtió en uno de los pocos que ostentaban dicho estatus al entrar al cónclave en mayo (solo cinco con derecho a voto, por ser menores de ochenta años, de los trece que había en total en esa fecha). De este saldría no con una *zuchetta* roja, sino con la blanca.

Un perfil bajo, pero alto

Muchos de quienes trabajaron con el cardenal Robert Prevost en la curia durante esos dos años lo describen como alguien trabajador y discreto, que se tomaba sus tareas en serio y las realizaba bien, pero sin llamar la atención, como siempre lo había hecho en sus posiciones anteriores. Mantuvo un perfil público bajo, pero comenzó a tener un perfil alto en términos de reputación entre sus colegas y pares, a ser alguien respetado y reconocido por su estilo eficiente y templado.

El padre Alejandro Moral, actual prior general de la Orden de San Agustín a escala mundial y amigo cercano del papa León XIV, describe al cardenal Prevost como alguien que cumple sus deberes de manera fiel, pero con discreción, sin buscar protagonismo, a pesar (o tal vez como consecuencia) de sus grandes responsabilidades: «Tenía que presentarse todas las semanas al santo padre una vez. Todo eso supone un ritmo. Pero él ha estado callado. Ha hablado cuando ha tenido que hablar, ha celebrado una misa cuando tenía que celebrarla, pero no ha sobresalido. Ha hecho en silencio su trabajo. Él es reservado en los temas de secretos. Lo mantiene todo muy bien y lo logra sin ningún problema»[227].

De manera similar, el profesor mexicano Rodrigo Guerra López, secretario de la Comisión Pontificia para América Latina (PCAL), que

227 Padre Alejandro Moral, entrevista con la autora, 3 de julio de 2025.

forma parte del Dicasterio para los Obispos, trabajó estrechamente con su exjefe, el cardenal Prevost. Guerra López, de anteojos y barba, enfundado en un elegante traje a pesar del sofocante calor que suele reinar en Roma durante el verano, comenta que no se sabía mucho sobre Prevost cuando llegó al dicasterio y, al igual que en sus trabajos anteriores, mantuvo un perfil bajo. Hay algunas cosas sobre el cardenal, dice, que está descubriendo solo ahora, ya elegido como papa, a medida que surgen noticias y León XIV es foco de atención mundial:

> Sobre el papa León, si uno busca en Internet, hay muy pocas cosas publicadas. [...] De su época de obispo, hay muy poquito. Entonces, la reconstrucción tendrá que ser más cuidadosa, mediante entrevistas a personas que lo hayan conocido [...] Mi experiencia, muy personal, es que lo estoy descubriendo ahora con los primeros reportajes, con el documental que hizo *Vatican News*. Porque cuando llegó aquí, lo hizo muy discretamente, muy modestamente, hablando poco sobre él, y tratando de entender más bien el trabajo. Yo soy el que está sorprendido al descubrir al hombre con el que trabajé dos años, a quien conocí en un aspecto, pero faltaban muchas cosas[228].

La poca cantidad de contenido sobre Robert Prevost en Internet es algo relativamente cierto, aunque también lo es que el cardenal, desde sus tiempos de monseñor, venía incluso siendo activo en redes como X (antes Twitter), así como siempre estuvo disponible para conversar con los medios peruanos sobre temas como la pandemia o el indulto a Alberto Fujimori. En el Vaticano, ciertamente, como ya se ha dicho, el perfil bajo, aunque activo, de Prevost no había capturado los reflectores, salvo por la atenta mirada del papa Francisco. Guerra López, habiendo sido cercano al prefecto anterior del dicasterio, el cardenal canadiense Marc Ouellet, y también habiendo conocido a muchos obispos de América Latina debido a su contacto con el Consejo Episcopal Latinoamericano (Celam), nunca había conocido a Prevost, ya que el cardenal, y antes obispo, siempre había trabajado de manera muy discreta, a pesar de tener una reputación de extrema competencia. La primera impresión sobre su exjefe, relacionada a su paso por el Perú, se centró en dos aspectos, dice Guerra López: humildad y modestia.

228 Rodrigo Guerra López, entrevista con la autora, 7 de julio de 2025.

> Cuando empecé a convivir con él, tal vez la impresión es similar a lo que muchas personas han dicho. Son dos cosas: la humildad, ciertamente, porque no es un hombre que guste de presumir, de ser extrovertido y decir: «Yo he hecho, yo he dicho, yo he pensado, yo he decidido», no. En ese sentido, mi impresión es que asimiló mucho el ambiente mestizo y hasta indígena peruano, que es mucho más discreto, como pudoroso y humilde. Y dos: algo muy parecido a la humildad, que es la modestia. Él no estaba aquí en Roma dando conferencias, presentando libros. Hay personajes en la Curia Romana a los que vemos constantemente hacer declaraciones, afirmaciones, entrevistas. Él no. Lleva una vida muy sencilla, sin protagonismos, sin explicarle a la gente que él era el prefecto, el tercero por los obispos. Luego, cuando fue nombrado cardenal, siguió siendo así de modesto. No cambió ni un milímetro por ser cardenal, sino que realmente siguió con una gran modestia. Esa fue mi primera experiencia[229].

Lo dicho por Guerra López coincide con la trayectoria de Prevost: alguien que no cambia ni se obnubila con su ascenso, ni de párroco a prior general, ni de sacerdote a obispo, ni de obispo a cardenal, por lo que podría esperarse lo mismo con este nuevo y decisivo peldaño: ser el jefe de toda la Iglesia como papa.

El profesor Guerra, muy abierto sobre sus impresiones sobre el papa, a pesar de que los oficiales de la curia suelen ser más herméticos, cuenta que, luego, ya con el trabajo, fue descubriendo a Prevost como alguien que «vive en una gran paz interior y exterior». Él agradeció esto, afirma, pues «existen otros prefectos mucho más nerviosos y él no». En ese sentido, sostiene, Prevost fue, de diversas maneras, un magnífico jefe y especialmente alguien muy valiente y sin la tentación de las distracciones que conlleva el afán de protagonismo:

> Nos tocó vivir algunas situaciones difíciles, aquí, al interior de la curia, en donde él tomó decisiones increíblemente valientes. La modestia y la humildad en él se acompañan de una gran valentía y, cuando es necesario, de una gran firmeza. Es una personalidad realmente impresionante. A veces, algunos somos protagónicos, nos

229 Rodrigo Guerra López, entrevista con la autora, 7 de julio de 2025.

gustan los reflectores, y otros, en los momentos de prueba, nos echamos para atrás. Y él no, es alguien con gran modestia y valentía en las decisiones. Yo me acostumbré a ir a visitar constantemente a la gente, al Dicasterio para los Obispos, para informarle hasta de las cosas más pequeñitas aquí de la oficina, y para tratar de captar cuáles iban siendo los acentos de su manera de gobernar el dicasterio. Y, la verdad, me sentí muy cómodo con él. Es un magnífico jefe[230].

En cuanto a estas decisiones valientes que tomó Prevost, el secretario de la Pontificia Comisión para América Latina explica que algunas tuvieron que ver con la forma en que opera la Curia Romana, y las maneras en que, a veces, esta intenta manipular decisiones y procedimientos en nombre del papa. El cardenal Prevost, dice el mexicano, aprendió rápido en este sentido y comprendió el sistema, sin convertirse en su víctima:

> A veces, a los organismos de la curia se les piden cosas en nombre del papa. Y, de repente, se descubre que las cosas no son exactamente así. Había que poner un límite a quien, desde otro lado de la curia, nos exigía ciertas cuestiones. Entonces, el cardenal Prevost fue clarísimo, valientísimo, en mostrar que con el Dicasterio para los Obispos y esta Pontificia Comisión, dentro del dicasterio, no nos íbamos a prestar a ningún juego ni a ninguna presión, supuestamente realizada en nombre del papa. No. Y eso fue muy reciente. Eso es una tremenda ventaja, que descubriera muy rápido cómo opera la Curia Romana[231].

Guerra López hace énfasis en la rapidez de Prevost y se pone a sí mismo como ejemplo y contraste: él, siendo secretario, desde otro ángulo, ha tardado tres años y cree que recién está empezando a entender realmente a la curia, un conocimiento que, se diría, le será importante ahora a León XIV como pontífice, especialmente si se piensa en los cambios o reformas que aún pueden necesitarse. «Él rápidamente descubrió cómo funciona, dónde había que poner límites. Sabe dónde hay problemas, cosas que hay que revisar y reformar. Estoy segurísimo de que lo sabe.

230 Rodrigo Guerra López, entrevista con la autora, 7 de julio de 2025.

231 Rodrigo Guerra López, entrevista con la autora, 7 de julio de 2025.

¿Cómo lo va a hacer? No lo sé. Pero entiende muy bien dónde están algunos focos amarillos, o algunos focos rojos. Muy bien», afirma el funcionario de la curia.

Desde la sede de la PCAL, en Roma, Guerra López dice que Prevost visitaba el dicasterio aproximadamente cada dos meses para reunirse con todo el personal y discutir su trabajo. Él, como secretario de la Comisión, se reunía con el cardenal con más frecuencia, cada diez días o más, y, a veces, también se encontraba con el papa Francisco para proporcionarle actualizaciones e informes sobre diversos temas y situaciones que estaban investigando. El mexicano explica que la PCAL trabaja en estrecha colaboración con la Secretaría de Estado del Vaticano, pero se enfoca más en asuntos específicos en ciertos contextos de América Latina, como un estudio que realizaron sobre la situación política en Nicaragua. En este caso, Guerra López señala que el cardenal ya conocía bien la situación. Cuando ambos discutían asuntos que Guerra López le había comunicado o que iba a comunicarle a Francisco, Prevost demostraba una gran confianza en él y un gran interés en el trabajo.

Como secretario de una comisión dedicada a Latinoamérica, Guerra López resalta la experiencia del papa con la diversidad cultural y étnica del Perú, y la sensibilidad que le aportó:

> Yo tenía un poco de temor de que al término del cardenal Ouellet era perfectamente posible que llegara un prefecto que conociera el mundo de los obispos, pero no estuviera tan especializado en América Latina. Y el cardenal Prevost conoce América Latina. Me atrevo a decir una cosa: en algunos aspectos conoce una América Latina más integral que el propio papa Francisco. ¿En qué sentido? En el sentido de que el mundo en el que él vivió es un mundo en donde el mestizaje y la cultura indígena están muy presentes. América Latina es principalmente eso, [pero] no solo eso. Y creo que eso sí le da una cierta sensibilidad. Estoy seguro de que, aunque él no haya visitado mi pueblo de origen en México, puede descifrar a qué huele, cómo es, y cómo somos los del pueblo, porque Perú se parece muchísimo en algunos aspectos a México, a Colombia, a Venezuela, a Bolivia[232].

232 Rodrigo Guerra López, entrevista con la autora, 7 de julio de 2025.

La mayor parte del trabajo de la PCAL, dice su secretario, es ayudar al papa y a los pastores de la Iglesia a comprender América Latina más allá de lo que leen en las noticias. Afirma que el papa Francisco les había pedido que investigaran varios puntos conflictivos a nivel global, como las situaciones políticas y eclesiales en Cuba, Nicaragua, Venezuela, Haití y en muchos otros lugares, pero que Prevost estuvo más involucrado en los estudios que hicieron sobre Nicaragua y Venezuela. Estos estudios son importantes, sostiene, para que la Iglesia comprenda mejor cómo actuar en situaciones complejas en algunos de estos países, y permiten ver cómo el papa Francisco intentó ayudar a que la Iglesia del sur sea mejor comprendida por el mundo occidental, algo a lo que Prevost siguió (y seguirá) aportando:

> Siento que en Europa hay una dificultad para comprender el peso, la densidad y el tamaño de lo que sucede en América Latina. El tamaño geográfico, numérico, poblacional, pero también el significado cualitativo de lo que sucede en América Latina. Ahora, el papa León creo que comprende muy bien ese aspecto que aquí en Europa a mí me costó trabajo explicar, porque para comprender el tamaño cuantitativo, pero también el significado cualitativo de la violencia, de la migración, del maltrato, de la injusticia social, etcétera, es necesario estar allí, meterse en las entrañas. Y un día tal vez no comer por andar de misiones en la sierra, o comer tarde y empezar a vivir eso. Y Robert Prevost ha tenido esa experiencia. Entonces, para mí como secretario, pues es un milagro tener al papa León, porque tenemos un papa que comprende la entraña de América Latina en sus significados más profundos. Sobre todo, el momento doloroso que está viviendo la región[233].

Hoy, dice Guerra López, la Iglesia tiene que mostrar que lo occidental europeo es una forma de ser católico, pero no la única. «Y América Latina en parte es responsable de mostrar que existen muchas formas de ser católico, plenamente ortodoxas, pero diversas». No se refiere a ritos o a cuestiones litúrgicas muy sofisticadas, sino a la forma de vivir el ministerio sacerdotal, la responsabilidad de los laicos, el testimonio

233 Rodrigo Guerra López, entrevista con la autora, 7 de julio de 2025.

de los religiosos, todo aquello que no solo experimentó, sino sobre todo impulsó Prevost desde sus tiempos de misionero. «En América Latina, si esas cosas fluyen, se construyen con coordenadas o parámetros muy distintos a los que hay en Estados Unidos o en Europa con esa distinción. Un ejemplo sencillo. En Estados Unidos, cuando un párroco es movido por su obispo, negocia su seguro de salud, su coche, su habitación, su sueldo. Y en ese diálogo negociado con el obispo, de repente ya lo transfieren a una nueva parroquia. Eso no existe en América Latina. Entonces, hay muchas diferencias», explica Guerra López sobre la realidad de la Iglesia latinoamericana. Por eso mismo, insiste en que «es una bendición» que el papa León conozca tan bien estas diferencias. «Es un hombre que se mete en las situaciones, que conoce, que investiga los detalles, que va al fondo. Él mismo, por ser prefecto de los obispos, dialogaba con algunos obispos importantísimos en situaciones muy críticas en América Latina. Y él mismo presentaba sus propias opiniones al papa Francisco, todos los sábados a las ocho. Estaba ahí como un soldado. Es mucho, porque no solamente llevaba el tema de la aprobación de obispos, sino muchos otros temas de los que conversaba con el papa Francisco», relata el mexicano. Sin saberlo, ambos, Francisco y el futuro León, fueron dos papas que conversaban.

Como uno más: un León auténtico

A pesar de su elevado estatus como cardenal y la importante autoridad que ostentaba como jefe del Dicasterio para los Obispos, Robert Prevost siempre fue fiel a sí mismo. Quienes lo conocieron antes y después de su llegada a Roma afirman que se mantuvo cercano a sus amigos, colegas y compañeros agustinos, a quienes había conocido en Perú y en todo el mundo, incluso siendo cardenal.

Como algunos ya han relatado en este libro, él se levantaba temprano o se quedaba despierto hasta tarde para hablar con algún hermano en otra parte del mundo que estuviera pasando por una crisis personal, o enviaba mensajes de texto a sus amigos y antiguos clérigos para saludarlos por sus cumpleaños, y se mantenía en contacto regularmente con su ahijada peruana, Mildred. Cuando viajaba a los Estados Unidos, siempre visitaba su *alma mater*, Villanova, y seguía los acontecimientos en la Iglesia en Perú, incluidos sus planes de inaugurar la nueva parroquia en Olmos en el otoño de 2025, cuya reconstrucción había iniciado él mismo. En su rol como cardenal, se mantuvo en contacto regular con las víctimas del *Sodalitium*, tanto de Perú como de otras partes del mundo.

Su identidad como agustino y su deseo de comunidad también se mantuvieron profundamente arraigados en Prevost durante su tiempo en Roma. Diariamente visitaba la sede de la orden agustiniana, que se encuentra justo enfrente de la Piazza del Sant'Uffizio, en el Vaticano, donde vivió antes del cónclave e inmediatamente después. Según el padre Moral, prior general que lo sucedió en la orden, el cardenal Prevost venía cada mañana alrededor de las 7:15 a. m. y se unía a la comunidad para las *Laudes*, o la Oración de la Mañana, y volvía casi a diario para almorzar con su secretario privado, el padre peruano Edgard Iván Rimaycuna Inga, quien nació en Chiclayo. Específicamente, venía de la parroquia de San José Obrero, cuyo nombre fue también el de la primera parroquia del padre Robert Prevost en Chulucanas, cuando llegó al Perú en 1985.

Según Moral, cuando el cardenal Prevost iba a la sede agustina en Roma, nunca había ninguna pompa, sino que era completamente normal, cotidiano: «Como uno más. Él no se distinguía a sí mismo, se levantaba y si estaba un plato vacío, decía: "¿Puedo llevarme el plato?"». Moral cuenta también que él y Prevost seguían siendo cercanos y que, a menudo, recurría a su amigo en la Curia Romana para pedirle consejo y perspectiva en su propio trabajo como prior general. Con los años, se fue haciendo una relación larga, de amistad constante, dice Moral, por lo que le alegra que haya sido elegido papa el hombre correcto:

> La verdad es que, desde que él se marchó en 2013, yo le he consultado muchas cosas. Primero, porque lo conozco y sé que me puede ayudar. Segundo, porque sé el cariño que le tiene a la orden y que va a querer ayudar. Y, luego, por la confianza. [...] Sin darnos cuenta ha habido una relación muy larga desde 2001. [...] Él es un amigo. Lo llevas en el corazón y deseas lo mejor para la Iglesia y lo mejor para él, porque, al final, su ministerio es para que la Iglesia pueda servir al mundo[234].

234 Padre Alejandro Moral, entrevista con la autora, 3 de julio de 2025.

Robert Prevost también conservó un estilo de vida activo y desarrolló nuevos hábitos y amistades como cardenal. Su lado deportista se mantuvo, pues se inscribió en un gimnasio donde trabajaba con un entrenador personal, y, por otro lado, encontró un barbero que casualmente era de Perú, Mario Reyes. Reyes, quien llegó a Roma casi al mismo tiempo que Prevost, se convirtió en el barbero habitual del cardenal para su corte de pelo mensual, incluso después de ser elegido papa.

En una entrevista con el periódico italiano *La Stampa*, Reyes ha declarado que es originario de Ica, al sur de Lima, y que llegó a Roma, en 2022, cuando abrió una barbería cerca del Vaticano. Fue allí donde conoció por primera vez al cardenal Prevost, quien se convertiría en su cliente habitual, sin saber que, con el tiempo, esto lo llevaría a convertirse en «el barbero del papa»:

> El primer corte de pelo fue hace un año y medio. Por la cercanía al Vaticano, vienen muchos sacerdotes, pero siempre van con el *clergyman* o con sotana, y nunca sabemos si entre ellos hay obispos o cardenales. Cuando él entró aquí por primera vez, hablaba con un acento un poco especial: no del todo italiano, no del todo español. Le pregunté de dónde era y me respondió que era estadounidense, pero que había estado muchos años en Perú. «¡Qué coincidencia, yo soy peruano!», le respondí, y ahí soltó una carcajada y se abrió mucho[235].

Reyes cuenta que Prevost y él comenzaron espontáneamente a hablar de comida y de bebidas tradicionales del Perú, de fútbol, de política y de muchos otros temas de actualidad, pero, sobre todo, a reflexionar sobre la situación en Chiclayo, «la hermosa ciudad costera donde él vivía en el norte», cuenta a *La Stampa* «el barbero del papa». Y agrega: «Le brillaban los ojos cada vez que describía la zona costera. En un momento dado, le pregunté en qué iglesia cercana servía y fue en ese momento cuando se reveló. No estaba en una parroquia, trabajaba para el Vaticano. Añadió

235 Galeazzi, G. (26 de julio de 2025). Il barbiere del Papa: Mario Reyes racconta il cliente diventato Leone XIV [El barbero del papa: Mario Reyes habla del cliente que se convirtió en León XIV]. *La Stampa*. https://www.lastampa.it/cronaca/2025/07/26/news/il_barbiere_del_papa-15247096.

que el papa Francisco lo había llamado a Roma y que ahora era cardenal. Luego, me mostró el anillo que llevaba en el dedo». Algo que, sin duda, habla del perfil bajo que siempre le ha gustado mantener a Prevost. Mario relata al diario italiano que siempre hablaban en español y que discutían sobre la vida en Roma, pero también sobre los últimos acontecimientos en Perú: «Mientras le cortaba el pelo, hablábamos un poco de todo. Al fin y al cabo, ambos habíamos llegado a Roma desde Perú hacía poco tiempo. Los temas alegres o tristes, las esperanzas y las preocupaciones peruanas surgían continuamente en nuestros diálogos. Llegaba con la barba ya hecha y pedía que le acortara el pelo. La última visita fue en Semana Santa, poco antes de Pascua»[236].

Fue un *shock* total, pues, cuando, en la tarde del 8 de mayo de 2025, Mario escuchó que salía humo blanco de la Capilla Sixtina y, poco después, vio a uno de sus clientes habituales salir al balcón de la Basílica de San Pedro. En ese instante, dice, se le vinieron a la mente las palabras de Prevost sobre el trabajo que realizaba en el Vaticano, pues no había comprendido que su cliente fuera precisamente uno de los colaboradores más cercanos del papa Francisco. «Estaba tan emocionado que, para asegurarme, fui a la computadora y entré al sistema para verificar que el nombre fuera el mismo que se anunció en la plaza. Todo correspondía a la perfección. No entendía nada de la alegría y la emoción. En ese momento pensé que no lo volvería a ver, porque un protocolo tan complejo como el del Vaticano nunca haría posible un comportamiento ordinario como salir para cortarse el pelo. Además, me vinieron a la mente razones de seguridad, porque la barbería se encuentra dentro de un centro comercial a donde llega mucha gente. Todos eran obstáculos insuperables. Me asaltó un poco de melancolía al pensar que ya no podría verlo ni hablar con él. Sin embargo, no tuve en cuenta que un misionero no conoce barreras», cuenta Reyes, quien relata que dos semanas después de que Prevost sea elegido papa, recibió una llamada telefónica, en la que una voz familiar le pedía un corte de pelo. «Respondo al número fijo y escucho una voz familiar: "Buenos días, necesitaría un corte para

236 Galeazzi, G. (26 de julio de 2025). Il barbiere del Papa: Mario Reyes racconta il cliente diventato Leone XIV [El barbero del papa: Mario Reyes habla del cliente que se convirtió en León XIV]. *La Stampa*. https://www.lastampa.it/cronaca/2025/07/26/news/il_barbiere_del_papa-15247096.

mañana en mi casa". Me quedo sorprendido. No hacemos servicio a domicilio. Sospecho que se trata de una broma, porque entre los clientes tenemos muchos amigos. Así que pregunto: "Pero ¿quién eres?". Y él, tranquilo: "Robert Prevost". No me da tiempo a decir: "¿El papa?", cuando él me interrumpe: "Mario, soy yo, ¿cómo estás?"». De inmediato, en español, Reyes lo felicitó, a lo que Prevost respondió con unas disculpas por no poder asistir al local de la peluquería, como de costumbre, sino que más bien fuera Reyes quien lo visitara en el Vaticano. Humildad y modestia, nuevamente.

Apenas colgó el teléfono, relata Reyes a *La Stampa*, un colega lo notó desorientado y le preguntó quién lo había llamado. «León XIV», respondió, y le preguntó cómo llegaba al Vaticano para atender al papa. Un cliente que escuchó la conversación le dio las señas de qué autobús debía tomar. Al día siguiente, Reyes, con el miedo de no pasar los controles de seguridad, se acercó al Vaticano. «Pensaba que todo sería rígido y formal. Llamé al interfono: "Buenos días, soy el barbero del papa". Y desde el otro lado: "¿Quién te ha llamado?". Y yo: "El papa". Y ellos: "¿Te ha llamado el papa? Un momento, por favor"». Un instante después, un empleado muy amable se le acercó. Se identificó y fue conducido hacia el secretario particular de León XIV, el chiclayano Edgard Iván Rimaycuna Inga, de su misma edad, quien le informó que el santo padre todavía estaba en una reunión. «Así que le corté el pelo primero al secretario», recuerda Mario. Cuando terminaba este corte, la puerta se abrió y apareció el papa, con los brazos extendidos. «¡Mario!», exclamó. Reyes recuerda que se le acercó muy nervioso y que el papa le estrechó la mano para darle las gracias por estar allí.

Apenas comenzó a cortarle el pelo, en un instante, cuenta Mario, se recreó el mismo ambiente de siempre y retomaron sus conversaciones como lo hacían cuando Prevost iba cada mes a la barbería, compartiendo ideas y recuerdos del Perú: desde las primeras impresiones cuando llegó a la misión, su regreso como obispo, hasta la llamada a Roma de Francisco y los momentos importantes vividos en la curia, pero también la tristeza de la partida. Es ahí cuando Reyes le preguntó qué es lo que más extrañaba del Perú. El papa respondió, sin dudarlo: «Me falta la gente». «Me quedé sin palabras, me dio escalofríos. El santo padre se siente verdaderamente peruano de corazón, claro, ahora es el padre de todos los pueblos, pero tiene una luz particular en la mirada cuando evoca su diócesis», cuenta «el barbero del papa»[237].

Como con su barbero, el papa también estrechó lazos con su entrenador personal, en el Omega Fitness Club, un gimnasio que se encuentra a tiro de piedra del Vaticano. El personal, incluido su entrenador, se sintió igualmente sorprendido al verlo como la figura que salía de blanco la última noche del cónclave. Alessandro Tamburlani, presidente y fundador del Omega Fitness Club, declaró a la agencia de noticias italiana SIR, poco después del cónclave, que fue una noticia inesperada, pero que se alegraba de saber que hay un papa que prioriza su salud, tanto mental como corporal:

> Es algo que creo que nadie se esperaba, pero es una noticia extraordinaria que nos ha llenado el corazón de alegría. Es una persona de gran humildad, siempre sonriente y disponible con todos. Cuando venía aquí, se entrenaba como cualquier otro socio, dedicando el poco tiempo libre que tenía al cuidado del cuerpo, a pesar de los compromisos eclesiásticos que ya entonces eran muy intensos. Cuando venía al gimnasio, utilizaba sobre todo nuestras máquinas de cardio. Es evidente que se preocupaba por su forma física y lo demuestra también hoy. Es hermoso ver que, a pesar de su nueva vida como papa, sigue dándole importancia al cuidado del cuerpo, además del de la mente y del espíritu. Estoy contentísimo de poder decir que tenemos un santo padre en forma[238].

El entrenador personal de Prevost, Valerio, tuvo una reacción similar. Contó, también a la agencia SIR, que Prevost hacía un circuito bien equilibrado: «Hacía sus cosas aquí, en los aparatos. Comenzaba con un poco de cardio y luego pasaba a hacer un circuito de máquinas. Decía

237 Galeazzi, G. (26 de julio de 2025). Il barbiere del Papa: Mario Reyes racconta il cliente diventato Leone XIV [El barbero del papa: Mario Reyes habla del cliente que se convirtió en León XIV]. *La Stampa.* https://www.lastampa.it/cronaca/2025/07/26/news/il_barbiere_del_papa-15247096.

238 SIR. (12 de mayo de 2025). Voci dalla palestra romana dove si allenava il cardinale Prevost [Voces desde el gimnasio romano donde entrenó el cardenal Prevost]. *Catt.ch.* https://catt.ch/newsi/voci-dalla-palestra-romana-dove-si-allenava-il-cardinale-prevost.

que lo hacía sentir bien, que se sentía saludable. No hablaba mucho, pero estaba contento. Fue un buen alumno, confió en mí y siguió mis consejos con atención. No me llevó mucho tiempo explicarle los ejercicios: los entendía de inmediato y los ejecutaba bien», cuenta el entrenador personal del entonces cardenal Prevost.

Respetado por Francisco y sus colegas

Con el tiempo, se hizo cada vez más evidente que la confianza del papa Francisco en Robert Prevost creció en los dos breves años que estuvo en Roma antes de su muerte. No solo Francisco comenzó a reunirse con Prevost semanalmente, en encuentros que, según sus colegas, a veces duraban hasta dos horas, sino que también le asignó mayores responsabilidades en los siete dicasterios diferentes a los que pertenecía, además del suyo propio, y más allá.

El padre Moral cuenta que era obvio, incluso desde afuera, que Francisco lo quería mucho, además de que lo había nombrado obispo y luego cardenal y prefecto. «El papa Francisco lo valoraba, pero mucho, mucho, mucho. Y Francisco tenía buena vista en general. Yo creo que el papa León también ha valorado mucho el trabajo de Francisco. Aunque son distintos, lógicamente, pero ha valorado y agradecido el ministerio del papa Francisco», dice el prior general de los agustinos[239].

Del mismo modo, Rodrigo Guerra López, de la PCLA, dice que en la curia podían notar que el papa Francisco valoraba profundamente el trabajo y la perspectiva del cardenal Prevost. Agrega que Francisco depositó mucha confianza en Prevost, quien, rápidamente, se convirtió en una de las pocas personas dentro del pequeño y muy protegido círculo de confianza del papa argentino. Se atreve a afirmar que Francisco estaba «encantado» y «muy contento» con el cardenal Prevost. «Esto es fácil decirlo, pero los expertos, vaticanistas, y los que hemos vivido en la curia, sabemos que el papa Francisco tenía un círculo de confianza muy, muy pequeñito. Y yo creo que él entró en ese círculo de confianza, aun cuando solo había estado dos años. Yo sé que el papa Francisco ya lo conocía y lo valoraba, principalmente en su momento de superior. No sé qué

239 Padre Alejandro Moral, entrevista con la autora, 3 de julio de 2025.

valoración tenía como obispo. Supongo que muy buena, pero, como superior, el papa Francisco ya sabía de él. Mi presentimiento es que él también descubrió al cardenal Prevost plenamente cuando ya lo vio trabajar aquí en Roma»[240].

Guerra López cuenta que el cardenal Prevost también se ganó rápidamente el respeto de otros en la curia en todo el espectro, desde una variedad de opiniones y perspectivas, al punto que otros trabajadores y funcionarios de la curia han dicho que figuras más veteranas quizá se sintieron un poco amenazadas. Para el secretario de la PCLA, el hecho de que Prevost mantuviera un perfil tan bajo, priorizara la unidad y no ejerciera su poder de manera tan prominente como podría haberlo hecho, ha sido un beneficio no solo para él en su trabajo curial, sino que puede ayudar a la Iglesia universal, al ser un papa de consenso e integración, un papa mediador y de diálogo entre las partes:

> Si no ejerció todo lo que podía haber ejercido como prefecto, eso es una bendición. Porque eso le permitió, tal vez, ser muy bien valorado por todas las distintas tribus. Y hoy creo que casi todos los grupos y sensibilidades están muy contentos y esperanzados. [...] Él es un hombre de integración. No le gustan los conflictos. Ayuda a resolverlos. Y esa es una virtud escasa y muy importante hoy en la iglesia porque hay tales tensiones, tales discrepancias. A veces en temas secundarios, a veces en temas fundamentales que requieren esa paciencia y esa voluntad de integración. No para lograr soluciones de compromiso, sino para encontrar la parte de verdad que normalmente hay en todas las partes en medio de una discusión pastoral o doctrinal o lo que sea.
>
> El mismo papa León, que habla con gran claridad sobre la sinodalidad, es el mismo papa León que de repente un día reza el Padre Nuestro en latín. Entonces, esos dos gestos integran, suman, sanan algunas heridas, aunque no resuelvan todo. Habrá luego que tomar otras decisiones, pero se empieza a generar un clima [de reconciliación][241].

240 Rodrigo Guerra López, entrevista con la autora, 7 de julio de 2025.

241 Rodrigo Guerra López, entrevista con la autora, 7 de julio de 2025.

Un papa, entonces, que honra el legado de Francisco, pero que tiene su propio estilo integrador. Sobre su propia relación con Francisco, el papa León cuenta en Castel Gandolfo que esta era honesta pero amistosa, aunque «no particularmente cercana, en el sentido de que no éramos amigos íntimos o algo así», pero sí, de hecho, sabía que el papa confiaba en él, a la par que «hablaba con él con bastante franqueza y creo que lo apreciaba». Cuenta, también, que ambos tuvieron algunas diferencias cuando Francisco era aún arzobispo de Buenos Aires, lo que se ha contado página atrás. «En uno u otro punto, puede que hubiera algún tema en el que yo no estuviera de acuerdo con él», admite el actual papa, y recuerda, con una sonrisa y mucho cariño, una de las últimas veces que vio al papa argentino, cuando fue convocado en secreto a Santa Marta y terminaron compartiendo una carcajada:

> Una de las últimas reuniones que tuve con él —que Dios lo tenga en su gloria—, fue cuando había salido del hospital y empezaba a sentirse mejor, pero obviamente todavía tenía dificultades con la voz, aunque estaba mejorando. Recibí una llamada telefónica para ir en secreto a Santa Marta y me dijeron: «No se lo digas a nadie». El papa quería verme. Y no me dijeron nada más. Así que no le dije a nadie en la oficina, ni a la secretaria, a nadie. Simplemente desaparecí y fui. Subí por la escalera trasera, y nadie me vio. Entonces, después de que me dijo lo que quería, que tenía que ver con el trabajo, con los obispos, había otros asuntos que tenía en mente. Le dije: «Para que lo sepa, santo padre, pensé que tal vez la razón por la que me llamó de esta manera era porque quería mi renuncia». Nos reímos juntos. Cuando se molestaba con alguien, le decía claramente lo que pensaba, y como me dijeron que fuera, y yo sabía que no estaba recibiendo a mucha gente todavía, pensé: «Oh, ¿ahora qué pasó?». Pero obviamente no me pidió mi renuncia. Esa fue la penúltima vez que lo vi[242].

«Pero así era nuestra relación», cuenta el papa, quien recuerda que hubo un par de veces en que, incluso, le contó un chiste a Francisco. «Siempre me decía: "No pierdas el sentido del humor". Ya sabes, hemos

242 Papa León XIV, entrevista con la autora, 10 de julio de 2025.

oído eso. Otras personas lo confirman y es muy cierto. Le encantaba un buen chiste. Nos reíamos de algunas cosas. Creo que éramos bastante francos el uno con el otro en ese sentido»[243].

Un intento de descrédito

La llegada de Robert Prevost a Roma coincidió con un notable deterioro en la salud del papa Francisco. En marzo de 2023, un mes antes de la llegada y de la instalación formal de Prevost en su cargo en el Vaticano, el pontífice fue hospitalizado por una infección respiratoria tras ser trasladado de urgencia, en lo que él mismo describió después como un «gran susto». Unos meses más tarde, en junio, se sometió a una cirugía para tratar una hernia abdominal, lo que lo mantuvo hospitalizado durante unos diez días. A finales de año, en diciembre, se vio obligado, debido a una bronquitis, a cancelar un viaje planeado a Dubái para la cumbre climática de las Naciones Unidas COP28, lo que lo habría convertido en el primer papa en asistir a tal evento.

A pesar de haber tenido una especie de recuperación en 2024, lo que le permitió realizar su viaje internacional más largo en septiembre, con una gira por cuatro naciones de Asia que concluyó en el Sínodo de los Obispos sobre la Sinodalidad en otoño, era evidente que el final del papado de Francisco estaba cerca.

Fue durante ese tiempo, mientras la salud de Francisco comenzaba a declinar y un cónclave parecía inminente, cuando empezó a tomar forma lo que más tarde se descubrió como una campaña estratégica para desacreditar al cardenal Prevost por miembros y amigos del *Sodalitium*: surgieron acusaciones de que Prevost no había manejado adecuadamente una investigación sobre denuncias de abuso sexual presentadas por tres mujeres durante su tiempo en Chiclayo.

El caso involucraba a una mujer llamada Ana María Quispe Díaz y a sus dos hermanas, quienes acusaron a dos sacerdotes en Chiclayo, Eleuterio Vásquez Gonzales y Ricardo Yesquén, de abusar sexualmente de ellas cuando eran menores, en una ocasión, en 2005, y en dos instancias, en 2009. Las tres acusaron a Vásquez, y Ana María además acusó a Yesquén.

243 Papa León XIV, entrevista con la autora, 10 de julio de 2025.

Aparentemente, Quispe Díaz habló por teléfono con el entonces obispo Prevost sobre el presunto abuso, que ocurrió varios años antes de su llegada en 2020. En abril de 2022, las tres se sentaron con él para discutir las acusaciones en persona.

Fuentes con conocimiento del caso afirman que las mujeres fueron informadas de que una investigación sería abierta y se impondrían medidas de precaución; como resultado, tres días más tarde, el padre Vásquez Gonzales fue removido de su parroquia y enviado a su casa familiar sin facultades por toda la investigación preliminar. Las denunciantes también fueron inmediatamente remitidas a un centro de escucha diocesano, donde había asistencia psicológica disponible, y al menos una de ellas utilizó dichos servicios. El entonces obispo Prevost también consultó con el abogado diocesano después de recibir la denuncia de las mujeres y se le informó que si acudían a las autoridades civiles, el caso no sería investigado debido a la prescripción. Prevost les explicó esto a ellas, pero las animó a presentar una denuncia civil si pensaban que ayudaría, y así lo hicieron.

En el caso del padre Yesquén, según estas fuentes, este no podría llevar a cabo un proceso eclesiástico, pues era mentalmente incapaz de defenderse. Fue separado de todo ministerio pastoral, para vivir con su familia mientras recibía un tratamiento para una enfermedad progresiva que ha afectado su estado mental y físico, lo que fue comunicado a Ana María Quispe.

El sacerdote Vásquez Gonzales negó cualquier abuso, argumentando que la situación era un malentendido. Sin embargo, el obispo Prevost abrió una investigación preliminar y le impuso restricciones, prohibiéndole el ministerio público y, por lo tanto, servir como párroco y escuchar confesiones, aunque aún podía celebrar misas de forma privada. Para julio de 2022, los resultados de la investigación preliminar fueron enviados al Dicasterio para la Doctrina de la Fe del Vaticano. Dos meses más tarde, en septiembre de 2022, este contactó a Prevost para preguntarle si podía investigar más a fondo y proporcionar más información. Siete meses después, el 3 de abril de 2023, el fiscal civil archivó el caso debido a la prescripción, como se había anticipado, y el 12 de abril Prevost fue nombrado prefecto del Dicasterio para los Obispos y comenzó los preparativos para partir hacia Roma.

El 8 de octubre del mismo año, luego de que monseñor Prevost ya había dejado la diócesis, el Dicasterio para la Doctrina de la Fe archivó el caso contra Vásquez Gonzales *pro nunc*, es decir, «por ahora», debido a la falta de pruebas: las acusaciones eran difíciles de demostrar y no se habían presentado otras denuncias, ni antes ni después, de las hermanas Quispe Díaz. Un mes más tarde, en noviembre, la mayor de las hermanas, Ana María, hizo públicas las acusaciones en las redes sociales, lo que llevó al entonces administrador apostólico de Chiclayo, monseñor Guillermo Cornejo Monzón, un obispo auxiliar de Lima que sirvió como administrador en dicha ciudad entre abril de 2023 y mayo de 2024, a reabrir el caso. Cornejo convocó a Ana María a una reunión, a la que, según se informa, ella no asistió. Después de concluir una nueva investigación, envió los resultados al Dicasterio para la Doctrina de la Fe. Hasta agosto de 2025, se había llegado a una conclusión, aunque el resultado aún no se había hecho público.

En mayo de 2024, un exsacerdote y canonista, Ricardo Coronado, se unió como asesor legal de las hermanas Quispe Díaz, y sirvió como abogado canónico en su caso. Poco después, se inició una agresiva campaña mediática acusando a Prevost de «encubrimiento» por supuestamente no manejar de manera adecuada la situación. Entre otras cosas, se le acusó de no haber realizado una investigación inicial en 2022, de no haber ofrecido asistencia psicológica a las mujeres y de no haber informado a las autoridades civiles. Desde que Coronado asumió el caso, comenzaron a surgir informes con estas acusaciones en artículos y reportajes de medios en línea, primero en *Infovaticana*, conocido por tener lazos con el *Sodalitium*, y luego en *Infocatólica*, *Bussola Quotidiana* y en el dominical *Cuarto poder* de América Televisión.

Cuando Ana María hizo públicas las acusaciones por primera vez, la Diócesis de Chiclayo emitió un comunicado de siete puntos el 12 de diciembre de 2023, donde afirmaba que Prevost había iniciado de inmediato una investigación, prohibido el ministerio al sacerdote y enviado los resultados de la investigación preliminar al Dicasterio para la Doctrina de la Fe en Roma[244]. Casi un año después, el 10 de septiembre de 2024,

244 Ver: Diócesis de Chiclayo [Diócesis Chiclayo]. (12 de diciembre de 2023). Nota de Prensa N.° 32 O. M. C. S. – 2023. *Sobre una denuncia fiscal, en relación a un presunto caso de abuso sexual por parte de un sacerdote de la Diócesis de Chiclayo* [Publicación del muro]. Facebook. https://www.facebook.com/photo.php?fbid=660257429598033&set=pb.100068413441288.-2207520000&type=3.

emitieron otro comunicado luego de que apareciera el reportaje en *Cuarto poder*, donde ofrecieron un relato punto por punto de las acciones de la diócesis, tanto bajo Prevost como bajo Cornejo Monzón[245].

El abogado denunciante, Coronado, exmiembro de los agustinos que dirigió una casa de formación para la orden en Lurín durante el tiempo en que Prevost dirigía la casa en Trujillo, es de la Diócesis de Cajamarca. Tuvo que retirarse del caso Quispe Díaz en Chiclayo en agosto de 2024, después de que la Conferencia Episcopal Peruana anunciara, en un comunicado de prensa, que se le había prohibido ejercer el derecho canónico debido a acusaciones de conducta sexual inapropiada[246]. Estas salieron a la luz cuando la propia Diócesis de Cajamarca anunció que Coronado había sido acusado de «un delito contra el sexto mandamiento», lo que, en la jerga católica, significa conducta sexual inapropiada[247].

Coronado fue, entonces, laicizado en diciembre de 2024, anunciando él mismo la noticia en Facebook y culpando de ello a Prevost. Afirmó que su expulsión del sacerdocio era un intento de «proteger a algunos prelados muy eminentes». En una publicación posterior en la misma red social, Coronado dijo: «[...] por favor, no consideren que la destitución promovida por un cardenal que encubrió es un asunto de deshonra. Es una distinción. Me siento muy honrado».

Fuentes familiarizadas tanto con Coronado como con Prevost han comentado que ya en los años noventa, cuando ambos dirigían casas de formación, el primero guardaba un profundo rencor personal contra el segundo debido a diferencias ideológicas percibidas. Coronado también mantiene fuertes lazos con miembros acusados del *Sodalitium*, incluyendo a algunos que fueron expulsados del grupo antes de su supresión formal. Estas fuentes dicen que Coronado, un conservador acérrimo, albergaba

245 Ver: Diócesis de Chiclayo [Diócesis Chiclayo]. (10 de septiembre de 2023). *Nota de Prensa N.° 49. O. M. C. S. – 2024. Comunicado.* [Publicación del muro]. Facebook. https://www.facebook.com/photo?fbid=817686360521805&set=pb.100068413441288.-2207520000.

246 Ver: Conferencia Episcopal Peruana. (24 de agosto de 2024). *Nota de Prensa de la Conferencia Episcopal Peruana.* CEP. https://noticias.iglesia.org.pe/nota-de-prensa-de-la-conferencia-episcopal-peruana-2.

247 Ver: La Nuova Bussola Quotidiana. (12 de agosto de 2024). Diócesis de Cajamarca. Prot. N.° 009-2024. *La Nuoeva Bussola Quotidiana.* https://lanuovabq.it/storage/docs/lettera-diocesi-cajamarca-contro-coronado.pdf.

resentimiento contra Prevost en el pasado, en parte por el crecimiento de la teología de la liberación en Perú y por su creencia de que la orden agustina se había vuelto demasiado progresista, acusándolo de ser parte de un grupo que necesitaba ser reformado.

Tres personas que tenían conocimiento de primera mano sobre Coronado desde la década de 1990, cuando dirigía la casa de formación de los agustinos en Lurín, Perú, mencionaron su rencor personal hacia Prevost y sus vínculos históricos con el Sodalicio, y lo que describieron como una rampante conducta sexual inapropiada por su parte. Hablaron sin revelar sus identidades por temor a las posibles represalias de Coronado, quien, según uno de ellos, «despreciaba a Prevost muy fuertemente, porque decía que encarnaba el progresismo en la Iglesia. Siempre hubo mucha atención en contra de Prevost, [Coronado] lo despreciaba abiertamente»[248].

Dos de las personas que se formaron bajo la dirección de Coronado relataron una actitud extremadamente competitiva con respecto a la casa de formación en Trujillo, que, en ese momento, estaba liderada por Prevost. Según ellos, Coronado veía al padre Roberto y a la casa de Trujillo como demasiado progresistas, y llamaba a los seminaristas de allí «homosexuales». Según ellos, el ambiente en la casa de formación bajo Coronado estaba dominado por reglas estrictas, favoritismo e insinuaciones sexuales constantes. Coronado, según ellos, imponía castigos humillantes y normalizaba connotaciones sexuales como la desnudez y los chistes obscenos. Alegaron un patrón de comportamiento sexualmente inapropiado y agresivo por su parte, dirigido hacia los seminaristas adultos bajo su supervisión.

Una tercera persona, que no se encontraba en la casa de formación con Coronado, pero que la visitaba a menudo, observó los mismos comportamientos. Asimismo, dijo que tuvo contacto con Coronado unos veinte años después y que su conducta no había cambiado.

El padre John Lydon, quien vivió con el padre Prevost en Trujillo cuando este dirigía la casa de formación de los agustinos, y que durante

248 Allen, E. A. (2 de abril de 2025). SNAP complaint against top cardinal involves priest defrocked for sexual misconduct [La denuncia de SNAP contra cardenal ilustre involucra a un sacerdote expulsado por conducta sexual inapropiada]. *Crux*. https://cruxnow.com/vatican/2025/04/snap-complaint-against-top-cardinal-involves-priest-defrocked-for-sexual-misconduct.

un tiempo se desempeñó como superior del vicariato donde se encontraba esa comunidad, relata una historia similar sobre la personalidad de Coronado. Lo describe como excesivamente estricto y dogmático, y, a menudo, como alguien con quien resultaba difícil trabajar:

> Lo conozco bien. Fui el superior mayor en Perú, en nuestro vicariato, de 1991 a 1999. Fui, de hecho, el superior del ahora papa en ese entonces. Lo conocía bien, porque tenía que tratar con los otros superiores en la provincia peruana. Allí, comenzaron un seminario en Lurín, pero en ese entonces todavía era parte de Lima. La Diócesis de Lurín aún no había sido creada. Construyeron un edificio muy grande como seminario, y Ricardo Coronado era uno de los pocos agustinos peruanos jóvenes en esa jurisdicción de la provincia de Lima. Era como una cohorte más joven, y uno de los únicos de unos treinta y tantos años. Así que lo pusieron a cargo de este seminario. Era muy dogmático, muy, yo diría, ultraconservador, y no quería tener contacto con ninguno de los otros agustinos, a quienes veía como... nos veía simplemente como teología de la liberación y de extrema izquierda, y todo esto con los pobres, y no quería tener nada que ver con eso. Era una personalidad muy difícil, porque era dogmático. Simplemente nos veía como la encarnación del diablo. Así es como nos miraba[249].

El padre Lydon refiere una anécdota al respecto de su tiempo como superior mayor. Debido a su cargo, buscaba promover el diálogo con la provincia peruana y los otros vicariatos, por lo que impulsaba reuniones de los otros cuatro superiores. En una ocasión, cuenta el padre John, se presentó en la profesión y estuvo en la misa, luego de lo cual, antes de la cena, estuvo conversando con el superior español. En la mesa estaban también dos novicios que habían sido enviados de Venezuela, como solían hacer los agustinos con sus seminaristas de ese país. Los venezolanos le dijeron: «Padre, el padre Ricardo nos ha prohibido hablar con usted». «Él no quería que yo hablara con ninguno de ellos porque pensaba que los contaminaría. Tenía una mentalidad realmente cerrada», comenta Lydon.

249 Padre John Lydon, entrevista con la autora, 4 de junio de 2025.

> [Coronado] decidió que quería convertirse en provincial, así que comenzó a socavar y a atacar al provincial español. La mayoría de los agustinos eran españoles, no había muchos peruanos. A los peruanos mayores no les gustaba en absoluto, porque era muy dogmático y no dialogaba sobre nada. No obtuvo mucho apoyo y, debido a que comenzó a socavarlos, le quitaron su papel en la provincia. Finalmente, se fue. Hubo también algunas acusaciones contra él, de hecho, el prior general tuvo que enviar a alguien para investigar si era cierto o no. Creo que, al final, no lo supieron, pero, de todos modos, él se fue y se conectó con la Diócesis de Cajamarca[250].

Una de las personas que se formó bajo la dirección de Coronado también ha destacado sus vínculos con el ahora suprimido *Sodalitium*, pues, afirma, era amigo personal de muchos de sus miembros. Relata además que, mientras dirigía la casa de formación de Lurín, durante al menos un año iba mensualmente a servir como confesor en la casa de formación del *Sodalitium* en el balneario de San Bartolo, al sur de Lima, donde ocurrieron varios supuestos abusos físicos, según se informa, con la aprobación del fundador del *Sodalitium*, Luis Fernando Figari. Coronado, sostiene, quería convertir la casa de Lurín en «otro San Bartolo»[251], lo que es consistente con la serie de castigos humillantes y prácticas con connotaciones sexuales, como la desnudez o los chistes obscenos, relatados anteriormente.

Después de que los seminaristas de la casa de formación de Lurín informaron a los superiores de Coronado sobre su conducta, no se le permitió regresar. A pesar de ello, intentó convencer a algunos de los jóvenes para que se marcharan y le ayudaran a establecer una nueva comunidad que reflejara lo que la «verdadera Iglesia» debía ser. Estos se negaron y Coronado finalmente dejó la orden agustiniana. Luego de obtener un título en Derecho Canónico, fue invitado a servir como vicario judicial en la Diócesis de Colorado Springs, en los Estados Unidos,

250 Padre John Lydon, entrevista con la autora, 4 de junio de 2025.

251 Allen, E. A. (2 de abril de 2025). SNAP complaint against top cardinal involves priest defrocked for sexual misconduct [La denuncia de SNAP contra cardenal ilustre involucra a un sacerdote expulsado por conducta sexual inapropiada]. *Crux*.https://cruxnow.com/vatican/2025/04/snap-complaint-against-top-cardinal-involves-priest-defrocked-for-sexual-misconduct.

bajo el obispo Michael Sheridan, donde sirvió durante casi veinte años. El *Sodalitium* también estableció su primera casa en Colorado, en Denver, aproximadamente cuando Coronado llegó allí.

El abogado denunciante del caso Quispe Díaz dejó su puesto en Colorado Springs en 2022, aparentemente por diferencias con el sucesor de Sheridan, el obispo James Golka. Sin embargo, lo hizo con el entendimiento de que seguía siendo un sacerdote en buena posición y, por lo tanto, podía celebrar los sacramentos durante sus visitas. No obstante, en 2024, Coronado presentó una demanda contra Golka y contra su exvicario general, monseñor Robert Jaeger, por supuestamente romper un memorando de entendimiento en el que las partes habían acordado no hacer público el asunto después de que Jaeger emitiera un comunicado en junio de 2023 en el que decía que había sido informado de «ciertas acusaciones» sobre la conducta de Coronado y que este ya no era un sacerdote en buena posición. Estas acusaciones estaban relacionadas con conducta sexual inapropiada con adultos. La demanda de Coronado contra Golka y Jaeger fue desestimada por el Tribunal de Distrito del Condado de El Paso, pero este apeló esa decisión y, al momento de este escrito, el litigio sigue en curso[252].

Por otra parte, uno de los individuos que se formaba con Coronado cree que la decisión de este de acusar públicamente a Prevost de encubrimiento se debe probablemente a su aversión personal hacia él, así como a la suposición de que este había actuado contra el arzobispo exsodálite José Antonio Eguren Anselmi, de Piura, destituido de la arquidiócesis durante una investigación del Vaticano sobre el *Sodalitium* y, más tarde, expulsado del grupo antes de su supresión. Como arzobispo, el decreto de renuncia de Eguren, aunque ordenado por el papa Francisco, habría tenido que pasar por la oficina de Prevost en el Dicasterio para los Obispos.

Fue en mayo de 2024, apenas un mes después de que Eguren fuera forzado a retirarse por el papa Francisco en abril de 2024, cuando Coronado —quien, según exmiembros del SCV, aún mantiene lazos estrechos con miembros acusados de alto rango— se hizo cargo como abogado de las víctimas de Chiclayo y las acusaciones contra Prevost comenzaron a circular en los medios.

252 Ver el documento de la demanda en el tribunal de El Paso en: https://trellis.law/doc/208616848/complaint-w-jury-demand.

Según uno de los que estuvo en formación bajo Coronado, no se había hecho ninguna mención de Prevost hasta que este intervino como abogado de las hermanas Quispe Díaz. «Las víctimas no están acusando a Prevost, están pidiendo ayuda. La forma de difamar, de ensuciar a Prevost», afirma este testimonio, es algo que habría provenido de Coronado, quien también ha presentado múltiples demandas contra individuos a quienes ha acusado de difamación, incluyendo a una por comentarios hechos durante una sesión de grupo como parte de un proceso interno de sanación[253].

El padre Lydon opina lo mismo y afirma que Coronado era cercano al *Sodalitium*, tanto personal como ideológicamente, por lo que cree que utilizaron el caso de Chiclayo para inventar acusaciones infundadas contra el actual papa:

> Él estaba conectado con este grupo también en Lima. Así que él es ultraconservador y hay este grupo ultraconservador que se llama Sodalicio, que fue un completo desastre. Ideológicamente, él estaba de acuerdo con eso. Sospecho, porque no conocía todos los detalles, que debido a que la Iglesia comenzó a actuar con más dureza contra el Sodalicio, especialmente el episcopado en Perú, y el obispo Bob en Chiclayo, hubo un esfuerzo por desacreditarlo, porque él era parte de este esfuerzo[254].

El padre John cree que Prevost fue «un blanco», un objetivo, y lo que se ha hecho es intentar socavar su autoridad moral. «Los casos de abuso sexual siempre son complicados, y saber dónde está la verdad no siempre es fácil. Así que él seguiría todo lo que se suponía que debía seguir, porque esa es su personalidad, en primer lugar. Y, luego, porque es consciente de que en los casos de abuso sexual tiene que haber transparencia, y porque la diócesis, el actual obispo, que fue un estudiante agustino mío, así que lo conozco bien, lo reafirma. Todo se hizo como se supone que debe ser», refiere Lydon. Y añade: «Nunca se satisface a nadie en esos casos, porque

253 Allen, E. A. (2 de abril de 2025). SNAP complaint against top cardinal involves priest defrocked for sexual misconduct [La denuncia de SNAP contra cardenal ilustre involucra a un sacerdote expulsado por conducta sexual inapropiada]. *Crux*.https://cruxnow.com/vatican/2025/04/snap-complaint-against-top-cardinal-involves-priest-defrocked-for-sexual-misconduct.

254 Padre John Lydon, entrevista con la autora, 4 de junio de 2025.

tienes a las víctimas, tienes a los acusados, todos tienen diferentes historias. Todos pierden en esos casos, pero estoy seguro de que [el obispo Bob] siguió todo [el debido procedimiento]. Pero ellos quieren desacreditarlo, así que buscan cualquier pequeña cosa que puedan usar para construir una narrativa y debilitarlo. Y creo que eso fue lo que pasó»[255].

Tras las revelaciones sobre la conducta de Coronado y su papel en el caso Quispe Díaz, algunos medios de comunicación comenzaron a retractarse de alguna manera de sus informes, que afirmaban que Prevost había sido parte de un encubrimiento, incluido el dominical televisivo *Cuarto poder*, que, en un programa emitido en mayo de 2025, tras la elección de Prevost, sostuvo que inicialmente no poseían el conjunto completo de los hechos y, creían, que las hermanas Quispe Díaz habían sido posiblemente manipuladas[256]. Sin embargo, el grupo de defensa de las víctimas, llamado Survivors Network of Those Abused by Priests - SNAP (Red de Sobrevivientes de Abusos por Sacerdotes), tomó el caso y ha seguido publicitándolo, utilizando la documentación proporcionada por Coronado, quien ha negado cualquier mala conducta y sostiene que no cometió ningún delito que mereciera su expulsión del sacerdocio[257].

A fines de julio de 2025, SNAP realizó una conferencia de prensa en Chicago en la que Ana María Quispe Díaz declaró que Prevost, efectivamente, les dio la bienvenida, les dijo que les creía y les agradeció por atreverse a hablar sobre su caso, pero insistió en decir que el obispo de Chiclayo no investigó sus denuncias y que no les ofreció ayuda psicológica, al contrario de lo que la diócesis ha dicho repetidamente[258]. A principios de agosto, Coronado, entre otras cosas, insistió en su inocencia, en una carta enviada al portal *Crux*, en respuesta a notas periodísticas

255 Padre John Lydon, entrevista con la autora, 4 de junio de 2025.

256 Ver un extracto en video del programa en: https://x.com/uncafecommie/status/1921941709035917423?s=48&t=yVeDp1F9KSvyhY_kdqpCRg.

257 Allen, E. A. (2 de abril de 2025). SNAP complaint against top cardinal involves priest defrocked for sexual misconduct [La denuncia de SNAP contra un alto cardenal involucra a un sacerdote expulsado por conducta sexual inapropiada]. *Crux*.https://cruxnow.com/vatican/2025/04/snap-complaint-against-top-cardinal-involves-priest-defrocked-for-sexual-misconduct.

258 Ver: Nate's Mission [Nate's Mission]. (31 de julio de 2025). *SNAP Press Conference Chicago 7 31 25* [Video]. YouTube. https://www.youtube.com/watch?v=NzwHt3EJbHE.

que cubrían testimonios de varias fuentes anónimas que describían un historial de conducta sexual inapropiada por su parte y diferencias personales entre este y el hoy papa León XIV. En la misiva, Coronado afirma: «No soy un monstruo malicioso; soy un hombre que ha entregado su vida a la Iglesia y que, por un atropello a la justicia, ha sido "cancelado" por algunos miembros de la jerarquía eclesiástica»[259].

Por su lado, uno de los individuos que se formó bajo Coronado, quien ha decidido mantener su identidad en reserva, sostiene que le enseñaron a odiar a Prevost, y que fue solo más tarde, después de conocerlo, que descubrió que el padre Roberto no solo era lo opuesto a lo que Coronado había descrito, sino que se convirtió en un amigo cercano y en un hermano:

> Años después, cuando yo vivo con Roberto, me acuerdo de que teníamos mucha confianza. Siempre lo sentí muy hermano, muy cercano. Entonces, yo le digo: «¿Tú sabes que a mí me entrenaron desde chiquillo para odiarte?».Y agregué: «Sí, a mí me entrenaron para odiarte, a ti y a todo». Me dice: «Yo lo sé».Ya sabemos quién: Coronado. «A mí me entrenaron para odiarte, para verte a ti como mi enemigo. Siempre te ha tenido a ti y a ustedes una animadversión muy fuerte [...] hasta el punto de que no quería que ni hablemos contigo, con ustedes».Yo luego le conté eso, porque a mí, honestamente, me hizo mucho daño.

El otro individuo que se formó bajo Coronado en Lurín comenta que Prevost era consciente de las cosas que este decía sobre él. Incluso años después, tras la salida de Coronado de los agustinos, estaban al tanto de sus movimientos, especialmente cuando regresó al Perú luego de enfrentar sus problemas en Colorado Springs. Una vez de vuelta, según este testimonio, que también se resguarda bajo el anonimato, Coronado se unió a un grupo ideológicamente conservador en la Iglesia peruana que comenzó a atacar a figuras de mentalidad más progresista, iniciando procesos canónicos contra individuos a los que consideraban demasiado liberales: «Usan el

259 Para revisar la carta publicada por *Crux* el 7 de agosto de 2025, ver: Crux. (7 de agosto de 2025). Peruvian ex-priest responds to Crux coverage [Exsacerdote peruano responde a la cobertura de *Crux*]. *Crux*. https://cruxnow.com/church/2025/08/peruvian-ex-priest-responds-to-crux-coverage.

derecho canónico como un arma para atacar o difamar o dar mala prensa para que ante la duda no les den cargos o responsabilidades importantes, o difamar para bajarle el volumen a lo que puedan decir», explica.

Respecto al caso de Chiclayo, la fuente, quien afirma haber vivido allí, donde aún tiene varios amigos y contactos, cuenta: «Parece ser que algunos de ellos son los que han buscado a estas víctimas y han sacado información. Pero lo que yo entiendo, lo que piensa la gente de Chiclayo, aunque no lo puedo confirmar, es que las víctimas dijeron muchas más cosas y fue muy entrecortado, y que ellas no tenían del todo esa intención de involucrar a Roberto, sino que, al contrario, sentían que les estaba ayudando y que pensaban que [el primer reportaje que critica a Prevost] era un artículo periodístico, un reportaje de su caso, no en contra de Roberto... Pero había intereses de varias de estas personas, que se estaban comenzando a organizar para atacar».

Ana María Quispe explica en una entrevista para este libro su postura actual sobre el tema: «[Me siento] impotente respecto al caso de Ricardo Yesquén, porque, de algún modo, es como si se hubieran negado a abrir cualquier cosa fundamentándose en que él se encuentra mal». Quispe admite que fueron enviadas al centro de escucha diocesana, donde en efecto había un sacerdote estudiante de Psicología que ofreció ayudarlas con apoyo psicológico, pero afirma, ahora, que aquello fue «una burla» y que fue más una «asesoría espiritual». Sostiene que la diócesis también las puso en contacto con un centro de emergencia para mujeres, pero se lamenta de que no tuvieran servicios psicológicos. Ahora, añade, están recibiendo ayuda de una psicóloga externa y la diócesis les está reembolsando los gastos.

Por otra parte, contrario a lo que afirman otros testimonios citados en este libro, Ana María sostiene que, aunque la diócesis abrió el caso, no hizo una investigación, con la excusa de que «en la Iglesia no hay forma de investigar», pero, tal como lo ha confirmado el Vaticano[260], en Roma

260 «Un portavoz del Vaticano, Matteo Bruni, afirmó que la investigación del obispo Prevost "fue más allá de los requisitos" e incluyó la recepción de un informe escrito de las mujeres y la búsqueda de otras acusaciones en los archivos. Añadió que la Iglesia solo permitió al padre Vásquez celebrar la misa públicamente una vez durante la investigación. Si el sacerdote lo hizo en otras ocasiones, añadió, "el obispo lo desconocía"», en: Turkewitz, J. (28 de junio de 2025). Takeaways From a Times Times Investigation of the Pope's Legacy on Sex Abuse. *The New York Times*. https://www.nytimes.com/2025/06/28/world/americas/pope-leo-sex-abuse-investigation-takeaways.html.

sí existe un archivo, lo que demostraría que esta sí se realizó. Quispe insiste en que existe solo «una hoja» en dicho expediente, lo que significa, según ella, que no ha habido una investigación apropiada, y acusa a la diócesis de usar el archivamiento de su caso civil para cerrarlo también en Roma. Sobre estas afirmaciones, no está claro a qué documentación han accedido las denunciantes o de quién la han obtenido, o si se refieren a parte del dosier enviado en julio de 2022 o a la información adicional que Prevost remitió al Dicasterio para la Doctrina de la Fe en abril de 2023, luego de que se la solicitaran. El Vaticano tiene como práctica no compartir el contenido de un archivo para un caso de abuso con ninguna de las partes, así que no queda claro a qué documentos se refiere Ana María.

Según Quispe, fue Coronado quien les informó sobre la presunta postura de Prevost y de la diócesis de que supuestamente no se podría investigar, lo que fue una «mentira», porque «sí, en la Iglesia hay una forma de investigar». Supieron de Coronado, cuenta, por sugerencia de una abogada dentro de la Iglesia a quien conocieron después de hacer pública su denuncia. «[Ella] nos apoyaba y nos dijo: "Este abogado [Coronado] quiere ayudarlas" [...] Entonces, él [Coronado] ayudó a formalizar los documentos y a enviar a Roma las denuncias». Luego, agrega Quispe, «sentimos que quería que presionemos, pero sentimos también que era de una forma exagerada». Coronado, sostiene, quería que ellas hicieran todo del modo más rápido posible, y tuvieron la sensación de que no sabían por completo lo que estaba sucediendo. «Entonces, comenzamos a tardarnos un poco para tratar de analizar qué pasaba, y él se empezó a molestar. Se molestaba y nos empezaba a tratar mal». Al final, ellas decidieron cortar los lazos con Coronado y él «terminó bien molesto. [...] Luego, lo que nos quedó claro fue que su objetivo no era ayudarnos. ¿Cuál era su objetivo? Tampoco lo sabemos. Creo que es más bien oscuro. Y tampoco queremos saberlo»[261].

Ana María explica, entre lágrimas, que «si a mí me hubieras entrevistado en ese primer momento, después de salir de la primera reunión con Prevost, yo te hubiera hablado maravillas, porque yo me sentí muy bien». Ahora, después de todo lo que ha pasado con su caso, dice que otras víctimas con quienes ha hablado afirman que Prevost las escuchaba siempre y las ayudaba, y no entiende por qué él, aparentemente, según ella, no lo

261 Ana María Quispe, entrevista con la autora, 20 de agosto de 2025.

hizo en su caso. Este es, hasta el día de hoy, entre todas las entrevistas realizadas para este libro, además de conversaciones llevadas aparte, el único incidente en el que existe una crítica sobre el manejo de Prevost en un caso de abuso. Ana María Quispe señala que ha decidido declarar ahora, para este libro, después del involucramiento en su caso de Coronado y de SNAP, porque no quiere que se repitan los mismos errores.

Al final, lo que estaría quedando claro es que este no es un caso de abuso más, sino uno donde un esfuerzo genuino por ayudar a las víctimas se topó con muchos intereses particulares, personales e institucionales, con la elección del papa León XIV y, en mitad de todo ello, tres mujeres quedaron desconcertadas, sintiéndose utilizadas.

Un caso similar

Una víctima de abuso, que ha optado por permanecer en el anonimato, relata que, junto con su cónyuge, tuvieron una experiencia problemática con SNAP similar a la que se alega en el caso de Chiclayo. Dice que fueron manipulados por un representante de SNAP, quienes, según su testimonio, utilizaron su caso para hacer avanzar motivaciones personales y políticas.

Esta persona afirma que, con su cónyuge, se acercaron a SNAP para obtener ayuda y lograr justicia y reparación por el abuso sufrido a manos de un individuo que formaba parte de una Sociedad de Vida Apostólica. Comenzaron a trabajar con un prominente abogado y representante de la organización, quien les prometió ayudarlos. Sin embargo, señalan que pronto las cosas se volvieron «ambiguas» y que el representante con el que trabajaban alternaba entre identificarse como director de la rama local de SNAP y como abogado «con fuertes vínculos políticos, adaptando su discurso según la conveniencia del momento. Quedaba claro que lo que le abría puertas en las cúpulas era precisamente su posición al frente de SNAP».

La misma fuente afirma que han oído rumores de que el representante de SNAP también infló la cantidad de dinero que solicitaban como compensación, discutiendo una suma con ellos y luego pidiendo una cantidad superior a la institución, así que tienen la gran sospecha de que el representante alteró los números con la intención de quedarse con la diferencia, aunque no tienen evidencia de ello. Esta persona y víctima de abuso también afirma que el representante de SNAP les pidió un porcentaje de cualquier reparación que se les otorgara. Al final, sostiene esta pareja, pagaron una gran suma por los servicios de SNAP y terminaron sin recibir compensación. Debido a los métodos «perniciosos» que SNAP utilizó, fueron retratados «como interesados, incluso como personas que buscaban dañar a la Iglesia. Eso nos causó un trauma, rechazo y exclusión. Hemos tenido que aclarar, una y otra vez, que nuestro objetivo es justicia, no dinero. No hay indemnización que repare lo que hemos perdido», sostienen.

«Con el tiempo, dejamos de confiar también en SNAP. Detectamos contradicciones y mentiras flagrantes. El involucramiento de SNAP [...] dificultó aún más nuestro acceso a la verdad, a la justicia y a una reparación. Lejos de eso, empeoró nuestra situación y profundizó nuestro dolor. Al final de este proceso trunco, una vez más nos sentimos usados y quedamos peor que al inicio. Más enfrentados, vulnerables y estigmatizados», denuncian. Según ellos, algunas figuras aprovechan su cercanía con las víctimas para beneficiarse o manipular procesos. «El abuso institucional puede continuar incluso en nombre de la defensa de los sobrevivientes», dicen[262].

El papa responde

Al hablar del caso de Chiclayo, el papa León se pone serio y al principio mira al suelo antes de levantar la vista y dirigirse a mí para ofrecerme su respuesta. Sostiene que siempre ha buscado estar cerca de las víctimas y que ha creído a todos los que se han acercado a él con una denuncia, incluidas las hermanas Quispe Díaz. León XIV comparte para este libro su propio relato sobre sus acciones en este caso y lamenta que la justicia en la Iglesia pueda tardar demasiado. Dice, además, que ya ha iniciado un estudio para averiguar por qué, jurídicamente, los casos de abuso tardan tanto en avanzar:

> Intento comprender y estar cerca de las personas que vienen y me dicen que han sido víctimas de una u otra forma, y traté de hacer eso en este caso. En este momento, no quiero decir demasiado, porque también soy el papa ahora. Entonces, no es solo Robert

262 Se han omitido los detalles sobre la identidad, el país y las especificidades de este caso para proteger la privacidad y el anonimato de la víctima.

Prevost diciendo: «Pensé que hice lo correcto». Desde el principio, cuando las escuché, primero a una y luego a las tres que vinieron juntas, traté de explicarles lo que hago con todas las víctimas en términos de sus derechos, en términos de una cierta empatía y de escucharlas. No sé si alguna vez he escuchado un caso en el que no creyera a la víctima. Tengo que decirlo, porque cuando hablas con la gente y sabes que están sufriendo, ese sufrimiento viene de algún lugar. No es inventado. Y se lo dije desde el principio, que les creía, y les ofrecí diferentes tipos de apoyo, incluyendo apoyo psicológico y legal. La diócesis ofreció, desde la primera vez que hablé con ellas, apoyo. Ya habíamos creado, en ese momento, un centro de escucha dentro de la diócesis, que contaba con profesionales: abogados, psicólogos, un médico, y las puse en contacto con el coordinador del centro por si necesitaban ayuda.

Lamentablemente, la justicia en la Iglesia, al igual que la justicia en Perú y en muchos otros lugares, toma mucho tiempo. Estos procesos son muy lentos. Este proceso en particular se ha vuelto más complicado, porque no mucho después de que ellas presentaron sus acusaciones, yo fui trasladado de la diócesis. La cantidad de tiempo en que ha transcurrido todo este proceso lo ha hecho muy doloroso. Sinceramente me siento muy mal por ello. Pero en medio de todo esto, como se ha hecho conocido, ha habido mucha manipulación del caso, lo que ha causado un dolor aún mayor a muchas personas, pero principalmente a ellas. Lo siento mucho por eso. Han sido victimizadas y revictimizadas. Para ellas, ha sido difícil tener que soportar esto durante varios años, que el proceso se haya vuelto tan público, lo que la diócesis no quería, pero las circunstancias alimentaron esto... quiero decir, se convirtió en una «*cause célèbre*» nacional en un momento dado. Nada de eso, en mi opinión, ha ayudado a las víctimas, no ha ayudado a la Iglesia, pero desafortunadamente, ese ha sido el caso.

La justicia es demasiado lenta. Es un tema que ya he comenzado a abordar desde mis primeros dos meses como papa, para empezar a examinar algunos de los problemas jurídicos involucrados: ¿por qué estos procesos tardan tanto?, ¿cómo se garantizan los derechos de todos? Yo se los dije, que les creo a las víctimas cuando vienen a hablar conmigo. [Pero] el sacerdote [denunciado] afirma que es inocente. Así que la Iglesia tiene que defender los derechos de las víctimas y de los acusados, y eso no es fácil[263].

Una elección histórica

Estos esfuerzos por desacreditar a Robert Prevost continuaron hasta los días inmediatamente anteriores al cónclave. Sitios como *Infovaticana* siguieron publicando artículos que lo acusaban de encubrimiento en el caso de Chiclayo y cuestionaban su credibilidad. Esto ocurrió a pesar de las revelaciones sobre la participación de Coronado en el caso, su expulsión del sacerdocio y su aparente aversión personal e histórica hacia Prevost, lo cual generó serias dudas sobre la credibilidad de las afirmaciones que surgieron bajo su supervisión del caso.

Sin embargo, estos intentos finalmente fracasaron. El perfil de Robert Prevost continuó creciendo en Roma y entre el Colegio Cardenalicio. Irónicamente, las revelaciones de que las acusaciones en su contra eran esencialmente una campaña de desprestigio probablemente ayudaron a su candidatura al final.

Así fue como, cuando el papa Francisco falleció a las 7:35 a. m. del 21 de abril de 2025, y los cardenales fueron convocados a Roma y comenzaron a debatir en qué dirección creían que la Iglesia debía ir y cuál debería ser el perfil del próximo papa, Prevost emergió, cada vez más, como la persona adecuada. Las discusiones en las congregaciones generales previas al cónclave incluyeron fuertes críticas al papa Francisco por parte de muchos cardenales mayores, sin derecho a voto. Sin embargo, la mayoría de aquellos menores de ochenta años, y, por lo tanto, con derecho a voto, buscaban a alguien que pudiera traer unidad y comunión; alguien que continuara con las reformas curiales de Francisco y priorizara las necesidades sociales del mundo actual, que fuese tomado en serio como líder en el escenario global, pero que también pudiera comenzar a sanar las divisiones que asolan a la Iglesia y al mundo.

A partir de los detalles que se han recopilado desde el cónclave, una vez que las puertas de la Capilla Sixtina se cerraron y comenzó la votación,

263 Papa León XIV, entrevista con la autora, 10 de julio de 2025.

a pesar de lo que decían los informes de noticias y las predicciones de varios expertos católicos, el cardenal Prevost emergió de inmediato como un firme candidato principal, obteniendo un número significativo de votos en la primera votación. En ese primer escrutinio, surgieron tres frentes claros, a favor de tres cardenales: el cardenal italiano Pietro Parolin, quien había sido el secretario de Estado del papa Francisco y un diplomático experimentado; el cardenal húngaro Péter Erdő, arzobispo de Budapest y ampliamente visto como una alternativa conservadora al papado de Francisco; y Robert Prevost. Parolin y Prevost tuvieron la mayoría de los votos inicialmente, y rápidamente se hizo obvio en las votaciones posteriores que Erdő no tenía el apoyo suficiente para ser elegido, mientras que Parolin no alcanzaría la mayoría de dos tercios requerida, por lo que este cedió su apoyo a Prevost. El estadounidense, naturalizado peruano, ya estaba ganando votos en cada escrutinio, y fue elegido para el papado la tarde del 8 de mayo de 2025, en la cuarta votación, con el mismo número de rondas que en la elección del papa Benedicto XVI, en 2005, y una menos que en la del papa Francisco, en 2013[264].

En este sentido, como dijo el cardenal Robert McElroy en la conferencia de prensa del 9 de mayo, un día después de la elección del papa León XIV, Robert Prevost encarnaba lo que la mayoría de los cardenales habían dicho que buscaban: una personalidad tranquila con una amplia experiencia, tanto en el liderazgo administrativo como en el pastoral. Era alguien sensible a las necesidades de los pobres y marginados, estaba acostumbrado a trabajar en equipo y siempre había priorizado la unidad y la comunión dentro de su orden, sus parroquias, su diócesis e, incluso, dentro de la curia. Resolvía conflictos de manera efectiva a través de la escucha y del diálogo con todas las partes, y no dudaba en tener mano firme cuando era necesario.

Al final de la primera entrevista para este libro, pues luego concedería una segunda un par de semanas después en su apartamento dentro del Palazzo del Sant'Uffizio en el Vaticano, y cuando ya las preguntas habían terminado, el papa León XIV decidió seguir compartiendo desde el corazón. Habló sobre cómo le impactó la muerte del papa, sobre su experiencia

264 Como se ha explicado en el primer capítulo, si bien es cierto que para la elección del papa Francisco hubo cinco votaciones, en la práctica este alcanzó la mayoría necesaria en la cuarta votación, que tuvo que repetirse por un error logístico en el conteo final de las papeletas.

espiritual personal durante el tiempo de la transición papal, desde el momento del fallecimiento de Francisco, las semanas que transcurrieron después de ello, hasta su propia elección como sucesor del pontífice argentino, y más allá de ella:

> Hubo momentos poderosos, humanamente, emocionalmente, pero también espiritualmente, a lo largo de todo ese período. Quiero decir, el misterio de la vida, muerte y resurrección de Jesús, el misterio pascual desde el Domingo de Pascua, cuando el papa Francisco hizo su última aparición, y la bendición, y ese último paseo por la plaza. No soy médico, pero cuando lo vi pasar por la plaza —no estaba en la plaza de San Pedro, lo estaba viendo en la televisión— pensé que [...] algo estaba pasando, porque no estaba así en la última reunión que había tenido con él días antes. Algo estaba mal. No pensé que se iría tan rápido, pero simplemente supe que algo estaba pasando. Y eso fue a la mañana siguiente, cuando murió. Y esto es lo que es la Pascua, en términos de vida, muerte, resurrección.
>
> Luego, por supuesto, todo lo que vivimos en la Iglesia, toda la Iglesia, después de su muerte y los días de luto y de estar en su velorio y la oración, esa solemne procesión cuando llevamos sus restos, su cuerpo de Santa Marta a la Basílica de San Pedro, las filas de los fieles que venían a orar, y luego la preparación con los cardenales y las congregaciones previas al cónclave, y todo lo que sucedió allí. No sé cómo describirlo, habrá otros que lo describan mucho mejor que yo, pero la respuesta que ha habido consistentemente desde el 8 de mayo, hay mucho ahí que va mucho más allá de Robert Prevost. Está simplemente el gran misterio de la presencia de Dios con la Iglesia, del Espíritu Santo que nos guía, y de este regalo, un regalo de fe que el Señor nos ha dado[265].

En cuanto a si había alguna expectativa de que fuera elegido, su amigo y hermano agustino, el padre Moral, dice que él y Robert Prevost hablaron de la posibilidad en ciertas ocasiones. Añade que, aunque el «padre Roberto» estaba convencido, o se convencía a sí mismo, de que no sucedería al final, en lo más profundo de su ser sabía que era una posibilidad:

265 Papa León XIV, entrevista con la autora, 10 de julio de 2025.

> Hablamos alguna vez. Y él era consciente y yo también [de que había una posibilidad]. Claro, cuando vivía el papa Francisco, no lo piensas. Pero después, cuando fallece, el ser prefecto del Dicasterio para los Obispos es muy importante. Y la formación que él tenía como prior general, como obispo y como misionero, habiendo trabajado en Perú, su formación intelectual. Me habían hablado todos muy bien de él. Todos. Ningún obispo y ningún cardenal me habían hablado mal de él. Entonces, bueno, pues siempre piensas [que sí puede ser]... Y en algún momento, hablando, dijimos que podía ser elegido. Y cuando luego tardó tan poquito tiempo en salir, yo sí lo pensé. Dije: ¿ha sido Robert Prevost?

Moral dice que, a pesar de los rumores sobre ser un candidato y estar en la lista de los principales *papabili*, el cardenal Prevost, aunque se mostraba preocupado por la gran responsabilidad que conlleva el cargo, no estaba nervioso: «No, él no es ansioso, pero estaba preocupado, lógicamente, porque es una persona consciente de que hay muchos temas complicados, difíciles, que él quisiera ayudar a resolver. Entonces, preocupado, sí, pero nervioso, no. Yo creo que muy tranquilo, porque él es así. Si le dices, tienes que hacer eso, pues lo hace», explica Moral[266].

Por su parte, el papa comenta que, si bien otros, como Moral y muchos más, pensaban que tenía la posibilidad de ser elegido, y aunque él sabía que su nombre estaba siendo mencionado, nunca pensó que realmente sucedería. De hecho, solo unas semanas antes de la muerte de Francisco, cuando todavía estaba en el hospital luchando contra su infección respiratoria, solicité una cita con el cardenal Prevost para discutir un asunto relacionado con algo en lo que estaba trabajando, y él amablemente aceptó. Cuando nos reunimos en su oficina, recuerdo que le comenté que se hablaba de él como *papabile* si las cosas le iban mal a Francisco, y le pregunté si eso lo ponía nervioso. Me respondió rotundamente que no, que no estaba nervioso en absoluto, porque «nunca elegirían a un estadounidense».

Los hechos, obviamente, resultaron de manera diferente, y creo que ahora ambos recordamos ese momento con un sentido de ironía. Después de dos meses en el cargo de papa, León XIV dice que, incluso, a medida

266 Padre Alejandro Moral, entrevista con la autora, 3 de julio de 2025.

que se acercaba el cónclave, y su nombre continuaba siendo mencionado en las listas de contendientes, seguía convencido, hasta la noche anterior, de que los votos irían finalmente a otra persona. Ante la pregunta de si había alguna parte de él que lo sospechaba, responde:

> Sinceramente, no. Quiero decir, traté de no pensar en ello, porque entonces probablemente no habría dormido. Pero la noche antes de entrar en el cónclave, pude dormir porque me dije a mí mismo: «Nunca van a elegir a un estadounidense como papa». Fue como apoyarme en eso, como una especie de «Solo relájate. No dejes que esto se te suba a la cabeza». Porque obviamente durante la congregación, en las reuniones del precónclave, había escuchado un par de cosas. Había algunos rumores. Pero también pensé en el caso por el que me preguntabas antes [el de las denuncias en Chiclayo], que era una preocupación para algunos de los otros cardenales, si este tema de abuso sexual iba a ser un problema, y en las otras razones, la experiencia, el poco tiempo como obispo, como cardenal. Y luego fue cuando pensé en el antiguo y famoso adagio que la gente simplemente decía: «No va a haber un papa estadounidense». El cardenal [Blase] Cupich fue citado en uno de los periódicos de Chicago solo unos días antes del cónclave. Le preguntaron quién iba a ser el próximo papa, y él dijo: «Les diré una cosa, no va a ser un estadounidense». Así que me dije, bueno, esa es una buena noticia, porque no lo estaba buscando, honestamente. Y como sea, las cosas fueron como fueron[267].

El papa León XIV recuerda que Francisco dijo que en algún momento futuro el papa puede dispensar del secreto de la Capilla Sixtina. Y admite: «En este punto, no quiero dispensarme ni siquiera a mí mismo. Hubo un par de cosas durante ese tiempo que darían para un gran libro, pero a medida que las cosas se desarrollaban, recé y dije: Señor, lo que sea que suceda, esta Iglesia es tuya, está en tus manos»[268].

267 Papa León XIV, entrevista con la autora, 10 de julio de 2025.

268 Papa León XIV, entrevista con la autora, 10 de julio de 2025.

CAPÍTULO 7

Primeros pasos y una mirada al futuro. Una entrevista exclusiva con León XIV

La selección del nombre papal y su primer saludo al mundo suelen ser algunos de los momentos más importantes de todo un pontificado, ya que dicen mucho sobre el hombre y sus prioridades. Las primeras palabras de un papa a menudo sirven como una declaración de intenciones y como una hoja de ruta para el camino que está a punto de comenzar. León XIV habló de «una paz desarmada y una paz desarmante, humilde y perseverante». También se refirió a Cristo resucitado y a la construcción de puentes de diálogo, al amor de Dios por «todos» y a la Iglesia como misionera y sinodal, «que busca siempre estar cerca especialmente de aquellos que sufren»[269]. Por otra parte, esa primera noche, el primer pontífice estadounidense y peruano de la historia habló en italiano y en español, y no fue hasta el día siguiente que habló oficialmente en su inglés nativo.

Robert Prevost es considerado una persona orientada a «tender puentes». En ese sentido, León XIV ya ha tomado varias medidas significativas en cuestiones relevantes y actuales, tanto *ad intra* como *ad extra*[270], como el papel de la mujer, la atención al cuidado del medioambiente, los esfuerzos para la protección del menor en la Iglesia y el avance de la implementación de la visión de la sinodalidad del papa Francisco. También ha interactuado activamente con líderes de todo el mundo en

269 Para leer el *Primer saludo del santo padre León XIV*, ver: https://www.vatican.va/content/leo-xiv/es/messages/urbi/documents/20250508-prima-benedizione-urbietorbi.html.

270 «*Ad intra*» y «*ad extra*» significan, respectivamente, dentro y fuera de la Iglesia, es decir, existe una agenda eclesial hacia el interior de la propia Iglesia, pero también existe una agenda mundial, que comprende temas globales como cultura, geopolítica, entre otros campos.

la causa por la paz, sobre todo en zonas de conflicto como Ucrania, Rusia y Medio Oriente, en concreto en Gaza, y ya ha empezado a abordar el tema de la inteligencia artificial de forma constante en sus discursos públicos.

Mirando hacia el futuro, el papa ofrece un adelanto de lo que se puede esperar sobre estos temas en una entrevista exclusiva para este libro, la segunda que nos concedió, el 30 de julio de 2025, realizada en su apartamento dentro del Palazzo del Sant'Uffizio del Vaticano. Las primeras palabras de un pontífice para una publicación también son una declaración de intenciones.

Sentado al otro lado de una mesa pequeña, León XIV brinda su perspectiva sobre ser el primer papa estadounidense, cómo entiende el papel del pontificado, así como su enfoque sobre asuntos geopolíticos que van desde las guerras en Gaza y Ucrania hasta el compromiso con China y los Estados Unidos. También discute asuntos eclesiales, como la sinodalidad, el rol de las mujeres, el acercamiento a la comunidad LGBTQ+ y la polarización y división que plagan la Iglesia y la sociedad, así como temas como el ecumenismo y el diálogo interreligioso, el actual año jubilar y sus reflexiones sobre la inteligencia artificial.

A continuación, presentamos lo que León XIV dijo sobre todo esto y más, al comienzo de su ministerio papal en este Jubileo de la Esperanza[271]:

Usted es dos cosas a la vez. Es el primer papa de Estados Unidos, pero también es el segundo papa con la perspectiva de América Latina. ¿Con cuál de las dos se identifica más?

Creo que la respuesta es: ambas a la vez. Soy, obviamente, estadounidense, y me siento muy estadounidense, pero también amo mucho al Perú, al pueblo peruano, por lo que eso es parte de lo que soy. La mitad de mi vida ministerial la pasé en Perú, por lo que la perspectiva latinoamericana es muy valiosa para mí. Eso también se refleja en el aprecio que tengo por la vida de la Iglesia de América Latina, que fue significativa tanto

271 Si bien el papa León XIV habla fluidamente el español por su tiempo en el Perú, la entrevista para este libro fue realizada en inglés. Lo que se presenta aquí es nuestra propia traducción, intentando ser lo más fieles posibles a lo dicho por el santo padre.

en mi conexión con el papa Francisco como en mi comprensión de parte de la visión que él tenía para la Iglesia y cómo podemos seguir adelante en términos de una verdadera visión profética para la Iglesia de hoy y de mañana.

Escenario: la selección de Estados Unidos juega contra la de Perú en el Mundial de fútbol. ¿A quién anima?

Buena pregunta. Probablemente a Perú, solo por lazos afectivos, si se quiere. También soy un gran aficionado de Italia. A nivel de Copa del Mundo, generalmente sigo a tres equipos; mencionaste dos, e Italia sería el tercero. La gente sabe que soy aficionado de los White Sox, pero, como papa, soy aficionado de todos los equipos. Soy aficionado del equipo de fútbol de Roma, pero cuando vino el equipo de Nápoles, después de haber ganado el Scudetto, obviamente los animé y los felicité. Incluso en casa, crecí siendo aficionado de los White Sox, pero mi madre era de los Cubs, así que no podías ser de esos aficionados que excluyen al otro bando. Aprendimos, incluso en los deportes, a tener una postura abierta, dialogante, amistosa ¡porque de lo contrario puede que no hubiéramos cenado!

Usted está en sus primeros meses como papa. ¿Cómo entiende el papel del papado?

Todavía me queda una enorme curva de aprendizaje por delante. Hay una gran parte en la que siento que he podido moverme sin muchas dificultades, que es la parte pastoral. Aún me sorprende la respuesta [de la gente], lo buena que sigue siendo, el acercamiento a personas de todas las edades. Esta mañana en la audiencia, he saludado a muchas personas y creo que, simplemente por mi personalidad, me gusta conocer a la gente. Aprecio a todos, sean quienes sean, vengan de donde vengan, y los escucho. Esto hace que algunas de las filas para saludar duren más, porque a la gente le gusta hablar y que te involucres con ellos. Así que hay un aspecto de ser pastor de la Iglesia universal que creo que es muy significativo, una de las cosas que la gente aprecia es eso.

Sobre la gobernanza institucional interna de la Iglesia, pues apenas estoy metiendo mi dedo gordo en la parte poco profunda de la piscina.

He estado en Roma por un par de años como parte de la Santa Sede, así que creo que tengo una ventaja ahí, una idea de lo que es gobernar la Santa Sede. Habrá que tomar algunas decisiones en los próximos meses y años, por supuesto, pero no me siento abrumado por eso, siempre es una parte muy importante del papel.

La gente hace muchas afirmaciones sobre la situación financiera del Vaticano. Pero no es la crisis que se le ha hecho creer a la gente. Afortunadamente, tengo un poco de conocimiento y experiencia en muchos tipos diferentes de asuntos financieros. Así que continuaremos trabajando en eso. En la reforma que Francisco inició se tomaron algunas decisiones muy importantes, las cosas ciertamente han mejorado con respecto a hace diez años, y eso tiene que continuar. Hay más cosas por hacer en ese sentido.

El aspecto totalmente nuevo de este trabajo es haber sido lanzado al nivel de líder mundial. Es algo muy público, la gente conoce las conversaciones telefónicas o las reuniones que he tenido con jefes de Estado de varios Gobiernos y países de todo el mundo, en un momento en el que la voz de la Iglesia tiene un papel importante que desempeñar. Estoy aprendiendo mucho sobre cómo la Santa Sede ha tenido un rol en el mundo diplomático durante muchos años. Obviamente, tenemos relaciones diplomáticas con muchos países. Así, antes de reunirme con todas estas personas, me informan de antemano para tratar de tener una idea de quién viene, cuáles son sus antecedentes, qué está pasando en su país, la relación con la Iglesia, pero también la cuestión de las relaciones multinacionales, que es extremadamente importante. Todo eso es nuevo para mí en cuanto a la práctica. He seguido la actualidad durante muchos años. Siempre he tratado de estar al tanto de las noticias, pero el papel de papa es ciertamente nuevo para mí. Estoy aprendiendo mucho y me siento desafiado, pero no abrumado. En ese aspecto, tuve que saltar al fondo de la piscina muy rápidamente.

Ser papa, llamado a confirmar a otros en su fe, que es la parte más importante, es también algo que solo puede suceder por la gracia de Dios; no hay otra explicación. El Espíritu Santo es la única forma de explicarlo. ¿Cómo fui elegido para este cargo, para este ministerio? Por mi fe, por lo que he vivido, por mi comprensión de Jesucristo y del Evangelio, dije que sí, estoy aquí. Espero ser capaz de confirmar a otros en su fe, porque ese es el papel fundamental que tiene el sucesor de Pedro.

Ha defendido mucho la paz; la paz en varios conflictos, pero Ucrania ha sido especialmente prominente. ¿Qué tan realista es que el Vaticano sea un mediador en ese conflicto, en particular en este momento?

Yo haría una distinción entre la voz de la Santa Sede que aboga por la paz y un papel como mediador, que es muy diferente y no es tan realista como lo primero. Creo que la gente ha escuchado los distintos llamamientos que he hecho; he alzado mi voz, la voz de los cristianos y de la gente de buena voluntad, diciendo que la paz es la única respuesta a la matanza de personas después de estos años en ambos lados, en ese conflicto en particular, pero también en otros conflictos. La gente de alguna manera tiene que despertar para decir: hay otra manera de hacer esto.

Soy muy consciente de las implicaciones que tiene pensar en el Vaticano como mediador, incluso el par de veces que nos hemos ofrecido a acoger reuniones de negociaciones entre Ucrania y Rusia, ya sea en el Vaticano o en alguna otra propiedad de la Iglesia. [Por ejemplo] para los ortodoxos rusos, debido a las tensiones que han existido a veces entre el patriarca de Moscú y el obispo de Roma. Sin embargo, hacer la oferta fue un mensaje, y fue escuchado porque el presidente Putin llamó poco después. Él tomó esa iniciativa. Obviamente, el Vaticano no ha sido aceptado como un posible lugar para celebrar las negociaciones, y no había ninguna restricción al respecto. Yo estaba hablando de un lugar que fuera neutral, al que pudieran venir, y que proporcionara el ambiente donde el diálogo, la negociación, podrían tener lugar. El Vaticano no tiene que ser el mediador. Eso podría ser trabajado con alguien más.

La Santa Sede, desde que comenzó la guerra, se ha esforzado mucho por mantener una posición verdaderamente neutral. Algunas cosas que he dicho han sido interpretadas de una manera u otra, y eso está bien, pero la parte realista no es lo principal en este momento. Creo que actores diferentes tienen que presionar lo suficiente para que las partes en guerra digan: ya basta, busquemos otra forma de resolver nuestras diferencias.

Seguimos teniendo esperanza. Creo firmemente que no podemos perderla, nunca. Tengo grandes esperanzas en la naturaleza humana. Está el lado negativo. Hay malos actores, hay tentaciones. En cualquier lado, de cualquier posición, se pueden encontrar motivaciones que son buenas y motivaciones que no son tan buenas. Y, sin embargo, seguir animando a la gente a mirar los valores más altos, los valores reales, marca la diferencia. Puedes tener esperanza, y seguir intentando presionar y decirle a la gente: hagamos esto de una manera diferente.

¿Cómo se aplica eso a Medio Oriente ahora mismo, y específicamente a Gaza, donde la situación parece estar escalando en lugar de desescalar? ¿Qué esperanza puede haber en esa situación? ¿Qué espacio hay para el diálogo en este momento?

Esa es una pregunta muy difícil de responder. Incluso con cierta presión, no sé cuán grande ha sido esta tras bambalinas en este caso, aun por parte de Estados Unidos, que es el tercero más significativo que puede presionar a Israel. Incluso con algunas declaraciones hechas recientemente por el presidente Trump, no ha habido una respuesta clara en términos de encontrar formas efectivas de aliviar el sufrimiento de la gente en Gaza, y eso es una gran preocupación. Va a ser muy difícil, porque algunas personas, especialmente los niños, cuando sufren no solo privación [de alimento], sino hambruna real, el solo hecho de recibir comida no resuelve el problema de inmediato. Van a necesitar mucha asistencia médica, además de ayuda humanitaria, para realmente cambiar esa situación, y ahora mismo todavía se ve muy grave. La palabra genocidio se está usando cada vez más. Oficialmente, la Santa Sede no cree que podamos hacer ninguna declaración al respecto en este momento. Hay una definición muy técnica de lo que podría ser un genocidio, pero cada vez más personas están planteando la cuestión, incluyendo dos grupos de derechos humanos en Israel que han hecho esa declaración.

Es tan horrible ver las imágenes en la televisión, ojalá algo cambiara esta situación. Ojalá no nos volvamos insensibles, porque no puedes soportar tanto dolor. La insensibilidad es una forma de simplemente adormecer los nervios y decir: «No puedo más». Ciertamente, como seres humanos, y como [cristianos], no podemos volvernos insensibles y no podemos ignorar esto. De alguna manera, tenemos que seguir presionando para intentar lograr un cambio allí.

Otro actor global al que mucha gente está observando en este momento, en cuanto a su influencia, es China. El papa Francisco y muchos de sus predecesores han adoptado un enfoque de* Ostpolitik[272]*. ¿Sabe ya cuál será su propio enfoque para el compromiso con China?

No. Yo diría que, a corto plazo, continuaré la política que la Santa Sede ha seguido durante algunos años. De ninguna manera pretendo ser más sabio o más experimentado que todos los que me han precedido. También estoy en un diálogo constante con varias personas chinas, en ambos lados, sobre algunos de los problemas existentes. Estoy tratando de obtener una comprensión más clara de cómo la Iglesia puede continuar su misión, respetando tanto la cultura como los problemas políticos que, sin duda, tienen una gran importancia, pero también respetando a un grupo significativo de católicos chinos que, durante muchos años, han vivido algún tipo de opresión o de dificultad para experimentar su fe libremente y sin elegir bandos.

Sobre la *Ostpolitik*, las decisiones que se han tomado [han sido] para decir de manera realista «esto es lo que podemos hacer ahora mismo, avanzando hacia el futuro». Ciertamente, lo estoy tomando en consideración, junto con otras experiencias que he tenido previamente al tratar con el pueblo chino, con el Gobierno, así como con líderes religiosos y laicos. Es una situación muy difícil. A largo plazo, no pretendo decir esto es lo que haré y lo que no haré, pero después de dos meses, ya he comenzado a tener discusiones a varios niveles sobre ese tema.

También a nivel geopolítico se ha hablado mucho sobre el hecho de que usted es el primer papa de Estados Unidos y si eso podría marcar la diferencia. ¿Cree que lo hará?

272 El término «*Ostpolitik*», cuyo origen se remonta a una política de diálogo en tiempos de la Guerra Fría, se usa desde los años sesenta para describir la política vaticana sobre mantener el diálogo diplomático con algunos Gobiernos y regímenes del este de Europa y de Asia, buscando asegurar la libertad religiosa y la presencia de la Iglesia en esos países. Esta *Ostpolitik* vaticana se refiere especialmente a China, Rusia y otras naciones de esa región, en el marco de negociaciones para nombrar obispos o permitir actividades religiosas.

En primer lugar, espero que a la larga marque una diferencia con los obispos de Estados Unidos, sin entrar en la historia reciente y en las razones que ni siquiera pretendo entender por completo, de algunas de las cosas que se han dicho sobre el episcopado en Estados Unidos y la relación entre la Iglesia y la política. El hecho de que yo sea estadounidense significa, entre otras cosas, que la gente no puede decir, como lo hicieron con Francisco, «él no entiende a Estados Unidos, simplemente no ve lo que está pasando». Eso es significativo en este caso.

No tengo planeado involucrarme en la política partidista. La Iglesia no se trata de eso. Pero no me da miedo plantear temas que creo que son verdaderos temas del Evangelio, que ojalá la gente de ambos lados del pasillo, como decimos, pueda escuchar. En una de las últimas conversaciones que tuve con el vicepresidente de Estados Unidos —no he tenido conversaciones directas ni me he reunido con el presidente— hablé sobre la dignidad humana y lo importante que es para todas las personas, sin importar dónde nazcan, poder encontrar formas de respetar a los seres humanos y la forma en que los tratamos mediante las políticas y decisiones que tomamos. Evidentemente, hay algunas cosas que están ocurriendo en Estados Unidos que son motivo de preocupación. Seguimos buscando maneras de al menos responder y plantear algunas de las preguntas que deben hacerse.

Usted dijo que aún no se ha reunido con el presidente de los Estados Unidos, Donald Trump, pero, independientemente de la postura política de cada uno, él es un fenómeno con el que la gente de todo el mundo está tratando de interactuar y de entender a nivel político. ¿Cree que tiene más posibilidades de relacionarse con él como estadounidense?

No necesariamente. Sería mucho más apropiado que el liderazgo de la Iglesia en Estados Unidos se comprometiera con él, muy seriamente. Yo diría eso sobre cualquier Gobierno. De nuevo, he conocido a muchos líderes mundiales, y hay temas importantes que se pueden plantear, pero sería imposible que el papa se involucrara en países de forma individual para decir «esto es lo que deberías estar haciendo, eso es lo que deberías estar pensando».

Algo que hizo Francisco hacia el final de su pontificado, que fue muy significativo, es la carta que escribió sobre el trato a los inmigrantes. Me alegró mucho ver cómo los obispos estadounidenses lo asumieron, y algunos de ellos fueron lo suficientemente valientes como para seguir adelante con eso. Creo que ese enfoque, en general, es un mejor enfoque, es decir, que me relacionaría principalmente con los obispos.

El presidente Trump hizo una declaración la semana pasada sobre que no tenía en su agenda querer reunirse conmigo, y luego dijo: «Pero su hermano es un buen tipo», y eso está bien. Uno de mis hermanos lo ha conocido y ha sido muy abierto sobre sus puntos de vista políticos. Pero si hubiera temas específicos en los que sí fuera posible comprometerme con él, no tendría ningún problema en hacerlo. Hay otros que están haciendo ese papel bien, y él toma sus decisiones sobre a quién escucha y a quién no. Pero para seguir planteando algunos de los temas, especialmente sobre cuestiones de dignidad humana, de promoción de la paz en el mundo, que a veces ha dejado claro que quiere hacer, en esos esfuerzos me gustaría apoyarlo. Estados Unidos es un actor de poder a nivel mundial, tenemos que reconocer eso, y a veces las decisiones se toman más con base en la economía que en la dignidad humana y en el apoyo humano, pero [tenemos que] seguir desafiando y planteando algunas preguntas y ver la mejor manera de hacerlo.

En su primer discurso desde el balcón de San Pedro, usted habló de la paz y de la construcción de puentes. ¿Cuáles son los puentes que quiere construir? Política, social, cultural, eclesiásticamente, ¿cuáles son esos puentes?

En primer lugar, la forma de construir puentes es a través del diálogo. Una de las cosas que he podido hacer en estos primeros dos meses es tener al menos algún tipo de diálogo, visitas con líderes mundiales de organizaciones multinacionales. En teoría, las Naciones Unidas debería ser el lugar donde se traten muchos de estos temas. Desafortunadamente, parece reconocerse en general que las Naciones Unidas, al menos en este momento, han perdido su capacidad para el multilateralismo. Mucha gente está diciendo: «Hay que hacer un diálogo bilateral», porque hay obstáculos en el camino en diferentes niveles para que las cosas multilaterales avancen.

Esta mañana mencioné lo interesante que es pensar en el aniversario del Acuerdo de Helsinki, que fue un momento clave en el que parecía que el mundo estaba dando un paso adelante muy positivo para trabajar por el diálogo y buscar otras formas de resolver los problemas en lugar de la guerra. Tenemos que seguir recordándonos el potencial que tiene la humanidad para superar la violencia y el odio que nos divide cada vez más. Vivimos en tiempos en los que la polarización parece ser una de las palabras del día, pero no está ayudando a nadie. O si está ayudando a alguien, es a muy pocos, mientras todos los demás están sufriendo. Así que seguir planteando esas preguntas, creo, es importante.

Esa era mi próxima pregunta, la polarización, porque es una palabra de moda hoy en día, dentro y fuera de la Iglesia. ¿Cómo cree que se puede resolver?

Una cosa es plantear el tema y otra hablar de él. Es muy importante comenzar una reflexión más profunda, tratando de descifrar por qué el mundo está tan polarizado. ¿Qué está pasando? Hay muchos motivos. La crisis de 2020 y la pandemia tuvieron un efecto en todo esto, pero creo que comenzó mucho antes. Tal vez, en algunos lugares, la pérdida de un sentido más elevado de la vida humana tiene algo que ver también. El valor de la vida humana, el valor de la familia y el valor de la sociedad. Si perdemos el sentido de esos valores, ¿qué importa ya?

A esto hay que añadir otros factores. Uno muy significativo es la brecha cada vez más amplia entre los niveles de ingresos de la clase trabajadora y el de los más ricos. Por ejemplo, los directores ejecutivos que hace sesenta años podrían haber estado ganando de cuatro a seis veces más que los trabajadores, ahora, según las últimas cifras que vi, ganan seiscientas veces más de lo que reciben los trabajadores promedio. Ayer leí la noticia de que Elon Musk va a ser el primer trillonario del mundo. ¿Qué significa eso y de qué se trata? Si eso es ya lo único que tiene valor hoy, entonces estamos en un gran problema.

Pienso que tenemos que hablar de estas cosas: en la crisis que se avecina por la tecnología, la inteligencia artificial, la fuerza laboral, el tener suficientes trabajos para la gente... Si automatizamos el mundo entero y solo unas pocas personas tienen los medios no solo para sobrevivir, sino para vivir bien, para tener una vida significativa, hay un gran problema, es un enorme problema que se avecina. Esa fue una de las cuestiones que tuve en mente al elegir el nombre de León, en cuanto a las cosas que están ocurriendo hoy y los desafíos que tenemos por delante.

Quiero seguir con eso más adelante, sobre el tema de la inteligencia artificial y de la crisis que describe, pero en cuanto a la polarización y a la división de las que usted hablaba, no es un secreto que eso tuvo un impacto significativo en el papado de Francisco, en las críticas que enfrentó y en cómo se le veía. ¿Es esto algo que le preocupa a usted al asumir el mismo papel?

Volviendo a lo que yo veo como mi papel, no siento la necesidad de complicarlo, porque mi rol es anunciar la Buena Nueva, predicar el Evangelio. Creo que el Evangelio aborda algunas de estas cuestiones desde el sentido de ser hijos e hijas de Dios, que es el Creador, que envió a su Hijo, que se encarnó entre nosotros y nos enseñó el valor de la vida humana, manteniendo un ojo en la vida eterna. Si pierdes el horizonte, pierdes tu brújula, puedes estar vagando en vano y sin saber a dónde ir. Así que, en un sentido, no veo que mi papel principal sea el de tratar de ser el solucionador de los problemas del mundo. No veo mi rol así en absoluto, aunque creo que la Iglesia tiene una voz, un mensaje que necesita seguir siendo predicado, ser hablado y hablado en voz alta. Los valores que la Iglesia promoverá al tratar con algunas de estas crisis mundiales no surgen de la nada, provienen del Evangelio, vienen de un lugar que deja muy claro cómo entendemos las relaciones entre Dios y nosotros, y entre nosotros mismos. Hay que volver a las cosas más básicas como respetarnos unos a otros, respetar la dignidad humana: ¿de dónde viene esa dignidad humana y cómo podemos usar [ese respeto por ella] como una forma de decir que el mundo puede ser un lugar mejor y que podemos tratarnos mejor unos a otros?

Ha habido períodos en los que esa voz se ha perdido o ha sido ignorada o menos valorada. Sin embargo, es muy interesante ver lo que ocurre ahora en países como Francia, que durante un tiempo fue considerado uno de los más secularizados que existían. Ayer me reuní con un grupo de jóvenes franceses. Hubo miles el año pasado que libremente, ahora adultos jóvenes, buscaron el bautismo. Quieren venir a la Iglesia porque se dieron cuenta de que sus vidas están vacías, o de que les falta algo, o de que no tienen sentido, y están descubriendo de nuevo algo que la Iglesia tiene para ofrecer. En esa línea, creo que mi misión es muy clara al decir: ¿dónde empezamos, a dónde vamos?, y, luego, ¿cómo puede ese mensaje tener significado cuando miramos la geopolítica y los tipos de situaciones de las que estamos hablando?

Desafortunadamente, incluso el Evangelio se ha vuelto ideológico hoy...

Eso es parte del problema de la polarización. Si caemos en la ideología, ya no estamos hablando de la verdadera esencia, de los valores. Nos encerramos en algo que, como ideología, se apodera del verdadero significado. La ideología quiere usar al Evangelio en lugar de que sea el Evangelio en lo que debamos centrarnos. Puede estar en ambos lados, o en muchos lados, en cuanto a la interpretación que se le dé, si no están dispuestos a volver a entender su mensaje auténtico.

Quiero cambiar de tema para hablar de algo que mencionamos en nuestra conversación anterior, y que usted también mencionó en su primer discurso, y es la sinodalidad, la Iglesia sinodal. Creo que el concepto de sinodalidad es algo que a muchas personas no entienden. ¿Cómo la definiría usted?

La sinodalidad es una actitud, una apertura, una voluntad de entender. Hablando de la Iglesia, consiste en que cada uno de sus miembros tiene una voz y un papel que desempeñar por medio de la oración, de la reflexión —el método que se usó en el sínodo reciente, que ha sido llamado «Conversación en el Espíritu»—, a través de un proceso. Hay muchas maneras de que eso suceda, a través del diálogo y del respeto mutuo. Busca unir a la gente y entender que esa relación, esa interacción, ese crear oportunidades de encuentro, es una dimensión importante de cómo vivimos nuestra vida como Iglesia.

Algunas personas se han sentido amenazadas por eso. A veces, los obispos o los sacerdotes pueden sentir que «la sinodalidad va a quitarme autoridad». De eso no se trata la sinodalidad, y tal vez su idea de lo que es su autoridad está un poco desenfocada, equivocada. La sinodalidad es una forma de describir cómo podemos unirnos y ser una comunidad y buscar la comunión como Iglesia, para que sea una Iglesia cuyo enfoque principal no sea una jerarquía institucional, sino más bien un sentido de «nosotros juntos», «nuestra Iglesia». Cada persona con su propia vocación: sacerdotes, laicos, obispos, misioneros, familias. Cada uno tiene un papel que desempeñar y algo que contribuir, y juntos buscamos la manera de crecer y de caminar unidos como Iglesia.

Es una actitud que creo que puede enseñar mucho al mundo de hoy. Hace un momento hablábamos de la polarización. Pienso que esto es una especie de antídoto. Una forma de abordar algunos de los mayores desafíos que tenemos en el mundo actual. Si escuchamos el Evangelio, si reflexionamos sobre él, y si nos esforzamos por caminar juntos, escuchándonos unos a otros, tratando de descubrir lo que Dios nos está diciendo hoy, hay mucho que podemos ganar. Tengo gran esperanza en el proceso que comenzó mucho antes del último sínodo, al menos en América Latina —hablé de mi experiencia allí; parte de la Iglesia latinoamericana realmente ha contribuido a la Iglesia universal—, y creo que hay una gran esperanza si podemos continuar construyendo sobre la experiencia de los últimos dos años y encontrar maneras de ser Iglesia juntos. No se trata de intentar transformar la Iglesia en una especie de Gobierno democrático, ya que, si miramos a muchos países del mundo hoy en día, la democracia no es necesariamente una solución perfecta para todo. Se trata más bien de respetar, de entender la vida de la Iglesia por lo que es y decir: «Tenemos que hacer esto juntos». Eso ofrece una gran oportunidad para la Iglesia, para que se relacione con el resto del mundo. Desde la época del Concilio Vaticano II, eso ha sido significativo, y todavía queda mucho por hacer.

Supongo que se refiere a que puede ser un antídoto para muchas de las cosas de las que hemos hablado hasta ahora, la polarización, etc. ¿Esto proviene de su experiencia personal en términos de la manera en que usted hizo las cosas en Chiclayo y Trujillo?

Supongo que en parte. Creo que tienen que ver tanto el estilo personal, mi propia personalidad como los dones que me han sido dados, la forma en que abordo incluso el sentido del liderazgo... Un líder que camina solo no está liderando a nadie, pero si un líder es capaz de reunir a la gente y avanzar juntos eso es mucho más efectivo. En ese sentido, la sinodalidad ofrece una especie de instrumento, una plataforma, una herramienta que puede ser muy útil dentro de la Iglesia y también en el mundo.

Dos de los temas más polémicos que surgieron del Sínodo sobre la sinodalidad, en cuanto al debate que generaron, fueron el papel de la mujer en la Iglesia y el enfoque de la Iglesia hacia la comunidad LGBTQ+. ¿Cuáles fueron sus reflexiones sobre la discusión de estos dos temas y cómo los abordará ahora en su nuevo rol como papa?

De una manera sinodal. Para la mayoría de la gente, ciertamente está la comprensión de que el papel de la mujer en la Iglesia tiene que seguir desarrollándose. Creo que en ese sentido hubo una respuesta positiva. Espero seguir los pasos de Francisco, incluyendo la designación de mujeres en algunos roles de liderazgo, en diferentes niveles, en la vida de la Iglesia, reconociendo sus dones y su contribución de muchas maneras.

La cuestión se convierte en un tema polémico cuando se hace la pregunta específica sobre la ordenación. El sínodo había hablado específicamente de la ordenación, quizá, de mujeres diaconisas, que ha sido una cuestión que se ha estudiado durante muchos años. Ha habido diferentes comisiones nombradas por distintos papas para decir: ¿qué podemos hacer al respecto? Creo que seguirá siendo un problema. Yo, por el momento, no tengo la intención de cambiar la enseñanza de la Iglesia sobre el tema. Pienso que hay algunas preguntas previas que deben hacerse.

Solo un pequeño ejemplo. A principios de este año, cuando se celebró el Jubileo para los diáconos permanentes, obviamente todos hombres, estaban también presentes sus esposas. Tuve la catequesis un día con un grupo bastante grande de diáconos permanentes de habla inglesa. El idioma inglés es uno de los grupos donde están mejor representados, porque hay partes del mundo que nunca promovieron realmente el diaconado permanente, y eso, en sí mismo, se convirtió en una pregunta: ¿por qué hablaríamos de ordenar a mujeres al diaconado si este en sí mismo aún no se entiende correctamente y no se ha desarrollado y promovido adecuadamente dentro de la Iglesia? ¿Y cuáles son las razones para eso? Así que, aunque pienso que hubo una inspiración significativa en la época del Concilio cuando se reinstauró el diaconado permanente, no se ha convertido, en muchas partes del mundo, en lo que creo que algunas personas pensaron que sería. Por lo tanto, creo que hay algunas preguntas que deben hacerse en torno a ese tema.

También me pregunto, en términos de un comentario que hice en una de las conferencias de prensa en las que participé en el sínodo, en términos de lo que a menudo se ha identificado como clericalismo en las estructuras actuales de la Iglesia: ¿querríamos simplemente invitar a las mujeres a clericalizarse, y qué ha resuelto eso realmente? Quizá hay muchas cosas que deben ser examinadas y desarrolladas en este momento antes de que podamos realmente llegar a hacer las otras preguntas.

Fuente: Elise Allen.

Así es como veo las cosas en este momento. Ciertamente, estoy dispuesto a seguir escuchando a la gente. Existen estos grupos de estudio, como el Dicasterio para la Doctrina de la Fe, que continúan examinando el trasfondo teológico, la historia, de algunas de esas preguntas, y caminaremos con eso y veremos qué resulta.

Solo un rápido seguimiento sobre el tema LGBTQ+. Puede ser un tema muy ideológico. Sin embargo, más allá de cualquier visión ideológica, creo que la gente simplemente sintió que se hablaba de esto de una manera diferente, con un tono diferente, bajo Francisco. ¿Cuál será su propio enfoque?

No tengo un plan en este momento. Ya me han preguntado un par de veces sobre eso durante estos primeros dos meses, sobre el tema LGBTQ. Recuerdo algo que un cardenal de la parte oriental del mundo me dijo antes de ser papa, sobre que «el mundo occidental está obsesionado con la sexualidad». Para algunas personas, la identidad de una persona implica solo la identidad sexual, y para muchas personas, en otras partes del mundo, ese no es un tema principal en términos de cómo debemos tratarnos unos a otros. Confieso que eso está en el fondo de mi mente, porque, como hemos visto en el sínodo, cualquier tema relacionado con las cuestiones LGBTQ es altamente polarizador dentro de la Iglesia. Por ahora, debido a lo que ya he intentado demostrar y vivir en términos de mi comprensión de ser papa en este momento de la historia, estoy tratando de no seguir promoviendo la polarización en la Iglesia.

Lo que intento decir es lo que Francisco dijo muy claramente cuando decía: «Todos, todos, todos»[273]. Todos están invitados a entrar, pero no invito a una persona porque sea o no de una identidad específica. Invito a una persona porque es un hijo o una hija de Dios. Todos son bienvenidos y vamos a conocernos y a respetarnos. La gente quiere que la doctrina de la Iglesia cambie, quiere que las actitudes cambien. Creo que tenemos que cambiar las actitudes, antes incluso de pensar en cambiar lo que la Iglesia dice sobre cualquier pregunta dada. Me parece muy improbable, ciertamente en un futuro cercano, que la doctrina de la Iglesia cambie en términos de lo que enseña sobre la sexualidad y el matrimonio.

273 En español en la versión original.

Ya he hablado sobre el matrimonio, al igual que lo hizo el papa Francisco, sobre que la familia es un hombre y una mujer en un compromiso solemne, bendecidos en el sacramento del matrimonio. Pero incluso al decir eso, entiendo que algunas personas se lo tomarán mal. En el norte de Europa ya están publicando rituales para bendecir «a las personas que se aman», es la forma en que lo expresan, lo que va específicamente en contra del documento que el papa Francisco aprobó, *Fiducia Supplicans*, que básicamente dice: por supuesto que podemos bendecir a todas las personas, pero no buscar una forma de ritualizar algún tipo de bendición, porque eso no es lo que la Iglesia enseña. Eso no significa que esas personas sean malas, pero creo que es muy importante, de nuevo, entender cómo aceptar a quienes son diferentes a nosotros, cómo aceptar a las personas que toman decisiones en su vida y respetarlas.

Entiendo que este es un tema muy polémico y que algunas personas harán exigencias para decir «queremos el reconocimiento del matrimonio gay», por ejemplo, o «queremos el reconocimiento de las personas que son trans», para decir «esto es oficialmente reconocido y aprobado por la Iglesia». Los individuos serán aceptados y recibidos. Cualquier sacerdote habrá escuchado confesiones de todo tipo de personas, con todo tipo de problemas, todo tipo de estados de vida y elecciones que se han tomado. La enseñanza de la Iglesia continuará como está, y eso es lo que tengo que decir al respecto por ahora. Creo que es muy importante.

Las familias necesitan ser apoyadas, lo que llaman la familia tradicional. La familia es padre, madre e hijos. El papel de la familia en la sociedad, que ha sufrido en las últimas décadas, debe ser reconocido y fortalecido una vez más. Me pregunto en voz alta si la cuestión de la polarización y cómo las personas se tratan unas a otras no proviene también de situaciones en las que la gente no creció en el contexto de una familia donde aprendieran a amarse unos a otros, a vivir unos con otros, a tolerarse unos a otros y a formar los lazos de comunión. Eso es la familia. Si quitamos ese bloque de construcción básico, se vuelve muy difícil aprender eso de otras maneras.

Hay algunos elementos claves que deben ser analizados. Yo soy quien soy porque tuve una relación maravillosa con mi padre y mi madre.

Tuvieron una vida matrimonial muy feliz durante más de cuarenta años. Aun hoy en día la gente comenta sobre esto, incluso con mis hermanos. Todavía somos muy cercanos, aunque uno está muy lejos en un extremo político y estamos en lugares diferentes. En mi experiencia, ese ha sido un componente extremadamente importante de quién soy y de cómo siquiera puedo ser quien soy ahora mismo.

Otro rápido seguimiento sobre el sínodo. Además de los grupos de estudio que ya se han establecido, usted creó dos nuevos: uno para la liturgia y otro para las Conferencias Episcopales y las Asambleas Eclesiales. ¿Por qué? ¿Qué cree que necesita ser estudiado sobre estos temas?

En realidad, estos ya fueron aprobados por Francisco, justo al final de su pontificado. Ambos han surgido de algunos de los otros temas que se estudiaron en el sínodo. Algunas de las Conferencias Episcopales en realidad comenzaron, de nuevo, en América Latina, primero, antes del Concilio, pero luego se desarrollaron mucho más en la época del Concilio, en cuanto al papel de la Conferencia Episcopal y cómo pueden ayudar a la Iglesia en cualquier país o región.

En términos generales, ha habido un gran aprecio por el papel de la Conferencia Episcopal. Hoy no se dará la situación en la que un obispo a un lado del río esté predicando «A» y el obispo al otro lado del río esté haciendo algo totalmente diferente. Nos unimos e intentamos ver las cuestiones juntos, para crear políticas comunes o adoptar enfoques comunes, según el área, la cultura, el idioma con los que la gente trabaja. Así que, a nivel pastoral, ya ha habido un gran valor allí.

La cuestión se plantea, desde hace bastantes años, respecto a cuánta autoridad real se puede dar a una Conferencia Episcopal. Ha habido mucho debate teológico al respecto desde la época del Concilio Vaticano II, porque el sucesor de los apóstoles es el obispo individual, no la Conferencia Episcopal. La tensión que puede surgir entre si una Conferencia Episcopal puede tomar una decisión y si los obispos individuales tienen que seguirla... ese tema ha tenido idas y venidas, en diferentes lugares, y de diferentes maneras, a lo largo de los años. Hubo un deseo expresado en el sínodo de examinar más de cerca eso y ver si las Conferencias Episcopales no podrían tener un papel más importante para intentar que los obispos se unan y tomen decisiones que sean útiles para la vida de la Iglesia en su región o país. Sobre el papel de los nuncios, eso también se está estudiando ahora en un grupo separado. Tiene mucho más sentido que una Iglesia regional estudie, reflexione y elija políticas o enfoques que sean más útiles en esa área, en lugar de que cada obispo individual lo haga por su cuenta. Entonces, es una forma de apoyar a los obispos en ese ministerio. Esas son algunas de las cosas que analizamos allí.

También surgió una preocupación sobre una expresión en uno de los documentos acerca del papel de los obispos y de las Conferencias Episcopales. Se preguntaba si las Conferencias Episcopales deberían tener cierta autoridad «doctrinal», y este término se tradujo de diferentes maneras durante el sínodo, pero incluso en el documento original no se traduce de la misma forma de un idioma a otro. Yo señalé eso. Algunos de los obispos de habla inglesa se molestaron mucho, de hecho, pensando que los obispos de Europa del norte podrían tomar una decisión que cambiara la doctrina de la Iglesia sobre el divorcio y el nuevo matrimonio, o sobre las relaciones homosexuales, o sobre la poligamia. Ese es otro tema que los obispos africanos han planteado, volviendo a cuestiones que no se concilian fácilmente dentro de la doctrina formal de la Iglesia. Así que, debido a las diferencias de traducción [del término «doctrinal»], eso se convirtió en un tema de discusión del sínodo. Pero la cuestión sigue siendo, a medida que las Conferencias Episcopales se han desarrollado, qué tipo de papel pueden desempeñar.

Con respecto al grupo de estudio sobre la liturgia, ¿qué se está estudiando? ¿En qué medida el motivo para establecer esto estuvo relacionado con las divisiones en torno a la misa tradicional en latín, por ejemplo, o con temas como el nuevo rito amazónico?

Mi entendimiento de lo que motivó la creación del grupo es principalmente a partir de los temas que tienen que ver con la inculturación de la liturgia. Es decir, cómo continuar el proceso que busca hacer que la liturgia sea más significativa dentro de una cultura diferente, dentro de una cultura específica, en un lugar específico, en un momento dado. Creo que ese fue el tema principal. Hay otro tema, que también es polémico, y sobre el que ya he recibido varias peticiones y cartas: la cuestión sobre cómo la gente siempre menciona [volver a] la misa en latín. Bueno, se puede decir misa en latín ahora mismo. Si es el rito del Vaticano II, no hay problema. Obviamente, entre la misa tridentina y la misa del Vaticano II, la misa de Pablo VI, no estoy seguro de hacia dónde va a ir eso. Es evidentemente muy complicado.

Sé que parte de ese problema, desafortunadamente, ha hecho —de nuevo, parte de un proceso de polarización— que algunos usen la liturgia como una excusa para promover otros temas. Se ha convertido en una herramienta política. Creo que a veces el, digamos, «abuso» de la liturgia de lo que llamamos la misa del Vaticano II, no fue útil para las personas que buscaban una experiencia más profunda de oración, de contacto con el misterio de la fe, que parecían encontrar en la celebración de la misa tridentina. Una vez más, nos hemos polarizado, de modo que [planteamos eso] en lugar de poder decir: «Bueno, si celebramos la liturgia del Vaticano II de una manera adecuada, ¿realmente encuentras tanta diferencia entre esta experiencia y esa experiencia?».

No he tenido la oportunidad de sentarme realmente con un grupo de personas que aboguen por el rito tridentino. Pronto se presentará una oportunidad, y estoy seguro de que habrá ocasiones para tratarlo. Pero ese es un tema del que creo que también, tal vez con la sinodalidad, tenemos que sentarnos y hablar. Se ha convertido en el tipo de tema que está tan polarizado que la gente, a menudo, no está dispuesta a escucharse mutuamente. He escuchado a obispos hablarme sobre eso, y me dicen: «Los invitamos a esto y a aquello y simplemente no quieren ni escucharlo». Ni siquiera quieren hablar de ello. Eso es un problema en sí mismo. Significa que ahora estamos en la ideología, ya no estamos en la experiencia de la comunión de la Iglesia. Ese es uno de los temas en la agenda.

Cambiando un poco la dirección, dirigir y reformar la Curia Romana es también algo de lo que usted es responsable. El papa Francisco llevó a cabo muchas reformas, completó* Praedicate Evangelium[274]*, pero todavía hay algunos asuntos pendientes. ¿Cuál será su enfoque para la reforma? ¿Qué continuará y qué podría hacer de manera diferente?

274 *Constitución Apostólica sobre la Curia Romana y su servicio a la Iglesia en el mundo*, texto publicado por el papa Francisco en marzo de 2022. Ver: https://www.vatican.va/content/francesco/es/apost_constitutions/documents/20220319-costituzione-ap-praedicate-evangelium.html.

Creo que la inspiración básica de *Praedicate Evangelium* es válida y muy importante, en el sentido de que ha presentado una comprensión renovada de la Santa Sede, de la Curia Romana, como estar al servicio tanto del ministerio del papa como de los obispos locales. Tiene que estar disponible en ambos sentidos. Muchos obispos me han dicho, ya desde la época en que yo estaba en el Dicasterio para los Obispos, que cuando venían a Roma, se quedaban petrificados. ¿Para qué me llaman a Roma? ¿Cuál es el problema? En lugar de entender que la Santa Sede está aquí para ayudarlos, para servirlos.

Estamos aquí con la misión de predicar el Evangelio, lo que el título [*Praedicate Evangelium*] mismo dice. Creo que se invirtió una cantidad significativa de trabajo en tratar de encontrar la manera de organizar la institución de la Santa Sede, para ponerla al servicio de los demás. Ahora, como en cualquier organización humana, hay cosas positivas y hay cosas que necesitan ser mejoradas. Habrá algunas preguntas sobre *Praedicate Evangelium*, sobre algunas de las decisiones que se tomaron que probablemente necesiten cierto ajuste en algún momento, pero también es muy importante en este proceso continuar examinando cómo nosotros, en la Santa Sede, estamos sirviendo a los demás y qué podemos hacer para mejorar eso.

Uno de los aspectos específicos en los que espero empezar a trabajar en un futuro muy cercano es continuar rompiendo o transformando la manera aislada en que trabaja cada dicasterio. Hay muchos asuntos en la Santa Sede, en la Iglesia, que no son de la incumbencia de un solo dicasterio. La falta de diálogo, de instrumentos de comunicación, entre los diferentes dicasterios ha sido a veces una gran limitación y un daño para el gobierno de la Iglesia. Hay un problema de, alguien usó la expresión, «mentalidad de silo». Esto es, «mi dicasterio es el Dicasterio de los Obispos, y nosotros vemos esto, y no quiero hablar con nadie más. La Vida Consagrada es la Vida Consagrada», y así. Hay muchos temas en la Iglesia que en realidad tocan las áreas de responsabilidad de dos, tres, cuatro o más dicasterios. Tenemos que encontrar una manera de reunir a la gente para hablar de eso.

Preadicate Evangelium proporciona el terreno para ello, y ya ha empezado a suceder. En mis dos años [en el dicasterio], llamábamos a los prefectos de un par de dicasterios diferentes: «vengan, queremos hablar de esto o aquello». Pero recuerdo que alguien que ha estado aquí durante años me dijo: «Nunca tuve una reunión con otro dicasterio en veinte años», o algo así. Pensé: «Estás bromeando». Entonces, algunas de esas cosas ya están comenzando, pero quiero encontrar una manera de formalizar el vehículo que hará que eso suceda más fácilmente. Eso significa, por supuesto, reunir a la gente, que hablemos entre nosotros, los prefectos y los secretarios.

Con respecto a la situación financiera de la Santa Sede, usted mencionó anteriormente que no es tan mala como a veces se ha hecho creer. ¿Puede explicar por qué es así? ¿Cuál es la situación financiera de la Santa Sede y cómo planea gestionarla?

No sé cómo voy a manejarlo todavía, pero estoy teniendo algunas ideas claras. Hay diversas unidades financieras que conforman toda la realidad de la Santa Sede, del Vaticano. Varias de esas unidades financieras están funcionando bastante bien. APSA [la Administración del Patrimonio de la Sede Apostólica] acaba de publicar su informe financiero de 2024 y para el año reporta un resultado positivo de más de sesenta millones de euros. ¿Por qué nos lamentamos por una crisis? APSA es uno de los principales apoyos financieros de la labor de la Santa Sede.

Hay muchos empleados en esta organización, por lo que hay que pagar salarios. Hay un fondo de pensiones que debe ser analizado. No conozco ningún país del mundo que no se lamente de que «nuestro fondo de pensiones va a quebrar en treinta o en veinte años». Ese es un problema universal que debe ser examinado y tratado. Pero no puedes decir que estamos en una crisis hoy y luego decir: ¿qué vamos a hacer? Haces un plan y luego dices: ¿cómo vamos a responder a eso?

Hubo una grave crisis durante la pandemia, porque una de las fuentes de ingresos más importantes para el Vaticano proviene de los Museos Vaticanos. En los últimos años, gracias a Dios, la gente ha vuelto a viajar. Hay más turistas en Roma este año. Están sucediendo cosas que han provocado un cambio significativo en algunos de los problemas que han sido motivo de preocupación en el pasado. Todo lo que pueda guardar en un bolsillo no siempre llega al otro [refiriéndose a los diversos dicasterios compartimentados], y tenemos que aprender a trabajar juntos de manera positiva también dentro de la Santa Sede, dentro del Vaticano.

Tenemos que evitar las malas decisiones que se tomaron en los últimos años. Se le dio gran publicidad a la compra de este edificio en Londres, en Sloane Avenue, y cuántos millones se perdieron por eso. Ya durante el tiempo de Francisco se tomaron medidas significativas para establecer nuevos controles y equilibrios sobre cómo sería la operación financiera, cómo funcionaría. Ha habido algunas cosas muy positivas en ese sentido, por lo que los resultados se están viendo.

No estoy diciendo que podamos relajarnos y decir que la crisis ha terminado. No creo que la crisis haya terminado, tenemos que seguir trabajando en esto, pero no me quita el sueño, y es importante que comuniquemos un mensaje diferente. Tuve una reunión con el Consejo de Economía, que fue otra estructura que Francisco creó para tener una mayor supervisión sobre estas diferentes entidades. Estuvieron de acuerdo conmigo, dijeron que parte de nuestro problema ha sido la comunicación, y que el Vaticano a menudo ha dado el mensaje equivocado, lo que ciertamente no inspira a la gente a decir «oh, me gustaría ayudarte», [sino más bien] «me quedo con mi dinero, porque si no van a administrarlo correctamente, ¿por qué debería darles más dinero?». Entonces, no estoy cambiando el mensaje solo por cambiarlo. Después de haber estudiado algunas de estas cuestiones durante los últimos años, he estado en un par de los diferentes consejos desde que estoy aquí, y las cosas van a estar bien, pero sí, tenemos que continuar el proceso de reforma que Francisco comenzó.

En cuanto a la crisis de los abusos clericales, ya hemos hablado de esto, pero a un nivel más general todavía existe la percepción de que si bien la Iglesia tiene nuevas leyes para combatir los abusos y el encubrimiento, estas no se están aplicando, y las víctimas siguen estando en gran medida sin información sobre el proceso, se les considera como si no tuvieran ningún derecho. Usted mencionó anteriormente que ya ha iniciado un estudio para determinar por qué los casos canónicos tardan tanto, pero, a un nivel general, ¿cómo puede la Iglesia hacerlo mejor en este sentido? ¿Cuál es su estrategia para responder a la crisis de los abusos clericales?

Ciertamente, hay algunos problemas graves, en cuanto a la protección de menores y cómo responder a la crisis. Creo que esta es una crisis real, la otra, no tanto, las finanzas, que la Iglesia tiene que seguir abordando, porque no está resuelta. Esto seguirá tomando tiempo, porque las víctimas deben ser tratadas con gran respeto y con la comprensión de que aquellos que han sufrido heridas muy profundas a causa de los abusos a veces llevan esas heridas durante toda su vida. Sería ingenuo por mi parte, o por parte de cualquiera, pensar que [basta] con que les demos algún tipo de compensación financiera, o nos ocupemos de la causa y el sacerdote sea despedido, como si esas heridas simplemente fueran a desaparecer por eso.

En primer lugar, se necesita una sensibilidad y una compasión auténticas y profundas hacia el dolor y el sufrimiento que la gente ha padecido a manos de los ministros de la Iglesia, ya sean sacerdotes, obispos, laicos, religiosos, catequistas, hombres o mujeres, etcétera. Ese es un problema que nos acompaña, y creo que debe ser tratado con un profundo respeto.

Al mismo tiempo, uno de los factores que complican esto, y sobre el que la gente empieza a manifestarse cada vez más, tiene que ver con que los acusados también tienen derechos, y muchos de ellos creen que no se han respetado. Las estadísticas muestran que más del 90 % de las personas que se presentan y hacen acusaciones son víctimas auténticas. Dicen la verdad. No se lo están inventando. Pero también ha habido casos probados de algún tipo de falsa acusación. Sacerdotes cuyas vidas han sido destruidas por ello. La ley existe, y podemos hablar de la ley civil o de la ley de la Iglesia, pero la ley existe para proteger los derechos de todas las personas. Pero tener, en la medida de lo posible, un sistema de justicia fiable que respete los derechos de todos, lleva tiempo. Una de las cosas que muchas víctimas comentan es: ¿por qué estos procesos tardan tanto? Bueno, vivimos en Italia, yo viví en Perú, incluso en los Estados Unidos, muchos procesos que llegan a los tribunales tardan años y años, y eso es un hecho. El hecho de que la víctima se presente y haga una acusación y que la acusación sea presumiblemente precisa, no elimina la presunción de inocencia. Así que los sacerdotes también tienen que ser protegidos, o la persona acusada tiene que ser protegida, sus derechos tienen que ser respetados. Pero siquiera decir eso a veces es causa de un mayor dolor para las víctimas.

De modo que estamos en una especie de aprieto ahí. La Iglesia ciertamente ha intentado crear una nueva legislación que, por un lado, aceleraría el proceso y respetaría especialmente los problemas de los que hablaba antes —las víctimas y su dolor y su derecho a que ese dolor sea reconocido en algún tipo de respuesta de la Iglesia—, pero, al mismo tiempo, respetaría al acusado. La protección de los derechos de la parte acusada también es un problema.

Hay algo que también se ha vuelto más y más común, en términos de que las víctimas buscan sanación y desean presentarse y hablar sobre su dolor, y creo que eso es muy sano para ellas. Pero la Iglesia no siempre ha encontrado la mejor manera de manejar, de procesar eso con ellas. Muchos de nosotros somos, quizá, todavía novatos aprendiendo cuál es la mejor manera de acompañar a estas personas en su dolor. Pienso que esa es una de las áreas en las que seguimos necesitando la ayuda de profesionales para que nos asistan y acompañen a las víctimas.

El papa Francisco tuvo una visión muy buena sobre este tema. Reconoció la importancia del problema, pero, al mismo tiempo, que el tema del abuso sexual no puede convertirse en el foco central de la Iglesia. La Iglesia tiene una misión. Hay personas que en el camino han sido profundamente heridas y trataremos de atenderlas lo mejor que podamos y acompañarlas, y ellas también son parte de la Iglesia, aquellas que aún desean serlo. Conozco a personas que han abandonado la Iglesia debido al dolor que sufrieron, y su elección debe ser respetada. Al mismo tiempo, la Iglesia también tiene la misión de predicar el Evangelio y, gracias a Dios, la gran mayoría de las personas que están comprometidas con la Iglesia —sacerdotes, obispos, religiosos— nunca han abusado de nadie. Por lo tanto, no podemos hacer que toda la Iglesia se centre exclusivamente en este tema, porque esa no sería una respuesta auténtica a lo que el mundo necesita en términos de la misión de la Iglesia.

Eso es algo realmente difícil de atender, porque alguien que ha visto su vida profundamente herida, o incluso destruida, por el abuso sexual, solo puede sentir eso. Ahí es donde necesitamos respetarlos y acompañarlos. Hay muchas otras personas en la Iglesia que tienen derecho a ser acompañadas en lo que sea que estén viviendo y experimentando, y la Iglesia también tiene que estar con ellas. Es uno más de los muchos desafíos que estoy tratando de abordar.

Fuente: Elise Allen.

Otro desafío potencial, algo que todos sus predecesores recientes han priorizado, y el papa Francisco ciertamente lo hizo con un nuevo ímpetu, es el tema del ecumenismo. ¿Cuál será su enfoque? ¿Será esta una prioridad similar para usted como papa?

Absolutamente. Creo que el reconocimiento desde la época del Concilio Vaticano II de intentar trabajar hacia una unidad auténtica de todos los cristianos tiene que ser uno de los objetivos de la Iglesia hoy. Una de las heridas más profundas en la vida de la Iglesia actualmente es el hecho de que como cristianos estamos divididos. Por eso hablo de construir puentes; a veces es más fácil construir puentes con personas que no son cristianas que con nuestros vecinos cristianos. Hay cosas que nos separan, hay cosas que nos impiden estar todos unidos en una comunión auténtica en lo que creemos. Específicamente, una de las cosas que estoy tratando de promover este año, como sabes, es el aniversario 1700 del Concilio de Nicea. El papa Francisco ya había planeado ir a Nicea, luego se enfermó, la fecha se pospuso dos veces y después tuvimos que encontrar una nueva fecha. Yo estoy muy interesado en esto y, con suerte, iré a Nicea a finales de noviembre. Algunos habían imaginado inicialmente que sería un encuentro entre Bartolomé, el Patriarca de Constantinopla, y yo. Pero yo solicité más bien que esto se convirtiera en una ocasión ecuménica para invitar a líderes de muchas diferentes religiones o comunidades cristianas a participar en este encuentro en Nicea, porque Nicea es un credo, es uno de los momentos en los que, antes de que ocurrieran las diferentes divisiones, todos aún podíamos encontrar una profesión de fe común.

De manera que, simbólicamente, esa es una respuesta a tu pregunta. Sí, es una prioridad. Ya me he reunido con varios patriarcas, incluyendo al representante del Patriarca Kirill de Moscú. Los ortodoxos rusos, después de la Iglesia católica, son la denominación cristiana más grande del mundo, pero, debido a la guerra, a ciertas declaraciones, esa separación se ha vuelto ahora más amplia en lugar de más estrecha. Otro aspecto de mi servicio a la Iglesia y a los creyentes es construir puentes también allí. Obviamente, hay algunas dificultades, es muy conocida la que existe entre el Patriarca de Moscú y el Patriarca de Constantinopla, y las decisiones que se han tomado dentro del mundo de la ortodoxia. Si el obispo de Roma puede ayudar a construir puentes entre diferentes personas, a unir a la gente, y ciertamente hay desafíos en eso, es un gran servicio que ofrecer, porque, en última instancia, todos creemos en Jesucristo, el hijo de Dios y nuestro salvador.

Así que hay muchas cosas en la historia del mundo que han seguido dividiendo: ¿quién cree en esto?, ¿quién cree en aquello?, ¿cuál es el papel del obispo de Roma en el mundo de los creyentes? Pero tenemos que seguir trabajando en esto. Un tema muy concreto es encontrar una fecha común para la Pascua. Eso sigue en la agenda. Hemos dado algunos pasos. No voy a decir que hemos logrado un progreso, pero hemos dado algunos pasos para buscar diferentes formas de abordarlo. Eso también es muy complejo, empezando por la diferencia entre el calendario gregoriano y el calendario juliano, y por quién va a dar el primer paso y cómo podemos hacerlo. Lo estamos estudiando, estamos trabajando en ello. Es un objetivo, un tema importante.

Por otro lado, también está la cuestión del diálogo interreligioso. El papa Francisco hizo del diálogo con el islam una prioridad importante. Algunos dirían, tal vez, que la comunidad judía se ha sentido descuidada en los últimos años, especialmente a la luz de la guerra más reciente en Gaza.

Para usted, personalmente, ¿cuál considera que es la mayor prioridad o área de oportunidad para la Santa Sede en este momento en términos de diálogo y de relaciones interreligiosas?

Quizá sea demasiado presuntuoso, pero me atrevo a decir que, ya en los primeros dos meses, la relación con la comunidad judía como tal ha mejorado un poco. Es importante hacer algunas distinciones que ellos mismos hacen en cuanto a lo que está haciendo el Gobierno de Israel y quiénes son los miembros de la comunidad judía. Afortunadamente, ha habido incluso un par de reuniones que ya he tenido, un pequeño acercamiento. Pienso que las raíces de nuestro cristianismo se encuentran en la religión judía, y no podemos cerrar los ojos a eso. Hay mucho por decir y mucho por hacer.

Con el islam, ya he tenido un par de reuniones. Por supuesto, el islam tampoco es una sola realidad, por lo que puedes reunirte con un grupo, pero existen otros grupos, y no es fácil. Francisco, específicamente con el islam, logró grandes avances para superar algunas de las barreras que habían existido debido a cuestiones históricas, tanto recientes como de un pasado más lejano. Pero, por el bien de la paz mundial, no hay otro camino en este sentido. Buscar formas de promover oportunidades para el diálogo, el respeto mutuo y la comprensión es muy, muy importante. Obviamente, es otro tema en la agenda y espero continuar con eso, pero no solo con el islam.

Me reuní de forma muy agradable con un grupo de budistas que habían venido a Roma. De nuevo, para mostrar respeto mutuo y entender que diferentes personas tienen diferentes creencias. Yo creo firmemente en Jesucristo y esa es mi prioridad, porque soy el obispo de Roma y sucesor de Pedro, y el papa necesita ayudar a la gente a entender, especialmente a los cristianos, a los católicos, que esto es lo que somos. Y creo que es una misión hermosa. Cuando esa misión, sin embargo, se distorsiona, se lanza a ideologías, se malinterpreta, entonces las cosas se vuelven más complicadas. Pero no tengo miedo de decir que creo en Jesucristo y que murió en la cruz y resucitó de entre los muertos, y que juntos estamos llamados a compartir ese mensaje. Decir eso no significa que voy a faltar el respeto, a ofender o a iniciar una cruzada contra personas de otras religiones, porque esa simplemente no es la respuesta, hemos aprendido eso a través de la historia.

Volviendo al tema de la inteligencia artificial y la crisis que mencionó que se avecina, ¿por qué es tan importante y qué papel puede desempeñar la Iglesia en esto?

Sobre el tema de la inteligencia artificial, cada vez que intento decir algo, luego leo las noticias al día siguiente y la inteligencia artificial ha avanzado aún más. El desarrollo que está ocurriendo a un ritmo increíble es también preocupante. Pero para responder a tu pregunta, diré que si perdemos de vista el valor de la humanidad y pensamos que el mundo digital es lo más importante, y luego pensamos en las personas extremadamente ricas que están invirtiendo en inteligencia artificial ignorando totalmente el valor de los seres humanos y de la humanidad, creo que la Iglesia tiene que alzar la voz ahí. Nuestra vida humana tiene sentido no por la inteligencia artificial, sino por los seres humanos y el encuentro, por estar unos con otros, por crear relaciones y por descubrir en esas relaciones humanas también la presencia de Dios.

Va a ser muy difícil descubrir la presencia de Dios en la IA. En las relaciones humanas, podemos hallar al menos signos de la presencia de Dios. Cuando hablo de respeto mutuo, de la importancia de la familia y de los valores de la igualdad, y de vivir y trabajar juntos en paz, esos son valores que surgen de una comprensión real del maravilloso regalo que Dios nos dio como seres humanos. Si la Iglesia no alza la voz, o si alguien no lo hace, aunque la Iglesia ciertamente debe ser una de las voces aquí, el peligro es que el mundo digital siga su propio camino y nos convirtamos en peones, o seamos dejados de lado.

La dignidad humana tiene una relación muy importante con el trabajo que hacemos. El hecho de que podamos, a través de los dones que se nos han dado, producir, ofrecer algo en el mundo y ganarnos la vida, es parte incluso del respeto por uno mismo, del respeto por la propia familia. Algunos de esos valores están en riesgo en este momento, así que la Iglesia necesita plantear ese problema.

He estado muy interesado en el tema y esto se remonta a dos años atrás, cuando el papa Francisco fue invitado por primera vez a reunirse con el G7 en Bari para hablar de este asunto. La Iglesia no está en contra de los avances de la tecnología, en absoluto, pero perder la relación entre la fe y la razón científica, creo que deja a la ciencia como una cáscara vacía y fría, que hará un gran daño a la humanidad. Y el corazón humano se perdería en medio del desarrollo tecnológico, tal como están yendo las cosas ahora.

Otro aspecto de la inteligencia artificial es la identificación y el mantenimiento de la verdad en una época de «*deep fakes*». Las redes sociales están plagadas de desinformación y, ahora, con las falsificaciones de IA, alguien podría incluso simular una entrevista con usted. ¿Cómo se puede proteger y preservar la verdad mientras este coche desbocado, por así decirlo, de la IA continúa desarrollándose cada día?

Esa es una muy buena pregunta. No sé si tengo una respuesta que no sea seguir diciéndole a la gente que existe la verdad, la verdad auténtica. No tengo mucha tolerancia cuando escucho a la gente decir «bueno, este es un conjunto alternativo de hechos», algo que hemos oído en el pasado. No, los hechos son hechos. Incluso en estos limitados tres meses como papa, un día, hablando con alguien, me preguntaron: «¿Estás bien?». Y yo dije: «Sí, estoy bien, ¿por qué?». «Bueno, te caíste por un tramo de las escaleras». Yo dije: «No, no me caí», pero había un video en alguna parte donde habían creado a este papa artificial, a mí, cayendo por un tramo de unas escaleras mientras caminaba, y aparentemente era tan bueno que pensaron que era yo. Ese es solo un pequeño, no muy significativo, ejemplo, pero es una muestra de lo que se puede hacer.

Alguien me pidió recientemente autorización para crear una versión artificial de mí, de modo que cualquiera pudiera entrar a un sitio web y tener una audiencia personal con «el papa», y este papa creado por inteligencia artificial les daría respuestas a sus preguntas. Yo dije: «No voy a autorizar eso». Si hay alguien que no debería ser representado por un avatar, me parece, es el papa. En un sentido, las posibilidades que tenemos gracias a nuestra creatividad pueden ser usadas para todo tipo de cosas.

Insisto en que no estoy en absoluto en contra de la inteligencia artificial. En el mundo de la medicina, han sucedido grandes cosas gracias a la IA, y también en otros campos. Sin embargo, hay un peligro en esto, porque terminas creando un mundo falso y entonces te preguntas: ¿qué es la verdad? Justo ayer hablé con un grupo, el Jubileo de los Influencers, y una de las cosas que recalqué fue cómo trabajar juntos para realmente asegurarnos de que estamos lidiando con la verdad, la honestidad, lo real, y no solo difundiendo más *fake news*. Es un gran desafío, porque la tentación es que la gente cree eso, y lo creen porque parece haber una necesidad en algunas personas de recibirlo. ¿Por qué está toda esta gente consumiendo estas *fake news*? Algo está pasando ahí. La gente quiere creer en conspiraciones, la gente quiere buscar todas estas cosas falsas, y eso es muy destructivo.

Última pregunta. Usted es solo el segundo papa en la historia en ser elegido durante un año jubilar; el último fue Inocencio XII en 1700. Este no es solo un año jubilar genérico, sino que es el Jubileo de la Esperanza. ¿Qué significado tiene eso para usted personalmente? ¿Qué cree que usted, o potencialmente su espiritualidad agustina, tienen para ofrecer al mundo hoy en términos de esperanza?

Hubo, en el tiempo de Cuaresma y Pascua, esa experiencia extremadamente poderosa de los últimos días del papa Francisco. Su enfermedad, y después la bendición *Urbi et Orbi* desde el balcón y su último recorrido por la plaza de San Pedro, luego su muerte al día siguiente, lo que expresa de una manera muy real aquello en lo que creemos, en términos del misterio pascual: vida y muerte y nueva vida. El año jubilar se trata precisamente, y este año especialmente, porque el tema es la esperanza, sobre vivir nuestra fe de una manera bastante intensa como peregrinos cuando venimos a Roma, o cuando hacemos nuestra propia peregrinación y pasamos por la Puerta Santa, que es obviamente una expresión simbólica de acercarse a lo que el Señor nos está llamando. Eso es parte del misterio de la vida.

Entonces, ser llamado por la Iglesia, por mis hermanos cardenales, para asumir este ministerio específico como sucesor de Pedro, ha sido para mí, en un sentido real, parte de esa peregrinación de muerte y nueva vida. Francamente, no es nada fácil renunciar a todo lo que eras y tenías en el pasado y asumir un rol que es de veinticuatro horas al día, básicamente, y tan público. Se sabe todo sobre mí, pasado, presente, etcétera, y las responsabilidades y la misión en sí. Sin embargo, el mensaje de la esperanza, el hecho de que este sea un año jubilar, es un recordatorio constante para mí sobre lo que significa vivir este camino continuo tanto de conversión como de ofrecer a los demás el mensaje del Evangelio. Es un mensaje lleno de esperanza que todavía hoy tiene un gran significado en un mundo que vive un momento muy desafiante.

En un sentido simbólico, mis primeros dos meses han representado una gran parte de los tipos de conflicto que el mundo está viviendo en este momento. Sin embargo, en medio de eso, duermo bien, siento mucho la presencia del Señor, el Espíritu Santo está conmigo. Sé que hay grandes desafíos por delante. Apenas estoy empezando. Sin embargo, [son buenas señales] que sea el año jubilar de la esperanza y la buena respuesta que he recibido... No he salido mucho de Roma, pero todo, las cartas que recibo, lo que he visto de muchas partes del mundo, eso es el Espíritu Santo. Hay algo que está sucediendo en medio del año jubilar, la gente está descubriendo la esperanza en sus vidas y de alguna manera diciendo: «Queremos ser parte de eso». Eso ha sido una verdadera bendición para mí, y espero seguir caminando con otros en ese espíritu. Solo puedo decir: no soy yo, el Señor está haciendo todo esto, así que está en sus manos. Precisamente entro a la mitad del año en esto, teniendo tanto la emoción como los desafíos, pero lleno de esperanza, pues realmente eso es lo que la Iglesia representa, tenemos mucho que ofrecer al mundo.

AGRADECIMIENTOS

Quiero dar las gracias, en primer lugar, a mi esposo John, por todo su amor, guía y apoyo. A pesar de todo lo que tú mismo tenías encima durante la redacción de este libro, siempre me pusiste a mí primero y me alentaste en todo lo que pudiste. Te debo todo, todo lo que soy y todo lo que llegaré a lograr.

Por supuesto, también quiero agradecer a su santidad, el papa León XIV, por su participación en este proyecto, pero, más que nada, por su confianza. Poder entrevistar al papa es la cumbre de la carrera de cualquier periodista, y me alegra decir que, en mi experiencia, pude tener una conversación significativa no solo con alguien de inmensa importancia e influencia global, sino con un hombre verdaderamente bueno. De igual modo, la primera entrevista que concede un pontífice también es una declaración. Gracias, su santidad, por permitirme ser la primera, pero, más aún, gracias por compartir tanto de su tiempo y de sí mismo conmigo. Siento que ahora también soy parte de su historia, y espero que quien lea este libro quede tan impresionado como yo, no solo por su trayectoria, sino por quién es usted.

Asimismo, también quiero agradecer a todas y cada una de las personas que contribuyeron con este libro, a todos aquellos que hablaron conmigo, tanto de forma oficial como extraoficial. Gracias por la generosidad al compartir su tiempo, sus experiencias y, en muchos casos, sus corazones, hogares y hospitalidad. No podría estar más agradecida por haberlos conocido a cada uno de ustedes.

Mi gratitud se dirige de manera especial a mis amigos y colegas Paola Ugaz y Pedro Salinas, quienes fueron fundamentales para ayudarme a llevar este proyecto a término, con su profesionalismo, consejos, perspectiva y apoyo concreto. Por todo ello, gracias.

¡Gracias a mi editor en Penguin Random House Perú, Armando Bustamante Petit, por aguantar a esta gringa y por dar sentido a mi español! También quiero agradecer el gran trabajo de Luis Yslas en la corrección de estilo. Y también a Johann Page y a todo el equipo de Penguin por su profesionalismo, ayuda y aliento durante todo este proceso.

Mi equipo en *Crux* también merece un gran agradecimiento por su apoyo y paciencia mientras tomé varias semanas de licencia para completar este proyecto. Tuvieron que trabajar el doble durante todo ese tiempo para cubrir mi ausencia, y no podría estar más agradecida de tener un equipo tan maravilloso y alentador. Por supuesto, también agradezco a mi familia y amigos que me han apoyado a lo largo de este proyecto, y en la vida. No podría sentirme más afortunada de estar rodeada de gente tan magnífica.